LITERATUR IN DER ÜBERSETZUNG
BEISPIEL EINER EVALUIERUNG ANHAND THOMAS BERNHARDS ROMAN *HOLZFÄLLEN. EINE ERREGUNG*

Christiane Böhler

Die Deutsche Bibliothek – CIP-Einheitsaufnahme
Ein Titelsatz für diese Publikation ist bei der Deutschen Bibliothek erhältich.

ISBN: 3-901249-61-3

Alle Rechte vorbehalten

© 2002 innsbruck university press
Universität Innsbruck, Innrain 52, A-6020 Innsbruck
http://www.university-press.at
Herstellung Books on Demand GmbH

„Ein übersetztes Buch ist wie eine Leiche, die von einem Auto bis zur Unkenntlichkeit verstümmelt worden ist." (Thomas Bernhard)

... damit dem nicht so ist, die vorliegende Arbeit mit ein paar Anregungen und Überlegungen für einen besseren Zugang zur internationalen Literatur ...

INHALTSVERZEICHNIS

VORWORT   11

1 EINLEITUNG   13

2 DER ÜBERSETZUNGSVERGLEICH   17

2.1 Allgemeine Überlegungen zu aktuellen Marktbedingungen für Literaturübersetzungen   17

2.2 Die didaktische Bedeutung des Übersetzungsvergleichs   19

2.3 Die Bedeutung des Übersetzungsvergleichs als Parameter für die Übersetzungskritik   21

2.4 Die Bedeutung des Übersetzungsvergleichs für die kontrastive Sprach- und Kulturforschung   24

3 DIE LITERARISCHE ÜBERSETZUNG   27

3.1 Allgemeine Überlegungen zur literarischen Übersetzung   27

3.2 Forschungsbericht zur Theorie der literarischen Übersetzung   31
    3.2.1 Diachrone Ansätze   31
    3.2.2 Die jüngere Diskussion   35

3.3 Die übersetzungsrelevante Textanalyse   41
    3.3.1 Die übersetzungsrelevante Textanalyse des literarischen Textes   44
    3.3.2 Joseph Strelkas literaturwissenschaftlicher Ansatz und seine Übernahme in eine übersetzungsrelevante Perspektive   45

3.4 Die Funktion der literarischen Übersetzung   46

4 KULTUR UND LITERATUR – BEGRIFFSERKLÄRUNG   51

4.1 Die Literatur – Definition des Begriffs   51

4.2 Die Position der Literaturübersetzung im Spektrum der literarischen Formen   **52**

4.3 Der Kulturbegriff nach Johannes Heinrichs   **54**

5 DIE SPRACHTHEORIE NACH JOHANNES HEINRICHS   **59**

5.1 Die sigmatische Dimension der Sprache   **63**

5.2 Die semantische Dimension der Sprache   **66**

5.3 Die pragmatische Dimension der Sprache   **69**

5.4 Die syntaktische Dimension der Sprache   **71**

5.5 Zusammenfassung und Illustration   **74**

6 KOHÄRENZ   **77**

6.1 Definition des Begriffs   **77**

6.2 Kohärenzmodell   **82**

6.3 Evaluierungskriterien   **83**

7 THOMAS BERNHARD   **89**

7.1 Biographie   **89**

7.2 Thomas Bernhard – Werk   **92**

7.3 Holzfällen. Der Roman   **94**
   7.3.1 Der Autor und seine Heimat   94
   7.3.2 Der Inhalt   97

7.4 Die Rezeption in Italien   **100**
   7.4.1 Theoretisches zur Literaturrezeption   100
   7.4.2 Die literarischen Rezensionen   104
      7.4.2.1 Die Analyse literarischer Rezensionen   104
      7.4.2.2 Die Auswertung der italienischen Buchrezensionen   106

    7.4.3 Die Rolle des Übersetzers   110
    7.4.4 Übersetzungsschwierigkeiten aus der Sicht des Praktikers   112

8 TEXTBEISPIELE   115

8.1 Die sigmatische Dimension   115
    8.1.1 Die Kursivschrift   115
    8.1.2 Wortneuprägungen   123
    8.1.3 Der ungegliederte Blocksatz   131
    8.1.4 Die Prosodie des Werkes   132

8. 2 Die semantische Dimension   136
    8.2.1 Die Rekurrenz von Einzellexemen und Formen der Wiederaufnahme   136

8.3 Die pragmatische Dimension   151
    8.3.1 Die Referenz   152
    8.3.2 Die Inferenz   159
    8.3.3 Die intendierte Funktion des Autors   162

8.4 Die syntaktische Dimension   170
    8.4.1 Die langen Sätze   171
    8.4.2 Kurze Sätze und Syntaxbrüche   177

8.5 Zusammenfassung   183

9 CONCLUSIO UND AUSBLICK   185

10. LITERATURVERZEICHNIS   189

10.1 Primärliteratur   189

10.2 Weitere Werke von Thomas Bernhard   189

10.3 Sekundärliteratur zu Thomas Bernhard   189

10.4 Zeitungsartikel etc. zu Thomas Bernhard und seinem Werk   190

10.5 Sekundärliteratur zur Literatur-, Sprach- und Translationswissenschaft   191

10.6 Zeitungs- und Zeitschriftenartikel zur Translationswissenschaft **200**

10.7 Wörterbücher und Lexika **201**

PERSONENREGISTER **203**

VORWORT

Die vorliegende Arbeit ist abgesehen von minimalen Korrekturen übereinstimmend mit meiner Dissertation zur Erlangung des Doktorats der Philosophie, die im März 2000 an der Universität Innsbruck eingereicht wurde.

Eine erste Anregung zu dieser Arbeit bekam ich von Frau Professor Schmid im Rahmen wissenschaftlicher Diskurse an unserem damaligen Institut für Übersetzer- und Dolmetscherausbildung: Sie ging dabei auf mein Interesse an literarischer Übersetzung ein und wies mich auf die Sprachphilosophie von Heinrichs hin, welche den Ausgangspunkt für eine literarische Textanalyse bilden könnte. Heinrichs' Theorien waren mir zu jenem Zeitpunkt unbekannt und regten mich zu einer Auseinandersetzung aus übersetzungswissenschaftlicher Perspektive an. In weiteren Gesprächen thematisierte Professor Schmid Wesen und Bedeutung der Kohärenz in einem literarischen Werk, und nach dem Studium moderner Kohärenztheorien einerseits und von Gadamer andererseits reifte meine persönliche Vorstellung und Definition von Kohärenz.

Weitere Motivation und Hilfestellung bot ein Seminar über Thomas Bernhard, das Frau Professor Schmid im Wintersemester 1993/94 hielt und mich in meiner beabsichtigten Korpuswahl für die Textbeispiele bestärkte.

Hauptsächlich gefördert aber wurde Fertigstellung meiner Dissertation durch die ermutigende Betreuung von Frau Professor Schmid, und dafür möchte ich ihr an dieser Stelle noch einmal meinen herzlichen Dank aussprechen. Die Zuwendung und wissenschaftliche Unterstützung, die ich von Frau Professor Schmid auch in Zeiten, in denen sie selbst sehr großen Belastungen ausgesetzt war, erfahren habe, werden mir immer als herausragendes Beispiel menschlicher Größe und Würde in Erinnerung bleiben.

Ebenfalls ein tief empfundenes Dankeschön ergeht an Herrn Professor Pöckl, den ich anläßlich eines Seminars zur literarischen Übersetzung, welches er als Gastprofessor in Innsbruck hielt, kennenlernte und dessen Kompetenz in diesem Fachbereich uns Seminarteilnehmer in hohem Maße beeindruckte und den Kontakt nicht mehr abreißen ließ. Professor Pöckl hat trotz seiner starken beruflichen Belastung die Mitbetreuung meiner Dissertation übernommen und selbst von der fernen Universität Germersheim aus immer wieder Möglichkeiten zu einer persönlichen Besprechung des Themas gefunden, wofür ich ihm ganz besonders danke.

Mein herzlichster Dank gilt auch Professor Michael Klein, ohne dessen ständige Fragen – begleitet von vorwurfsvollen Blicken – nach dem Fortgang meiner Arbeit ich den vorgegebenen Termin zur Abgabe der Dissertation vielleicht nicht eingehalten hätte. Vor allem aber erhielt ich in den mit Professor Klein geführten Gesprächen und Diskussionen wertvollen Anregungen zu Literatur, Literaturkritik, Literaturrezeption usw.

Mein privater Dank richtet sich an die Familie und die Freunde, die meiner beruflichen und wissenschaftlichen Inanspruchnahme und der damit verbundenen eingeschränkten familiären und gesellschaftlichen Präsenz immer mit Verständnis und Hilfsbereitschaft begegnet sind.

Schließlich möchte ich noch allen danken, die in irgendeiner Weise am Zustandekommen dieser Arbeit beteiligt waren, insbesondere Annette für ihre Hilfe bei der Endredaktion der Arbeit.

Christiane Böhler

Anmerkung

Alle verwendeten Personenbezeichnungen beziehen sich in gleicher Weise auf Frauen und Männer.

1 Einleitung

In der vorliegenden Arbeit soll versucht werden, anhand eines Übersetzungsvergleichs ein intersubjektiv nachvollziehbares Modell für die Evaluierung literarischer Übersetzungen zu erstellen. Die Bedeutung des Übersetzungsvergleichs[1] für Theorie und Praxis der Übersetzungswissenschaft wird immer wieder hervorgehoben (vgl. hierzu auch Svejcer 1987:16), woraus sich unter anderem eine Rechtfertigung für die gewählte Methode ableiten läßt. Die im Rahmen eines Vergleichs von Original und Übersetzung/en angestellten Überlegungen schließen in der Regel eine Bewertung letzterer mit ein; solche unter den Begriff der Übersetzungskritik gestellten Studien von literarischen Übersetzungen tragen konstruktiv zur qualitativen Anhebung der übersetzerischen Leistungen bei bzw. helfen mit, die Professionalität des literarischen Übersetzers zu steigern. Zugleich unterstützen sie aber auch die Bewußtseinsbildung der Leserschaft und fördern die sensibilisierte, kritische Aufnahme von Literaturübersetzungen beim Zieltextleser – ein Aspekt, der interessante Fragestellungen in der Rezeptionsforschung ausländischer Literatur bieten würde. Ich verweise in diesem Zusammenhang auf die vielfältigen Diskussionen um die deutsche Übersetzung von Lawrence Norfolks Roman *Lemprière's Dictionary*[2], die Anfang der 90er Jahre über diverse Beiträge in großen, besonders für den Kulturteil bekannten Zeitungen des

---

[1] Der Terminus „Übersetzungsvergleich" wird hier nach Reiß (1981:311-319) als Oberbegriff für den intralingualen, interlingualen und multilingualen, ein- und mehrsprachigen Übersetzungsvergleich verwendet. Zur Terminologie vgl. auch Wilss (1977:71) und Pöckl (1993:447-462).

[2] Einige Monate nach dem Verkaufserfolg der deutschen Übersetzung von Norfolks (1992) Roman *Lemprière's Wörterbuch* richteten sich 11 renommierte Übersetzer in einem offenen Brief an den Knaus Verlag mit der Aufforderung, das Buch vom Markt zu nehmen, da die Übersetzung das Papier nicht wert sei, auf dem sie gedruckt wurde. Daraufhin entwickelte sich eine rege Diskussion in der Presse, welche die unterschiedlichen Stellungnahmen abdruckte. Vgl. dazu u.a. Gerzymisch-Arbogast (1994), Richter (1993) sowie den Artikel „‚Ansteckendes Gift'. Zwist um deutsche Norfolk-Übersetzung" aus der *Presse* vom 23.12.1992.

deutschen Sprachraumes (Presse, Die Zeit, Süddeutsche Zeitung, Neue Züricher Zeitung u.a.) auch in das Bewußtsein eines Nicht-Fachpublikums gedrungen sind, eben in das Bewußtsein eines literarisch gebildeten Lesers.

Die geführten Diskussionen über die Qualität und die Ansprüche, die mit der Übertragung eines literarischen Textes in eine andere Sprach- und Kulturgemeinschaft verbunden sind, können sicherlich dazu beitragen, künftig das Ansehen – und damit die Arbeitsbedingungen – des literarischen Übersetzers zu verbessern. Unser seit Erscheinen des Buches von Hans-Peter Martin und Harald Schumann (1996) mit dem Begriff „Globalisierung" markiertes Zeitalter bietet einen immer interessanteren Markt für den literarischen Übersetzer; zeitgenössische Autoren lassen nicht selten ihre Werke zeitgleich auf dem internationalen Markt publizieren. Gerade auf Grund dieses universalen Marktes erscheint es notwendig, die Besonderheit, die Individualität eines sprachlich und kulturell geprägten literarischen Künstlers in der Übersetzung zu bewahren. Dies wiederum erfordert eine literarische Übersetzungstheorie, die dem Übersetzer die notwendigen Strategien und Methoden vorschlägt, welche bei der Übersetzung literarischer Kunstwerke zur Anwendung zu bringen sind. Basis der geforderten Theorie könnte ein für die Evaluierung literarischer Übersetzungen sozusagen als Tertium Comparationis entwickeltes übersetzungsrelevantes literarisches Analysemodell sein.

Es ist daher unter anderem ein Ziel der Arbeit, in der Konsequenz zu weiteren empirischen Untersuchungen mit dem vorzustellenden Modell anzuregen. Ebenfalls sinnvoll wäre der Einsatz solch eines Modells als Lehrmittel in der Übersetzungsdidaktik, deren Aufgabe es ist, mit ihrer Ausbildung für qualitativ hochwertige Leistungen auf dem Gebiet der literarischen Übersetzung zu sorgen.

Wie bereits diese kurzen Anmerkungen zeigen, entspricht der Übersetzungsvergleich in besonderer Weise der oftmals geäußerten Forderung nach gegenseitiger Annäherung bzw. Wechselwirkung von Theorie und Praxis im Bereich der Übersetzungswissenschaft.[3] Entsprechend soll hier der retrospektive Ansatz – der Vergleich

---

[3] Schon Neubert (1986:85) beklagte in seinem Artikel „Translatorische Relativität" ein „Mißverhältnis zwischen Theorie und Praxis" mit Verweis auf die Diskussionen anläßlich des 7. Weltkongresses der AILA 1984 in Brüssel; vgl. aber auch Correias Beitrag in *TextconText* (1989:61).

von Ausgangs- und Zieltext anhand eines theoretischen Modells zur Evaluierung von literarischen Übersetzungen – mit einem prospektiven Aspekt, nämlich einem möglichen Leitfaden für die Übersetzung literarischer Texte, verbunden werden.

Ausgehend von dieser Prämisse soll ein auf der Untersuchung von Kohärenzmerkmalen basierendes Modell einer literarischen Übersetzungsanalyse erstellt werden. Grundlage bildet die These, daß ein Charakteristikum literarischer Texte Kohärenz sei, und zwar gemäß der Definition in Kapitel 6. Wie darin ausgeführt verstehe ich unter Kohärenz das – sprachliche wie außersprachliche – harmonische, einheitliche Gefüge eines literarischen Kunstwerks, welches auch in der Übersetzung zutage treten sollte. Die Faktoren, an denen sich die Kohärenz eines Werkes maßgeblich bestimmen läßt, sind Rekurrenz und Referenz. Anhand ausgewählter Textbeispiele aus dem Roman *Holzfällen. Eine Erregung* von Thomas Bernhard, der in seiner deutschen Originalfassung und in der italienischen Übersetzung von Agnese Grieco und Renata Colorni als Korpus diente, soll eine in ihrer sprachphilosophischen Deutung an die *Reflexionstheoretische Semiotik* von Johannes Heinrichs (1980 und 1981) anknüpfende Evaluierung einer literarischen Übersetzung versucht werden.

Die Entscheidung für Bernhards Roman *Holzfällen* ist einerseits die Folge einer persönlichen literarischen Vorliebe – die mitreißend schnelle, teilweise ironisierende Prosa Bernhards hat mich von Anfang an fasziniert –, andererseits drängte sich dieser Autor nicht zuletzt wegen seines überwältigenden Erfolges im fremdsprachigen Ausland und besonders in Italien[4] auf, zumal sein Ansehen als Autor im Heimatland Österreich umstritten war; jedenfalls fällt die weitaus positivere Rezeption seiner Werke seitens des Auslandes im Vergleich zur österreichischen Rezeption auf.

Schließlich soll mit der Arbeit darauf aufmerksam gemacht werden, daß nur eine fundierte theoretische und praktische Ausbildung die Basis für den Erwerb der notwendigen professionellen Kompetenz[5] für literarisches Übersetzen bilden kann.

---

[4] Vgl. dazu die Literaturpreise, die Bernhard verliehen wurden: „Premio Mondello" für den besten Autor nichtitalienischer Nationalität 1983, „Prix Medicis étranger" 1988, der internationale „Premio Feltrinelli" 1988 u.a.

[5] Zu Profession und Übersetzen siehe Annette Wußler (2002) *Translation – Praxis, Wissenschaft und universitäre Ausbildung*. Innsbruck: Dissertation.

Die kryptische Aussage von Novalis im ausgehenden 18. Jahrhundert, „der Übersetzer" müsse „selbst ein Dichter sein" (Novalis 1798, zit.n. Störig 1963:33), ist weder vom wissenschaftlichen Standpunkt aus haltbar (die Fähigkeit eines Schriftstellers zur Abstraktion von der eigenen künstlerischen Identität bei der Wiedergabe eines fremden Textes ist nicht per se gegeben) noch von den Markterfordernissen her vertretbar.

Es gibt jedoch bislang in den mir bekannten europäischen Curricula der Universitätsinstitute und Hochschulen für Übersetzen und Dolmetschen kaum einen spezifischen Ausbildungszweig, der sowohl die praktische wie translatologisch reflektierte Grundlage für den Ausbau der Professionalität im Bereich des literarischen Übersetzens bieten würde.[6] Vielleicht kann die vorliegende Arbeit auch eine diesbezügliche Anregung für die Curriculumforschung unserer Studienrichtung darstellen.

---

[6] Eine spezielle Ausbildung für literarische Übersetzer bietet nur die Philosophische Fakultät der Heinrich-Heine-Universität Düsseldorf mit dem Studiengang „Literaturübersetzen", den die Universität als erste europäische Hochschule zum Wintersemester 1987/88 als Diplomstudium einrichtete. Allerdings fiel auch hier nach dem zehnjährigen Jubiläum einer von zwei Lehrstühlen den Sparmaßnahmen in der Hochschulpolitik zum Opfer. Und so erklärte die Dekanin der Philosophischen Fakultät dieser Universität Vittoria Borsó in einem Interview mit der *Frankfurter Allgemeinen Zeitung* (*FAZ* vom 05.02.1999): „Wir werden die Qualität des Studienganges erhalten können, aber nur durch die idealistische Selbstausbeutung der beteiligten Lehrenden."

2 DER ÜBERSETZUNGSVERGLEICH

2.1 Allgemeine Überlegungen zu aktuellen Marktbedingungen für Literaturübersetzungen

Bei der Lektüre von Rezensionen zu den Übersetzungen von Literatur – also in jenen Fällen, wo darauf eingegangen wird, daß es sich um eine Übersetzung handelt – fällt auf, daß häufig negative, auf jeden Fall aber uneinheitliche und wissenschaftlich nicht fundierte Kritik an Übersetzungsprodukten geübt wird. Bemängelt werden nicht selten Defizite bei den Fremdsprachenkenntnissen sowie mangelnde Ausdrucksfähigkeit in der Muttersprache. So schreibt zum Beispiel Tom Appleton in der *Presse* vom 08.02. 1992 zu Heinrich Bölls Übersetzung von Jerome D. Salingers Roman *Fänger im Roggen*: „Übersetzungsfehler aus Sprachunkenntnis, mehrere pro Seite, sind auch bei Böll die Regel".[7]

Ein kurzer Blick auf den Übersetzermarkt zeigt dagegen, daß es genügend Übersetzer mit ausgezeichneter Sprachkompetenz – in der Mutter- wie in der Fremdsprache – gibt. Der Grund für das dennoch vielfach beklagte Vorkommen schlechter Übersetzungen im literarischen Bereich[8] ist nicht schwer zu erklären: Auf der einen Seite liegt es daran, daß die vielen und in argem Konkurrenzkampf zueinanderstehenden belletristischen Verlage nicht bereit oder nicht in der Lage sind, die notwendigen finanziellen Mittel bereitzustellen, um sowohl einen professionellen Übersetzer – dessen zeitlicher und kreativer Aufwand entsprechend abgegolten werden muß – als auch

---

[7] Vgl. dazu auch die Untersuchungen von Hinrichsen (1978) zu Bölls Übertragungen englischsprachiger Erzählprosa ins Deutsche. Sie führt darin die bekannte Tatsache an, daß dem amerikanischen Autor Salinger erst durch Bölls Übersetzungen ein durchschlagender Erfolg auf dem deutschen Literaturmakt beschieden war. Hinrichsen erwähnt aber auch, daß die völlig unkritischen, a priori positiven Rezensionen zu diesem Werk in Zusammenhang mit der berühmten Person des Schriftstellers Böll stünden. Zudem weist sie in Bölls Salinger-Übersetzung nicht nur zahlreiche sinnentstellende Fehler, sondern auch Nicht-Erkennen typischer Stilmerkmale nach (ib.:34-76).

[8] Vgl. dazu die entsprechenden Artikel aus dem Innsbrucker Zeitungsarchiv.

Korrektoren und Lektoren[9] angemessen zu entlohnen. Über ihre schlechten Arbeitsbedingungen berichten literarische Übersetzer in zahlreichen Artikeln,[10] in denen der Leser nicht nur mit der schlechten Honorarlage und dem enormen Zeitdruck, dem ein Übersetzer ausgesetzt ist, vertraut gemacht, sondern auch über die Gefahren, die der Beruf mit sich bringt, aufgeklärt wird. So wurde zum Beispiel der italienische Übersetzer von Salman Rushdies Roman „Satanische Verse" Ettore Capriolo mit einem Messer attackiert und verletzt, sein japanischer Kollege Hitoshi Igarashi gar getötet (vgl. Appleton in der Presse vom 08.02.1992).

Auf der anderen Seite sind die Anforderungen, die an literarische Übersetzer gestellt werden, hoch. Verlage, die einen innerhalb einer Nationalliteratur zum Bestseller gewordenen Roman als Übersetzung in Auftrag geben, erwarten, daß das Werk auf dem internationalen Buchmarkt ebenfalls ein Erfolg wird. Erfolg und Mißerfolg auf dem Verkaufsmarkt hängen natürlich von einer Vielzahl von Faktoren ab – die Qualität der Übersetzung ist nur einer davon –, das ist jedoch nicht Gegenstand meiner Untersuchungen. Es ist trotzdem sehr interessant, die aktuellen Strategien von Verlagshäusern zu beobachten: Moderne italienische Bestsellerautoren, wie Susanna Tamaro, Andrea de Carlo etc., werden innerhalb kürzester Zeit auch in anderssprachigen Übersetzungen herausgegeben, symptomatisch geradezu Tamaro, deren jüngere Werke, wie *Anima Mundi* (1997), *Rispondimi* (2001), zeitgleich in der Originalausgabe und in der deutschen Übersetzung erschienen sind. Erforschung und Analyse der Kriterien, deren sich die Verlage bei der Auswahl ihrer Übersetzungsaufträge bedienen, so wie die Rezeption ausländischer Literatur an sich bieten ein umfassendes und weitreichendes Feld für fortführende Untersuchungen.[11]

---

[9] Selten erwähnt wird die Tatsache, daß eine Literaturübersetzung nicht das Werk eines Einzelautors ist, sondern ein Ko-Produkt von Übersetzer, Lektor, Redakteur etc. und ihre Endgestaltung nicht in der Kompetenz und daher auch nicht in der alleinigen Verantwortung des Übersetzers liegt: Rezensenten sollten deshalb in ihren – positiven wie negativen – Kritiken differenziertere Aussagen treffen, als sie im allgemeinen in den Feuilletons zu lesen sind.

[10] Vgl. dazu einige Aussagen in Zeitungsartikeln, wie zum Beispiel „Übersetzer-Klage" aus der *WZ* vom 27.05.1988, „Übersetzerprotest" aus der *NZZ* vom 04.10.1996, Barbara von Becker „Zum Übersetzerstreit in Lawrence Norfolks Roman ‚Lemprière's Wörterbuch' und Übersetzer – ein Berufsstand begehrt auf" aus der *BZ* vom 17.02.1993.

[11] Vgl. u.a. den Aufsatz von Nies (1994) „*Vom Westen kaum Neues?* Französische Romane der achtziger Jahre auf dem deutschen Buchmarkt der Gegenwart". Erwähnenswert ist auch das 1992 in Wien

Eines läßt sich auf alle Fälle festhalten: Den berufsfremden Auftraggebern scheint meist nicht bewußt zu sein, daß jede Literaturübersetzung nicht nur hervorragende Sprachkenntnisse erfordert, sondern ebensosehr umfassend recherchierten Hintergrundwissens und kulturspezifischer Erfahrung bedarf. Wenn die Vergütung in keinem Verhältnis zum tatsächlichen Aufwand steht, so ist es zwar zu bedauern, aber nicht verwunderlich, daß dem literarischen Übersetzen der Charakter eines Hobbys statt einer professionellen Tätigkeit anhaftet. Es bleibt zu wünschen, daß die Bedeutung der interkulturellen Kommunikation für unser Zeitalter auch in besseren Konditionen für Übersetzer ihren Niederschlag findet.

Aus der beschriebenen Situation wird jedenfalls deutlich, daß eine Optimierung von Qualität und Image literarischer Übersetzungen anzustreben ist. Es erscheint daher sinnvoll und notwendig, eine Anleitung für die Produktion literarischer Übersetzungen zu entwickeln, und zwar sowohl für die Didaktik als auch für den Praktiker, für den mit einem Auftrag zur Literaturübersetzung konfrontierten Übersetzer.

2.2 Die didaktische Bedeutung des Übersetzungsvergleichs

Vorausschickend sei erwähnt, daß das hier vorgestellte Evaluierungsmodell keinen Kodex für einen Ausbildungslehrgang zum literarischen Übersetzer darstellt, sondern allenfalls als Hilfestellung, als Leitfaden gewertet werden kann. Gleichfalls gilt, daß ein literarischer Übersetzer – genauso wie der Translator anderer Ausgangstexte – zunächst Textrezipient ist und als solcher individuell und subjektiv handelt; den „Text-an-sich" gibt es nicht, zumindest nicht als Gegenstand der Translation[12] (Translation wird als Übergriff für Translationstheorie, Translationsprozeß und Translationsprodukt verwendet). Ich schließe mich also wie Hans J. Vermeer den rezeptions-

---

veranstaltete Symposium „Literaturaustausch" zur spezifischen Situation des Vertriebs westlicher Literatur in den ehemaligen Ostblockländern seit der politischen Wende bzw. Umkehr zur freien Marktwirtschaft: Aus den Beiträgen, die in der Zeitschrift der österreichischen Übersetzergemeinschaft *Wie Übersetzen* (1992) veröffentlicht wurden, geht die prekäre finanzielle Situation der teilweise privatisierten Verlagshäuser deutlich hervor.

[12] Vgl. dazu Vermeers (1990:108-114) Überlegungen zu Text und Textem.

ästhetischen Theorien an, welche die Existenz eines Textes als interindividuell existente, objektive Realität bestreiten. Allerdings nimmt auch Vermeer für die literarische Übersetzung an, daß sie überindividuell und wissenschaftlich erforscht werden kann.

Die Forschung auf dem Gebiet der literarischen Übersetzung kann empirisch erfolgen, nämlich auf der Grundlage von Übersetzungsvergleichen, deren Auswertung hat jedoch anhand eines wissenschaftlich entwickelten Kriterienkatalogs zu erfolgen. Solche empirischen Untersuchungen sind eine durchaus effiziente Methode im Übersetzungsunterricht, da sie sowohl die prozeß- als auch die produktorientierten Reflexionskapazitäten des auszubildenden Übersetzers schärfen. Erst eine mögliche Kritik an einem vorliegenden Translat zwingt den angehenden Übersetzer, vermutete Defizite zu begründen und zu formulieren; die individuelle Rezeption eines Textes ist gegenüber objektiven, überindividuell bestimmbaren Rezeptionsmöglichkeiten abzugrenzen.

Auf jeden Fall ist die Entwicklung bzw. Anwendung eines übersetzungsrelevanten Textanalysemodells, welches einen umfassenden, objektiven Kriterienkatalog zur Texterfassung bietet, ein in der Praxis bewährtes didaktisches Hilfsmittel. Gerade literarische Texte bieten eine solche Vielfalt an Übersetzungsproblemen bzw. -schwierigkeiten[13] – die Übertragung von Kultur- und Realiabegriffen, Eigennamen, Metaphern, Phraseologismen etc., um nur einige zu nennen –, daß vom angehenden Übersetzer die ganze Bandbreite an theoretischen Überlegungen und Entscheidungsmechanismen eingefordert wird, die auch zur Bewältigung der in der Berufspraxis wohl dominierenden sogenannten Gebrauchstextsorten erforderlich sind. Insofern stellen literarische Texte ein hervorragendes Korpus für die übersetzungsrelevante Textanalyse dar.

Deutlich nachweisbar ist an einem literarischen Text weiterhin, daß ein Text als solcher immer innerhalb einer Kultur existiert; er ist primär an einen Leser der Ausgangskultur gerichtet, und seine Übersetzung ist zugleich Sprach- und Kultur-

---

[13] Nord (1988a:178) unterscheidet zwischen Übersetzungsschwierigkeiten und Übersetzungsproblemen: „Als Übersetzungsproblem bezeichne ich die objektiven Probleme, die sich unabhängig von Gegebenheiten aus dem Ausgangstext [...] ergeben. Übersetzungsschwierigkeiten dagegen sind vor allem auf den Übersetzer und seine Arbeitssituation bezogen zu sehen, also subjektiv [...]."

transfer. So wird einem Leser der Zielkultur die Ausgangskultur oder besser gesagt, ein rezipierter Text der Ausgangskultur, nähergebracht. Zur Diskussion über die Möglichkeit bzw. Unmöglichkeit eines solchen Unterfangens sei auf das Kapitel zur Theorie der literarischen Übersetzung verwiesen. An dieser Stelle möchte ich nur anmerken, daß der auch bei Gebrauchstextsorten, vor allem bei Texten mit dominanter appellativer Funktion, so wichtige Faktor der kulturellen Einbettung, der kulturabhängigen textsortenspezifischen Konventionen u.ä. an literarischen Texten hervorragend exemplarisch dargestellt und diskutiert werden kann, wenngleich die Übersetzung die Anwendung unterschiedlicher Strategien erfordert.

Aus dem Dargelegten geht hervor, daß der literarische Übersetzungsvergleich mehrere praktische sowie theoretische Aspekte vereint und damit der verbreiteten Meinung einer notwendigen Korrelation von Theorie und Praxis in der Übersetzungswissenschaft entspricht. Auf Grund seiner differenzierten „praktischen" Funktionen – Analyse, Interpretation, Herausarbeiten sprach- und kulturspezifischer Charakteristika etc. – ist er jedenfalls eine besonders effiziente Methode in der Übersetzungsdidaktik.

2.3 Die Bedeutung des Übersetzungsvergleichs als Parameter für die Übersetzungskritik

Neben der didaktischen Funktion erfüllt der literarische Übersetzungsvergleich die schon im Einleitungskapitel ausgeführten wichtigen Funktionen der Erarbeitung von Evaluierungskriterien einerseits und der Schärfung des Kritikbewußtseins der Leserschaft andererseits.

Der Mangel an professioneller Kritik zu literarischen Übersetzungen hat zahlreiche Gründe: Einer davon liegt zunächst darin, daß literarische Übersetzungen nicht als eigenständige Textklasse betrachtet werden.[14] Die bereits angesprochene wichtige

---

[14] Albrecht (1998) bestätigt diese Ansicht in seinem Buch *Literarische Übersetzung* aus der eigenen praktischen Erfahrung – der jahrelanger Lektüre von Buchrezensionen – und erhebt ebenfalls die

Rolle, die Literaturübersetzungen in der Entwicklung vieler nationaler Literaturen spielen, wird offenbar nicht anerkannt; dies beweist allein schon die Tatsache, daß die meisten Kritiker gar nicht erst auf den Umstand eingehen, daß sie über eine Übersetzung und nicht über das Original schreiben.[15] Die literarische Übersetzung scheint als Objekt literaturwissenschaftlicher Studien nahezu nicht zu existieren und wenn, dann als Subkategorie komparatistischer Literaturstudien, wie zum Beispiel aus dem von Fritz Nies (1996) herausgegebenen Sammelband *Literaturimport und Literaturkritik: das Beispiel Frankreich* oder Peter V. Zimas Monographie *Komparatistik* (1992) hervorgeht, in der steht:

> Nicht die Übersetzungswissenschaft als ganze ist Bestandteil der Komparatistik, sondern ausschließlich die *literarische Übersetzung*, die es nicht nur mit sprachlichen, sondern auch mit ästhetischen Normen zu tun hat. (Zima 1992:199)

Im Unterschied zur Übersetzungswissenschaft arbeitet Zima insbesondere die soziolinguistische Komponente der literarischen Übersetzung heraus und betont unter dem Aspekt der Intertextualität ihre gesellschaftlichen und ideologischen Einflüsse.

Die Problematik der Position und Bedeutung der literarischen Übersetzungstheorie in der Literaturwissenschaft ist immer wieder Gegenstand wissenschaftlicher Untersuchungen (vgl. Holmes 1994). Zu erwähnen ist vor allem Theo Hermans, der in dem von ihm herausgegebenen Werk *The Manipulation of Literature* schreibt:

> It is nothing new to say that the position occupied by Translation Studies in the study of literature generally today is, at best, marginal. Handbooks on literary theory and works of literary criticism almost universally ignore the phenomenon of literary translation; literary histories, even those that cover more than one national literature, rarely make more than a passing reference to the existence of translated texts. (Hermans 1985:7)

Dies führt wiederum dazu, daß die Besprechungen der Übersetzungen von „Fachfremden", sprich Amateuren, durchgeführt werden. Viele Literaturkritiker und Lekto-

---

Forderung nach fachmännischer Übersetzungskritik. Nach Albrecht sind die übersetzungskritischen Bemerkungen eines Literaturkritikers in den meisten Fällen unqualifiziert: Es werden stilistische Wertungen getroffen, wie „flüssig" oder „schwerfällig", ohne zu untersuchen, ob es sich dabei um die Idiomatik des Autors oder um Übersetzungsfehler handelt (ib.:227ff).

[15] Vgl. dazu Kammanns (1996) Artikel sowie das umfangreiche Rezensionsmaterial im Innsbrucker Zeitungsarchiv.

ren in den Verlagen sind der Fremdsprache, in der das Originalwerk erschienen ist, nicht mächtig, ganz zu schweigen vom Zielleser selbst; beiden – sowohl dem Lektor wie dem Zielleser – liegt wahrscheinlich das Originalwerk zudem meistens nicht vor. Es wäre also die Aufgabe des Fachmannes, d.h. des Kritikers (in diesem Falle des professionellen Übersetzers), auf eventuell vorliegende syntaktische, semantische oder pragmatische Fehler in der Übersetzung hinzuweisen. Daß das Aufgreifen solcher Themenkreise, wie zum Beispiel Schwierigkeiten und Problemstellungen bei der literarischen Übersetzung, durchaus auch das Interesse des Ziellesers, in der Regel eines Laienpublikums, wecken und damit dazu beitragen kann, den Zielleser für die Qualität einer Übersetzung zu sensibilisieren, hat die bereits eingangs erwähnte Diskussion um die deutsche Übersetzung von Norfolks Roman *Lemprière's Dictionary* gezeigt. Daß der 1992 ausgetragene Übersetzerstreit auf reges Publikumsinteresse stieß, beweist die Tatsache, daß sich allein im Innsbrucker Zeitungsarchiv, in dem zwar die wichtigsten und renommiertesten Zeitungen des deutschen Sprachraumes, aber bei weitem nicht alle Periodika erfaßt werden, fünfzehn zum Teil mehrere Seiten lange Artikel zu diesem Thema nachweisen lassen.[16]

Wer nun angesprochen ist, an dieser unerfreulichen Situation etwas zu ändern und sowohl Image und Honorarlage des literarischen Übersetzers als auch die Qualität der Endprodukte, der literarischen Übersetzungen, zu ändern, ist die Übersetzungswissenschaft: Zu ihren Forschungsgebieten gehören Übersetzungskritik und Übersetzungsvergleich, in deren Zuständigkeitsbereiche wiederum die wissenschaftliche Aufstellung möglicher Parameter für die – positive oder negative – Bewertung einer literarischen Übersetzung fällt. Die unreflektierte, subjektive Bemängelung einzelner Wortbeispiele allein ist sicher nicht zielführend, wie Heidrun Gerzymisch-Arbogast (1994) in ihrem Buch *Übersetzungswissenschaftliches Propädeutikum* richtig nachweist. Der Grund, daß sich der „Übersetzerkrieg", wie er schließlich auch genannt wurde, so lange hinzog (von Dezember 1992 bis in das Frühjahr 1993), ist sicherlich darin zu suchen, daß die 11 namhaften Übersetzer, welche zum Protest aufriefen, ihre Kritik nur auf Listen fehlerhafter Einzelbeispiele stützten, anstatt zunächst in einer

---

[16] Vgl. dazu die Rezensionen aus dem Innsbrucker Zeitungsarchiv.

literaturkritischen Untersuchung den Originalroman zu analysieren und anschließend anhand übersetzungsrelevanter Parameter mit dem Zieltext zu vergleichen[17]. Auch in Friedmair Apels (1993) in der Süddeutschen Zeitung erschienenen Artikel „Harte Brocken muß man verdauen" klingt an, daß ein „neutraler Fachmann" gebraucht wird, um „den Kasus zu untersuchen, zu bewerten und historisch auszuleuchten" (*SZ* 30/31.01.1993). Versagt hat hier offensichtlich, wie Hans Hönig in seinem Buch *Konstruktives Übersetzen* (1995:124f) anmerkt, die wissenschaftliche Übersetzungskritik, die nicht in der Lage war, eine verbindliche Aussage über die Qualität der umstrittenen Übersetzung des Romans zu machen. Tatsächlich schließt Gerzymisch-Arbogast (1994:152) ihr Buch, das den Versuch einer wissenschaftlichen Übersetzungskritik zum Inhalt hat, mit der Bemerkung, daß eine „wissenschaftliche Kritik noch aussteht".

Eines sei zusammenfassend jedenfalls festgestellt: Es müßte grundsätzlich die Forderung erhoben werden, daß ohne vorherigen Vergleich mit dem Original keine kritischen Rezensionen zu fremdsprachiger Literatur in der Übersetzung verfaßt werden sollten.

2.4 Die Bedeutung des Übersetzungsvergleichs für die kontrastive Sprach- und Kulturforschung

Der literarische Text ist – so wie jeder andere Text – in seine Ausgangssprache und -kultur eingebettet. Um eine optimale zielsprachliche Produktion des Ausgangstextes zu gewährleisten, ist es notwendig, Sprache und Kultur von Ausgangs- und Zieltext miteinander zu vergleichen. Vermeer/Witte (1990:154) haben Translation einmal definiert „als mehrfache Vergleichshandlung des Translators zwischen Ausgangs- und Zielkultur". Der Translator ist ein kompetenter – und reflektorisch bewußter[18] –

---

[17] Vgl. Gerzymisch-Arbogast (1994) sowie die in der Bibliographie angeführten Zeitungsrezensionen.

[18] Erst durch die Gegenüberstellung von „anderen" Kulturen und Kulturspezifika wird die eigene Kultur und ihre Spezifik bewußt, wie Vermeer/Witte (1990) anmerken. Einen professionellen Translator

Kenner sowohl der Ausgangssprache und -kultur (vgl. Christiane Nord 1997:149-161) als auch der Zielsprache und -kultur, in der er meist beheimatet ist. Es ist daher seine Aufgabe, zur Optimierung der translatorischen Leistung geeignete[19] Vergleichskriterien für verschiedene Sprachen und Kulturen auszuarbeiten. Je besser Sprache und Kultur einer Gesellschaft beschrieben und analysiert werden können, desto mehr Bezugspunkte ergeben sich für den Vergleich. Als Bezugsraster für den Vergleich von Sprache und Kultur dient im folgenden die semiotische Reflexionstheorie von Johannes Heinrichs, da sie wie keine andere mir bekannte Theorie Sprache und Kultur mit überzeugender Systematik erfaßt. Heinrichs' Werk, auf welches in der vorliegenden Arbeit Bezug genommen wird, ist bisher in 2 Teilen erschienen: *Reflexionstheoretische Semiotik, 1. Teil: Handlungstheorie* (1980) und *Reflexionstheoretische Semiotik, 2. Teil: Sprachtheorie* (1981), der dritte, kulturtheoretische Teil, liegt im Entwurf vor.

Die oben geforderte kontrastive Erforschung der verschiedenen Sprachen und Kulturen basiert entweder auf empirischen Übersetzungsvergleichen oder stützt zumindest diesbezügliche Theorien, womit die wissenschaftliche Legitimation solcher Untersuchungen gegeben erscheint.

---

zeichnet zudem nicht nur die Reflexionsfähigkeit, sondern auch die Abstraktionsfähigkeit von den Kulturen, in denen er selbst verhaftet ist, aus.

[19] Einer wissenschaftlichen These zufolge gibt es keine „objektiven" Kriterien, sondern maximal „überindividuelle", d.h. in nur kleinen Details voneinander abweichende, Kriterien. Vgl. dazu die Prototypensemantik von Rosch (1973) und die *scenes-and-frames-Theorie* bei Fillmore (1977), aus übersetzungstheoretischer Sicht aufgenommen von Snell-Hornby/Vannerem (1986), Vermeer/Witte (1990) u.a.

3 Die literarische Übersetzung

In den vorhergehenden und nachfolgenden Kapiteln kommen wiederholt die Begriffe *literarische Übersetzung* und *Literaturübersetzung* vor. Die beiden Ausdrücke werden zwar aus stilistischen Gründen an diversen Stellen wie Synonyme gebraucht, dennoch erscheint es notwendig, die beiden Ausdrücke zu differenzieren und eine Definition zu geben:

Der Terminus Literaturübersetzung bezeichnet schlicht sowohl den Prozeß als auch das Produkt der Übersetzung von Literatur.

Mit dem Terminus literarische Übersetzung soll dagegen ausgedrückt werden, daß die Übersetzung eines literarischen Werkes unter Berücksichtigung jener Besonderheiten erfolgt oder zu erfolgen hat, die für dieselbe einzufordern sind; gemeint ist damit die Produktion eines kohärenten Werkes, das dem Originalautor und seiner fiktiven Welt so nahe wie möglich kommt, wie in den Kapiteln 3 und 6 näher ausgeführt wird. Das heißt, der Ausdruck literarische Übersetzung bezeichnet ein spezifisches Verfahren, das bei literarischen Texten anzuwenden und im Rahmen der Translatorik von Strategien der Gebrauchstextsorten oder anderer Texte abzugrenzen ist.[20]

3.1 Allgemeine Überlegungen zur literarischen Übersetzung

Seit sich die Translationswissenschaft mit Eugene A. Nida in den sechziger Jahren als eigenständige Disziplin von der Sprach- und Literaturwissenschaft abgegrenzt hat[21], brachte die Forschung auf diesem Gebiet eine Unzahl von Translationstheorien und -modellen hervor, was sich auch anhand der umfangreichen Literatur zu dem Thema dokumentieren läßt[22]. Es sei in diesem Zusammenhang nur auf das Werk von James

---

[20] Vgl. dazu die Thesen von den künstlerischen Fähigkeiten bei Kloepfer und Levý unter 3.2.2 aber auch Correia (1989:67f).

[21] Vgl. Wilss (1977:59) und Koller (1992:154ff).

[22] Vgl. dazu u.a. das Literaturverzeichnis in Albrecht (1998) sowie den nur die wichtigsten Werke nominierenden Führer für Studierende *Bibliography of Translation Studies* (1998).

Holmes (1988) *Translated! Papers on Literary Translation and Translation Studies* verwiesen; Holmes versuchte darin auf Grund der verwirrenden – weil von zahlreichen Autoren unterschiedlich verwendeten – Terminologie zur Übersetzungswissenschaft im Kapitel 6 „The Name and Nature of Translation Studies" ein Konzept zu entwickeln, in dem alle zur Übersetzungswissenschaft gehörigen Forschungsbereiche in hierarchischer Gliederung aufgezählt werden und damit der Terminus definitorisch erfaßbar gemacht wird.[23] Ein jüngeres Publikationsbeispiel, das *Handbuch Translation*, von Mary Snell-Hornby et.al. (1998) herausgegeben, wählt eine thematisch und alphabetisch geordnete Gliederung der Fachbereiche.

Auffällig ist, daß bei all der gegebenen Breite von Forschungsbereichen die literarische Übersetzung als eigene Disziplin unterrepräsentiert erscheint, manchmal sogar nur als Teilbereich der Texttypologie untersucht wird[24]. Es gibt keine Theorie oder Schule für die literarische Übersetzung, die dem Praktiker, nämlich dem Übersetzer, und dem der es werden will, also dem Auszubildenden, professionelle und auch didaktisch einsetzbare Anleitungen oder Translationsmodelle bietet bzw. an deren Entwicklung arbeitet.

Es erhebt sich natürlich die Frage, warum es verhältnismäßig wenig systematische Literatur zur literarischen Übersetzung gibt. Eine befriedigende Antwort darauf läßt sich nicht leicht finden: Vielleicht liegen die prinzipiellen Schwierigkeiten in der Natur der Sache selbst. Tatsache ist, daß es ja auch nicht „die Literatur" gibt, sondern es sind immer einzelne Werke, individuelle Bücher, die geschrieben, gelesen und besprochen werden. Dessen ungeachtet bemüht sich die Literaturwissenschaft um die theoretische Aufarbeitung und Katalogisierung der verschiedenen Genres und bietet damit der literarischen Übersetzungstheorie zumindest einen Ansatz.

---

[23] Holmes (1988:71) unterscheidet zwischen theoretischer und angewandter Übersetzungswissenschaft und ordnet diesen beiden Bereichen jeweils diverse Subbereiche zu. Den theoretischen Bereich unterteilt er zum Beispiel in „descriptive translation studies" und „theoretical translation studies", welche wiederum in eine Reihe von Disziplinen unterteilt werden; der angewandte Bereich umfaßt Übersetzungsdidaktik, Hilfsmittel des Übersetzers, Übersetzungskritik etc.

[24] Einige Wissenschaftler, die auf dem Gebiet der literarischen Übersetzung tätig waren oder sind, werden in Kapitel 3 vorgestellt.

So hat bereits Nida in seinem oben zitierten Buch auf die vielen und sich ständig wandelnden Formen der fiktionalen Literatur (Prosa, Poesie, Drama etc.) hingewiesen und – im Hinblick auf die Übersetzung – die Forderung nach jeweils unterschiedlichen, dem Genre entsprechenden Übersetzungsmethoden erhoben.

Die vorliegende Arbeit beschäftigt sich ausschließlich mit dem Bereich der Prosaübersetzung, und auch hier gilt die Überlegung: Ist es überhaupt möglich, eine über Analyse und Transfer des Einzelwerkes hinausgehende, für Prosa allgemein gültige Theorie der Übersetzung zu entwickeln? Im folgenden wird der Nachweis versucht, daß es möglich und erforderlich ist, zumindest einen Leitfaden mit Anregungen und Ratschlägen für eine bestmögliche Übersetzung von Literatur zu erstellen. Die Überlegungen gehen davon aus, daß die Eigenart eines Landes, einer Kultur, in den bestehenden Kunstformen – und dazu gehört die Literatur – ihren besonderen Ausdruck findet und zwar ungeachtet ihres fiktionalen Charakters. Existieren kann Literatur jedoch nur im Rahmen ihres Sprachgebietes;[25] erst die literarische Übersetzung transportiert das Land und seine Kultur über seine Sprachgrenzen hinaus und sorgt dafür, daß zum Beispiel Bernhard nicht nur in Österreich und dem deutschsprachigen Ausland lebt, sondern auch in den Ländern der 26 Sprachen, in die er mittlerweile übersetzt wurde.[26]

Noch ein weiterer Punkt ist anzusprechen, der mit ein Grund für den Mangel an Theorien zur literarischen Übersetzung sein könnte: Es ist die Zeit-Dimension, die bei der Literaturübersetzung eine große Rolle spielt. Gelten die Originalwerke klassischer Autoren – denken wir an Shakespeare, Dante usw. – zeitlos als Kunstwerke, so gelten deren Übersetzungen oft schnell als veraltet:

> [...] kein Werk ist ein für allemal gültig gedeutet. Deshalb entstehen zu jeder Zeit immer wieder neue Übersetzungen der längst schon übertragenen Werke. Selten ist die Sprache einer Übersetzung auch nur annähernd so dauerhaft wie die des Originals. Mehr noch als das ursprüngliche Werk unterliegt die Übersetzung dem Wandel. (Wuthenow 1969:28)

---

[25] Das trifft natürlich nicht zu auf die Literatur von Dichtern kleiner Ethnien, die von vornherein in einer Großsprache – zum Beispiel englisch oder französisch – schreiben und damit einen größeren Leserkreis ansprechen, wie zum Beispiel die englischsprachige Literatur in Indien, Südafrika etc. oder die französischsprachige in Nordafrika u.a.

[26] Bernhards Roman *Holzfällen. Eine Erregung* wurde in 14 Sprachen übersetzt und Bernhard insgesamt in 26 Sprachen (Suhrkamp-Verlag, brfl. vom 17.11.1999).

Die Frage nach dem Warum wird in diesem Zusammenhang oft gestellt, die Lösung des Problems erweist sich aber als schwierig. Eine schnelle Antwort ließe sich mit einem Hinweis auf den Sprach- und Kulturwandel finden:

Der Übersetzer ist, selbst wenn er sich an die Idiomatik des Autors hält, von der aktuellen Sprache seiner Zeit geprägt[27]; diese Sprache ist nun nicht ein rein syntaktisch-semantisches System zum Ausdruck strukturierter Gedanken, sondern durch die Sprache werden Wahrnehmungsinhalte transportiert.[28] So wie jede Epoche ihre eigenen Vorstellungen von ethischen, sozialen, religiösen sowie ästhetischen Werten hat, werden durch aufeinanderfolgende Kulturen auch unterschiedliche „world views"[29] vermittelt, was sich wiederum in der Sprache niederschlägt.

Eine befriedigende Lösung bietet diese Aussage sicherlich nicht, da sie für das Originalwerk genauso zutreffen müßte. Eine mögliche Erklärung für das Veralten könnte man dagegen aus dem Status ableiten, der der Übersetzung im gesamten Spektrum der Literatur zukommt: Dieser ist unbestritten geringer als der Status des Originals; das Original gilt im allgemeinen als einmalig, während die Wiederherstellung des Originalwerkes in der Übersetzung wiederholbar ist (vgl. Wuthenow 1969:18). Diese mehrfach geäußerte Ansicht läßt allerdings außer acht, daß auch das Original auf Grund der subjektiven Interpretationen der einzelnen Leser sehr wohl als Vielfaches existiert.

Im Zusammenhang mit der angeschnittenen Problematik ist es jedenfalls interessant zu beobachten, daß das für zeitlich aufeinanderfolgende Kulturen gültige Phänomen des Sprach- und Kulturwandels heute nicht mehr in gleichem Maße auch für nebeneinander existierende Kulturen gilt, wie dies früher wohl der Fall war. Die Welt ist kleiner geworden, die modernen Medien haben uns näher aneinandergerückt, das heißt, die kulturspezifischen Eigenarten eines Volkes verblassen zunehmend zugunsten einer internationalen Lebensart und -einstellung. Ein gutes Beispiel geben die

---

[27] Die Sprachverwendung ist selbstverständlich abhängig von Übersetzungsauftrag und -skopos: Lautet der Auftrag zum Beispiel auf die Wiedergabe eines Dante im Wortlaut des Originals, muß die Sprache dem historischen Rahmen angepaßt werden.
[28] Vgl. dazu auch die Theorien von Sapir (*The psychology of culture*. Berlin: de Gruyter 1994) und Whorf (1963) zu den Relationen von Sprach- und Denkstrukturen.
[29] Vgl. Lakoffs (1987:157) sprachphilosophische Überlegungen.

Die literarische Übersetzung 31

aktuellen Romane junger italienischer Autoren wie Enrico Brizzi, Andrea de Carlo u.a., zu deren typischen Stilmerkmalen Internationalismen der heutzutage gängigen Jugendsprache gehören.[30]

Eines steht jedenfalls fest und läßt sich auch am Anteil übersetzter Literatur auf der alljährlich stattfindenden Frankfurter Buchmesse belegen: Der Markt für literarische Übersetzungen existiert, das Buch – gerade auch als Zeugnis kultureller Vielfalt – ist für den Mitteleuropäer weiterhin eines der wichtigsten Kulturgüter[31].

3.2 Forschungsbericht zur Theorie der literarischen Übersetzung

3.2.1 Diachrone Ansätze

Seit Beginn der dokumentierten Übersetzungsgeschichte vor über 2000 Jahren werden die traditionellen Fragen nach Möglichkeit und Unmöglichkeit der literarischen Übersetzung diskutiert: das Verhältnis der Dominanz des Wortlautes versus Dominanz des Inhaltes, der Technik der Verfremdung versus Assimilierung und ähnliche Fragen mehr (vgl Störig 1963 und Kloepfer 1967).

Traditionell wird Cicero mit seiner Polarisierung von wörtlicher und freier Übersetzung als Begründer der Übersetzungstheorie genannt. Von Übersetzungstheoretikern und Übersetzungshistorikern meist als Gegner einer primitiven Wörtlichkeit und Befürworter des sogenannten „freien Übersetzens"[32] dargestellt (Kloepfer 1967: 22f), ist aber nicht zu vergessen, daß der als Beweis für diese These herangezogene

---

[30] Vgl. dazu Brizzis Roman *Jack frusciante è uscito dal gruppo* (1994).
[31] Vgl. dazu die Angaben zu den 1989 erschienenen Buchtiteln in der *SN* vom 17.8.1991 und Albrecht (1998:337), wonach zum Beispiel die Übersetzungen in Italien ein Viertel der gesamten Buchproduktion ausmachen, in Deutschland immerhin vierzehn Prozent.
[32] Es ist festzuhalten, daß mit dem – im vorliegenden Unterkapitel öfter verwendeten – Begriff der „freien Übersetzung" zu den damaligen Zeiten nur der Ersatz einzelner Wörter gegebenenfalls zum Beispiel durch Synonyme oder die Anpassung an die zielsprachliche Syntax etc. gemeint war; dies ist keinesfalls mit der Terminologie der modernen, funktionalen und skoposorientierten Translationswissenschaft zu verwechseln.

Passus aus einer Schrift von Cicero stammt, in der er sich zur Rhetorik äußert.³³ Es ist daher denkbar, daß Cicero gar nicht die Theorie bzw. Methode des Übersetzens ansprach, sondern sich rein auf die Kunst des Redens bezog. Galten seine Überlegungen dennoch der Übersetzung, so ist wohl einschränkend festzustellen, daß diese nicht auf die Übersetzung im allgemeinen, sondern wahrscheinlich nur auf die Übersetzung von Reden anzuwenden sind.

Auch Hieronymus³⁴ (ca. von 340 bis 420 nach Christi) reiht sich grundsätzlich in die Tradition eines freieren Übersetzens ein:

> Sollte auch das Ansehen meiner Schriften gering sein, so habe ich doch plausibel machen wollen, daß ich von meiner Jugend an nicht Worte, sondern Sätze übersetzt habe. (Hieronymus zit.n. Störig 1963:3)

Als Garant für die Richtigkeit seiner Übersetzungsmethode führt er in dem zitierten Brief eine Reihe von bekannten Männern an, „die dem Sinne nach übersetzt haben" (ib.). Es ist umstritten, ob dieser Ansatz auch für die Bibelübersetzung gelten sollte, was ihm vorgeworfen worden war. Vielmehr scheint Hieronymus schon textsortenspezifisch zu differenzieren und erhebt für die Bibelübersetzung jedenfalls den Anspruch einer genauen Recherche. Dies hat in der Vergangenheit immer wieder zu Mißverständnissen geführt; Hieronymus gibt lediglich an, daß er sich bei seinen Bibelübersetzungen nicht an die griechischen oder lateinischen Übersetzungen halte, sondern an das hebräische Original.

Das Thema soll hier nicht weiter vertieft werden, da die eigenen, speziell für die Bibelübersetzung geltenden Grundsätze nicht mit den Prinzipien der literarischen Übersetzung zu vergleichen sind. Selbst der zu den Grundfragen der Übersetzung immer wieder, sozusagen als Klassiker zitierte Martin Luther hielt sich bei seiner Bibelübersetzung sehr genau an den Originaltext (Luther 1530, zit.n. Störig 1963:14-

---

[33] Die entsprechende Stelle bei Cicero (1998:348) in *De optimo genere oratorum* lautet: „Converti enim ex Atticis eloquentissimorum orationes inter se contrarios, Aeschini et Demostheni; nec converti ut interpres, sed ut orator, sententiis iisdem et earum formam tamquam figures, verbis ad nostram consuetudinem aptis; in quibus non verbum pro verbo necesse habui reddere, sed genus omne verborum vimque servavi."

[34] Vgl. dazu den Brief von Hieronymus an Pammachius (Hieronymus zit.n. Störig 1963:1-13), worin Hieronymus zum Vorwurf einer allzu freien Übersetzung Stellung nimmt.

32), während er sonst wegen seines Bekenntnisses zur freien Übersetzung, zum „Eindeutschen", bekannt wurde.

In der Zeit der Aufklärung mit ihrer Philosophie der rationalen Begründbarkeit menschlicher Erkenntnisprozesse wird die Übersetzung als rein formales Problem, als Austausch von Zeichen, betrachtet. Herder ist es vor allem zuzuschreiben, daß Sprache doch wieder als individuelles Ergebnis eines kulturellen Entwicklungsprozesses gesehen und ihrer semantischen Funktion Rechnung getragen wird. Herder gilt damit als Vorbereiter der Romantik, in deren Zeit der Übersetzung wieder eine zentrale Rolle zukam. Angesichts der Untrennbarkeit von Inhalt und Form wird die Übersetzung zu einem Problem, das die Romantik auflöst, indem sie die literarische Übersetzung als eigene Kunstform bezeichnet; als positive Leistung dieser Kunstform wird insbesondere gewertet, daß die „Andersartigkeit" fremder Kulturen durch sie vermittelt wird. Diese Haltung vertritt auch Goethe, wie Elisabeth Markstein in ihrem Artikel „Das Fremde wird Buch" in *Lebende Sprachen* (1995:97-101) anmerkt; sie zitiert darin mehrmals Goethe und schließt sich seiner Meinung an, indem sie meint:

> Wieder folge ich gerne Goethe, der im Abschnitt ‚Übersetzungen' in seinen Noten zum West-östlichen Diwan mehrmals vom Übersetzen als Bekanntmachen mit dem ‚Ausland' spricht und als letztes Ziel einer Übersetzung ‚die Annäherung des Fremden und Einheimischen, des Bekannten und Unbekannten' nennt. (ib.:99)

Ebenfalls von historischer Bedeutung für die Übersetzungstheorie ist Friedrich Schleiermacher; er verfaßte als erster eine wissenschaftliche Abhandlung zum Thema „Ueber die verschiedenen Methoden des Uebersezens" und gilt mit seiner Unterscheidung zwischen dem Dolmetschen (mündlich) und dem Übersetzen (schriftlich) und hier wiederum mit seiner Differenzierung zwischen verschiedenen Textsorten als Begründer der eigentlichen Übersetzungswissenschaft (Schleiermacher 1813 zit.n. Störig 1963:38-70).

Als Philosoph trifft Schleiermacher die Aussage, „wesentlich und innerlich" sei „Gedanke und Ausdruck ganz dasselbe" (ib.:60); Form und Inhalt sind demzufolge nicht voneinander zu trennen. Für die Übersetzung bedeutet das, daß es keine vollkommene Übersetzung geben könne.

Bezüglich der Übersetzungsmethodik plädiert er für die „Verfremdung", die den Leser direkt auf die notwendigen Veränderungen, die der Transfer mit sich bringt, hinweist. Trotz aller bestehenden Problematik bei diesem Verfahren hebt Schleiermacher in dem Zusammenhang die Bedeutung der Übersetzung wissenschaftlicher und literarischer Schriften hervor. Es sei schließlich unbestritten, daß die Kenntnis ausländischer Werke ein Zeichen höherer Bildung sei (ib.:58). Ortet man hier ein Interesse an fremdsprachiger Literatur und Kultur bei Schleiermacher, so darf man nicht vergessen, daß sein kulturelles Interesse nicht mit dem gleichzusetzen ist, was wir heute unter Internationalität verstehen, bezieht er sich in seinen kulturphilosophischen Überlegungen doch offensichtlich nur auf die Kultur der „Hellenen" also der Griechen. (ib.:44ff)

Schleiermacher geht allerdings über den Bildungsanspruch hinaus und sieht in der Übersetzung eine Bereicherung der eigenen Sprache und Kultur. (ib.:58 und 69):

> Wie vielleicht erst durch vielfältiges Hineinverpflanzen fremder Gewächse unser Boden selbst reicher und fruchtbarer geworden ist, und unser Klima anmuthiger und milder: so fühlen wir auch, daß unsere Sprache, weil wir sie der nordischen Trägheit wegen weniger selbst bewegen, nur durch die vielseitigste Berührung mit dem fremden recht frisch gedeihen und ihre eigne Kraft vollkommen entwikkeln kann. (ib.:69)

In der Folge spricht er sogar von der Vereinigung ausländischer wissenschaftlicher und kultureller Errungenschaften „zu einem großen geschichtlichen Ganzen" (ib.) in der Sprache seines, nämlich des deutschen Volkes und vom „assimilirenden [sic] Prozeß" (ib.:70) der Sprache. Das gibt Anlaß zur Vermutung, daß es Schleiermacher in seiner Abhandlung gar nicht so sehr um eine Theorie der Übersetzung ging als vielmehr darum, klassisches Bildungsgut im deutschen Sprach- und Kulturraum zu verankern. Auch Hans-Wolfgang Schneiders (1995:156) merkt dazu in seinem Buch *Die Ambivalenz des Fremden* kritisch an, daß die von Schleiermacher geführte Diskussion um Akkulturation und Rezeption fremdsprachiger Literatur dem Ziel diente, mittels Einverleibung derselben eine deutsche Weltliteratur zu schaffen.

Wilhelm von Humboldts Gedanken zur Übersetzung schließen weitgehend an Schleiermacher an: Nach Humboldt ist Sprache mit dem Geist, dem Weltbild eines Volkes untrennbar verbunden, das Denken beeinflußt sozusagen die Sprache (Humboldt 1816 zit.n. Störig 1963:71-96); demgemäß ist jede Interpretation eines Werkes subjektiv und vom Zeitgeist geprägt, daher nur innerhalb eines zeitlich definierten Rahmens gültig. Humboldt spricht damit das interessante Thema der zeitlich beschränkten Aktualität von Übersetzungen an (siehe oben).

Eine extreme Haltung nimmt schließlich Walter Benjamin in bezug auf die literarische Übersetzung ein, wenn er sich für absolute Treue zum Original ausspricht, die in der Interlinearversion ihre Vollendung findet (Benjamin 1923 zit.n. Störig 1963:182-195). Während er mit diesem Postulat theoretisch die These von der Unmöglichkeit der Übersetzung untermauert, war er in der Praxis doch selbst als literarischer Übersetzer tätig (vgl. seine Proust-Übersetzung), womit seine eigene Position widerlegt oder zumindest relativiert erscheint.

3.2.2 Die jüngere Diskussion

Ähnlich differenziert und wenig einheitlich wie die historischen Betrachtungen zeigt sich auch eine von Armin Paul Frank 1988 vorgenommene Übersicht zu neueren literarischen Übersetzungstheorien[35]. Einleitend ist anzumerken, daß die meisten der in der Folge vorgestellten Autoren sich mit Übersetzungstheorie im allgemeinen beschäftigen und der literarischen Übersetzungstheorie jeweils nur ein kurzes Kapitel widmen (mit Ausnahme von Levý, siehe unten).

Eine umfassende Darstellung der bis zum damaligen Zeitpunkt (1967) hervorgebrachten Thesen zu diesem Thema bringt Rolf Kloepfer in seinem Buch *Theorie der literarischen Übersetzung* (1967). Kloepfer fordert für die literarische Übersetzung eine eigenen Theorie, die sich an die Theorie der Hermeneutik und der Dichtkunst anschließen müsse.

Sein Buch stellt im wesentlichen eine Übersicht der literarischen Übersetzungstheorien von den Anfängen (Plato und seiner Sicht vom Übersetzer als ‚Hermeneus', als Deuter, über Cicero, Hieronymus) bis hin zur Zeit des französischen Huma-

---

[35] Vgl. dazu den Aufsatz von Frank (1988:180-206) „Rückblick und Ausblick" mit angeschlossenem Literaturverzeichnis.

nismus, der Aufklärung, zu Goethe, Schleiermacher und Humboldt und schließlich den Übersetzungstheorien des 20. Jahrhunderts (Croce, Gentile, Benjamin) dar. Zentral für die literarische Übersetzungstheorie ist nach Kloepfer die Auseinandersetzung mit Schleiermachers Antithese von „Verfremden" und „Verdeutschen", wobei die Synthese und ideale Übersetzung irgendwo in der Mitte liegt. Erst im 5. Kapitel kommt er zu einer These für die literarische Übersetzung und bekennt sich dabei zu einer – aus moderner Sicht nicht wissenschaftlich belegten – Auffassung von der literarischen Übersetzung als Einheit von Dichtkunst und Hermeneutik: „Übersetzung ist [...] die Dichtung der Dichtung [...]", der Übersetzer nach Novalis der „[...] Dichter des Dichters" (Kloepfer 1967:126).

Konträr zu Kloepfer, der aus den Methoden der Linguistik nichts für die literarische Übersetzung gewinnen kann, steht Jirí Levý mit seinem Buch *Die literarische Übersetzung. Theorie einer Kunstgattung* (1969). Levý überwindet das seinerzeitige Verständnis von Übersetzung als einer Tätigkeit an der Grenzscheide zwischen Wissenschaft und Kunst und bezeichnet die Übersetzung als eine eigene Kunstgattung, die einerseits sprachlicher und sprachwissenschaftlicher Voraussetzungen bedarf (Kompetenz in beiden Sprachen, theoretische Kenntnisse der Stilistik und Grammatik, sozio-kultureller Hintergrund) und andererseits ästhetische, der Kunst zuzuordnende Merkmale besitzt (Interpretation und Neugestaltung der Vorlage).

Nach einer sehr kurzen historischen Einleitung erweist sich Levý als Verfechter einer illusionistischen Methode beim Übersetzen (beim Leser soll die Illusion geweckt werden, ein Original zu lesen)[36]; darunter versteht er aber nicht ein völliges Adaptieren des Textes an die Zielsprache und Zielkultur bei gleichzeitiger Tilgung alles Fremden, sondern er hebt den Gesamteindruck als das Entscheidende hervor, dem Einzelheiten untergeordnet werden müssen. Levý prägte den bekannten Satz, daß das literarische Werk „im engeren Sinne des Wortes nicht nur Inhalt ist, sondern geformter Inhalt" (Levý 1969: 36).

Im Anschluß an den historischen Teil folgt eine Definition des Übersetzungsprozesses in drei Phasen: Erfassen, Interpretation und Umsetzung der Vorlage. In einer

---

[36] Vgl. Levý (1963:31f).

weiterführenden Betrachtung der ästhetischen Probleme des literarischen Übersetzens und der Kriterien für ihre Wertung formuliert Levý den Begriff der zwei Normen der künstlerischen Übersetzung: „die Norm des Reproduzierens und die Norm des ›Künstlerischen‹" (1969:68). In den weiteren Kapiteln beschäftigt sich Levý mit der Übersetzung von Buchtiteln und Theaterstücken und widmet sich im zweiten Teil des Buches schließlich ganz der Beschreibung und Analyse von Problemen der Gedichtübersetzung, für die zusätzliche Kriterien wie Metrik, Rhythmus, Reim etc. von maßgeblicher Bedeutung sind. Eine methodische Anleitung zur Übersetzung narrativer Literatur bietet daher auch dieses klassische Werk auf dem Gebiet der literarischen Übersetzung nicht. Die durchaus interessante Auseinandersetzung mit der Übersetzung von Buchtiteln[37] zum Beispiel findet in der Praxis kaum eine Anwendung, da der Übersetzer gerade darauf meist keinen Einfluß hat: Der Titel wird von den Marketing-Abteilungen der Verlagshäuser gestaltet.[38]

Jedenfalls haben sowohl Kloepfer als auch Levý die literarische Übersetzung als eigenen Forschungsgegenstand angesprochen und auf die damit zusammenhängenden ästhetischen, linguistischen ebenso wie auf die rezeptions- und kulturgeschichtlichen Probleme hingewiesen.

Einen seiner Zeit eigentlich schon weit vorauseilenden Standpunkt bringt Roman Jakobson (1966)[39] ein, der jede Art der Übersetzung als Interpretation bezeichnet. Dabei unterscheidet er drei Arten der Übersetzung: die intralinguale, die interlinguale und die intersemiotische (ib.:233), d.h. die Übertragung in ein anderes semiotisches System. Jakobson beschäftigt sich hauptsächlich mit der interlingualen Übersetzung, und hier steht für ihn die Überwindung der Strukturunterschiede zwischen Ausgangs-

---

[37] U.a. beschäftigte sich Nord (1993) in ihrer *Einführung in das funktionale Übersetzen* mit der Übersetzung von Titeln und Überschriften. Im Anschluß an eine umfassende Titeltypologie erfolgt eine genaue Beschreibung der funktionalen Aspekte von Titeln sowie deren kultur- und sprachspezifischer Bedingtheiten. Nords Arbeit ist nicht nur aus theoretischer sowie anwendungsorientierter und didaktischer Sicht interessant, sondern rechtfertigt auch aus arbeitsrechtlichen Gründen den analytischen Aufwand, wie Nord selbst formuliert: „In der Verlagspraxis entscheidet oft der Verlag über die Formulierung des Titels [...]. Gerade deshalb brauchen Übersetzer/innen gute Argumente, um ihre Vorschläge zu verteidigen – denn sie sind schließlich die Übersetzungsfachleute" (ib.:3).
[38] Vgl. dazu die Aussagen der Literaturübersetzerin Kuhn (1996:72).
[39] Vgl. auch Jakobsons Aufsätze zur Linguistik und Poetik (1974).

und Zielsprache im Vordergrund, wozu vor allem im kognitiven Bereich durchaus die Möglichkeit gegeben sei:

> All cognitive experience and its classification is conveyable in any existing language. Whenever there is a deficiency, terminology may be qualified and amplified by loanwords or loan-translations, neologisms or semantic shifts, [...]. (ib.:234)

Jakobson kommt daher in seiner Übersetzungstheorie letztlich über einen sprachwissenschaftlichen Ansatz nicht hinaus. Bei der literarischen Übersetzung stößt Jakobsons linguistische Theorie – zumindest definitorisch – an ihre Grenzen, und er bezeichnet die literarische Übersetzung als eine interpretativ bereicherte, kreative Form der Übertragung: „Only creative transposition is possible [...]" (ib.:238).

Prägend, insbesondere für die deutsche Übersetzungswissenschaft, ist das Werk Nidas (1964) *Toward a Science of Translating*. Dieses, als Begründung der modernen Übersetzungswissenschaft geltende und in der Theorie der literarischen Übersetzung vielfach zitierte Buch ist in seiner Konzeption nach wie vor gültig. Nida geht von einer integrierenden Darstellung aller an einer Übersetzung beteiligten Faktoren aus: Neben den syntaktischen und semantischen Problemen werden auch die kommunikativen Aspekte der Übersetzung behandelt. Hinsichtlich der damals noch verbreiteten dualistischen Textauffassung (d.h. der Auffassung des zu übersetzenden Textes als Gegensatzpaar von Inhalt und Form bzw. Bedeutung und Stil) räumt Nida in seiner Übersetzungstheorie dem Textsinn absolute Priorität ein, jedoch nur auf die Bibelübersetzung bezogen, die die Basis für seine Überlegungen darstellt. Die literarische Übersetzung nimmt auch Nida ausdrücklich aus dem sprachwissenschaftlichen Übersetzungsbegriff heraus und hebt die eigenen Gesetze der literarischen Ästhetik hervor:

> It must be recognized that in translating poetry there are very special problems involved, for the form of expression [...] is essential to communicating the spirit of the message to the audience. (Nida 1963:161f)

und

> In transferring the message from one language to another, it is the content which must be preserved at any cost; the form, except in special cases, such as poetry, is largely secondary, [...]. (Nida 1969:105)

Durchaus in Nidas Gefolgschaft in ihrem Versuch, eine von linguistischen Modellen losgelöste Konzeption der Übersetzungswissenschaft zu entwickeln, stehen Katharina Reiß und Vermeer mit ihrer Definition des Übersetzens als Kulturtransfer. Reiß und Vermeer greifen die oben andiskutierten, grundlegenden Fragen der Übersetzungswissenschaft allerdings aus der Sicht der Skoposorientiertheit[40] auf, das heißt, die Übersetzungsmethode wird vom Übersetzungszweck abhängig gemacht.

Als Grundlage für ihre Übersetzungstheorie entwickelt Reiß eine Textklassifikation und fordert für die verschiedenen, nach ihrer Funktion bestimmten, Texttypen und Textsorten entsprechend verschiedene Vorgangsweisen, die Übersetzungsmethode ist hiermit funktionsbedingt[41]: „Ausgangspunkt ist [...] die These, daß der Texttyp die zu wählende Übersetzungsmethode bestimmt" (1976:1); der Texttyp wiederum definiert sich aus seiner jeweiligen dominanten Textfunktion (ib.:10). Für literarische Texte hebt Reiß besonders deren kulturelle Einbettung hervor und fordert für die Übersetzung – da es sich hierbei um formbetonte Texte handelt – eine dem Ausgangstext analoge ästhetische Wirkung. Aus der Sicht des literarischen Übersetzers erweist sich diese Theorie als problematisch, weil hier eine deutliche Trennung von Inhalt und Form vorgenommen wird, während sich ein literarischer Text – wie mehrfach erwähnt – als Einheit von Inhalt bzw. Sinn und Form präsentiert.

In der vorgestellten Theorie wird die Übersetzung jedenfalls im wesentlichen als sprachliche Operation mit dem funktionalen Aspekt im Vordergrund gesehen. Vermeer führt die Idee der Translation als zweckabhängige Handlung weiter; er schließt sich dabei Justa Holz-Mänttäris[42] Theorie des translatorischen Handelns an, wobei er aber einen neuen Aspekt einführt, nämlich den kulturellen, und dessen Bedeutung für die Übersetzung hervorhebt:

---

[40] In seiner Aufsatzsammlung *Skopos und Translationsauftrag* schreibt Vermeer (^{3}1992:64): „Jede translatorische Handlung – und damit Translation als ihre Sondersorte – ist, wie der Name besagt, als Handlung auffaßbar. Jede Handlung soll ein Ziel/einen Zweck erreichen. [...] Ziel bzw. Zweck einer Translation seien terminologisch als ‚Skopos' bezeichnet."

[41] Reiß' Textklassifikation geht zurück auf Bühlers Organonmodell der Sprache, wonach dieser im wesentlichen drei Funktionen zukommen: Darstellung, Ausdruck und Appell (Bühler 1965^2, zit.n. Reiß 1971:32). Auf Texte übertragen bedeutet dies die Unterscheidung von drei Texttypen, nämlich den informativen, den expressiven (literarisch-poetische Texte) und den operativen Texttyp.

[42] Nach Holz-Mänttäri (1984) ist Translation ein funktionsbedingtes Handlungsgefüge.

> Jede Handlung eines Menschen ist verknüpft mit seinem Gesamtverhalten, spiegelt dieses wider, wird von ihm beeinflußt. Handlung und Verhalten sind verknüpft mit den Usancen, Konventionen und Normen einer Kultur, in deren Gemeinschaft der betreffende Mensch als ‚enkulturierter' lebt. [...]. Eine Translation ist eine Handlung, ein Translat ein Handlungsprodukt. (Vermeer 1986b:32f)

Die kulturellen Bedingungen von Ausgangs- und Zieltext sind demgemäß bestimmend für den Prozeß und das Produkt der Übersetzung: „Eine Translation ist also immer auch ein transkultureller Transfer, [...]" (ib.:34). Vermeer geht in seinen Äußerungen zur literarischen Übersetzung auch auf die Bedeutung des Übersetzers als dritter Beteiligter (Autor – Übersetzer – Leser) im Rahmen der Kommunikationshandlung ein, wenn er schreibt:

> Jede Translation geht von der Rezeption eines Ausgangstextes als Teil eines Translationsauftrags (!) aus [...]. Jede Rezeption bedeutet auch Interpretation in Rezeptionssituation [...]. Damit ist ein Translat eine Interpretation – die nicht unbedingt die des Ausgangstextautors ist, die unmöglich „die" des Ausgangstextautors ist. (Vermeer 1987:543)

Snell-Hornby schließlich erhebt die Forderung nach einer integrierten Übersetzungswissenschaft[43], in die die literarische Übersetzung voll einbezogen wird: Bereits 1986 hatte sie eine Übersicht zu Textsorten erstellt, und zwar zu den literarischen ebenso wie zu den gemein- und fachsprachlichen Textsorten, und diesen jeweils übersetzungsrelevante Gesichtspunkte zugeordnet[44]. Snell-Hornby überwindet damit die traditionellen kategorischen Standpunkte der wörtlichen oder freien Übersetzung und läßt in ihr systemisches Translationsmodell neben systemlinguistischen auch textlinguistische, kommunikationswissenschaftliche und handlungstheoretische Ansätze einfließen.

Ähnlich, zumindest in der Aufgabe des dualistischen Übersetzungsprinzips, agiert die unter anderem von Gideon Toury (1985 und 1995) und Hermans (1985) vertretene Richtung der deskriptiven Übersetzungswissenschaft[45]. Die deskriptive

---

[43] Vgl. Snell-Hornby (1988 Kapitel 4).
[44] Die von Snell-Hornby (1986b:17) erstellte graphische Übersicht führt alle wesentlichen Textsorten von der Bibel bis zum modernen Fachtext an und ordnet jedem Typus die für die Übersetzung notwendigen Kenntnisse und Strategien zu.
[45] Vgl. Toury (1995:1), der für empirische Disziplinen die Forderung nach deskriptiven Forschungsmethoden erhebt und in der Folge auch Beschreibung und Nachweis erbringt.

Übersetzungswissenschaft beschäftigt sich in ihrem empirischen Ansatz nicht mit theoretischen Modellen von Übersetzungsprozeß und -produkt, sondern mit der Beschreibung der Übersetzungen in ihren tatsächlichen, vielseitigen Erscheinungsformen. Es geht dabei um die Beschreibung der historischen und sozialen Rolle der Übersetzung, ihre Position im Spektrum der Literatur (siehe Kapitel 4.2.), ihre Funktion in der Kultur, wie einer ihrer Hauptvertreter Hermans schreibt:

> [...] a view of literature as a complex and dynamic system; a conviction that there should be a continual interplay between theoretical models and practical case studies; [...] and an interest in the norms and constraints that govern the production and reception of translations, in the relation between translation and other types of processing, and in the place and role of translations both within a given literature and in the interaction between literatures. (Hermans 1985:10f)

Ebenfalls im Rahmen dieser Kategorie der empirischen Forschung agiert der Göttinger Sonderforschungsbereich „Die Literarische Übersetzung". Die Initiative entstand aus dem Bedürfnis nach Systematisierung der vielen angeführten, divergierenden Meinungen und berichtet in ihrer Publikationsreihe über Stand und Perspektiven in diesem Forschungsbereich; darüber hinaus werden aber auch exemplarische Fallstudien publiziert und – um den Gesamtkomplex des Themenbereichs zu vervollständigen – die Rolle der Übersetzungen auf dem Literaturmarkt sowie die Rezeptionsperspektive erforscht.[46]

3.3 Die übersetzungsrelevante Textanalyse

Interessante Beiträge für die Übersetzungswissenschaft im allgemeinen und für die literarische Übersetzung im besonderen ergaben sich in den achtziger Jahren als Folge der zunächst Mitte der sechziger Jahre entstandenen und Anfang der siebziger Jahre pragmatisch weiterentwickelten Textlinguistik[47]: Die Techniken der Textanalyse wur-

---

[46] Vgl. dazu die von Frank herausgegebenen Schriften *Die literarische Übersetzung* Band 1 (1987) und Band 2 (1988) und Pöckl (1990 und 1992) (ed.).
[47] Im *Lexikon der Sprachwissenschaft* (1990:779) wird Textlinguistik definiert als „Sprachwissenschaftliche Disziplin, die sich mit der Analyse satzübergreifender sprachlicher Regularitäten beschäftigt

den auch im Bereich der Übersetzungswissenschaft – konkret innerhalb des translationswissenschaftlichen Teilbereichs der Evaluierung von Übersetzungen – zu einem Forschungsschwerpunkt; Nord (1988a) entwickelte in ihrem Buch *Textanalyse und Übersetzen. Theoretische Grundlagen, Methode und didaktische Anwendung einer übersetzungsrelevanten Textanalyse* die Grundsätze einer übersetzungsrelevanten Textanalyse[48].

Ausgehend von Otto Kades (1968) Modell des Übersetzungsprozesses als 3-Phasen-Schema (Analyse: Dekodierung, Verständnisphase – Transfer: Umkodierung – Synthese: Re- oder Neukodierung)[49] erstellt Nord ein umfassendes, auf alle Textsorten anwendbares, übersetzungsrelevantes Analyseschema für Ausgangs- und Zieltext. In ihrem Buch werden verschiedene, auf jeden Text beziehbare textexterne und textinterne Faktoren[50] herausgearbeitet, unter deren Berücksichtigung schließlich die Wirkung eines Textes festzustellen ist. Als Anhängerin der Skopostheorie steht für Nord (1991:209f) dabei die Funktion des Textes im Vordergrund, wobei – was in diesem Diskussionszusammenhang wichtig erscheint – für die literarische Übersetzung der Skopos der Wirkungsäquivalenz hervorgehoben wird.

Nord erachtet die angeführten textimmanenten Faktoren auch für die Übersetzung literarischer Texte als bestimmend, allerdings unterscheiden sich einige der textexternen Faktoren, nämlich die „Empfängererwartung" und die „Senderintention", bei literarischen Texten durch die Markierung „literarisch". Sowohl Sender als auch Empfänger sind kulturell geprägt, daher sind die literarisch markierten textexternen Faktoren kulturspezifisch, während die textinternen Faktoren individuell sind, das heißt, der

---

und das Ziel hat, die konstitutiven Merkmale der sprachlichen Einheit ‚Text' zu bestimmen und damit eine Texttheorie zu begründen." Vgl. dazu auch Dijk (1980).

[48] Vgl. auch Nord (1989:100).

[49] Nord (1988a:35-40) geht zwar von dem von Kade und der Leipziger Schule entwickelten Modell des Translationsprozesses aus, erweitert aber das 3-Phasen-Modell um die Schritte der Ausgangs- und Zieltextanalyse und kommt zu einem zirkulären Modell des Übersetzungsprozesses, bei dem der Translator unter ständiger („mit einem Blick zurück" ib.:39) Berücksichtigung der skoposrelevanten Zieltextvorgaben sowie der für den Skopos relevanten Ausgangstextmerkmale den Zieltext erstellt.

[50] Die textexternen Faktoren nach Nords „Modell der Textanalyse" sind: Sender, Intention, Empfänger, Medium, Ort, Zeit, Anlaß, Textfunktion; die textinterne Faktoren sind: Thematik, Inhalt, Präsuppositionen, Aufbau und Gliederung, nonverbale Elemente, Lexik, Syntax und suprasegmentale Elemente.

Empfänger kann sie – vor dem Hintergrund seiner kulturspezifischen Erwartung – individuell als literarisch interpretieren oder nicht. Da sich der Wirkungsfaktor – bezogen auf ausgangssprachliche wie auf zielsprachliche Texte – nach Nord aus dem Zusammenhang der textinternen und textexternen Faktoren ergibt, „[...] ist die spezifische Wirkung eines literarischen Textes einerseits kulturell und andererseits individuell geprägt" (Nord 1988b:53).

Wie bereits angeklungen, mißt Nord in ihrem funktionalen übersetzungstheoretischen Ansatz der Textfunktion große Bedeutung bei; in ihren Ausführungen merkt sie die „Literarität" als eine besondere Funktion von Texten eigens an, welche vor allem eine entsprechende Beschreibung der situativen Faktoren des Ausgangstextes benötige (Kulturspezifik, Welt des Autors, Lesererwartung etc.) (Nord 1988a:80f).

Man kann nicht umhin anzumerken, daß Nord diesen Begriff der Literarität ohne nähere Definition verwendet, lediglich einige Merkmale literarischer Texte, wie zum Beispiel Fiktionalität, werden herausgehoben (Nord 1988b:52f). Zudem kommen die meisten der genannten Merkmale auch bei nicht-literarischen Texten vor, insbesondere jenes der Kulturspezifik, welches nach Nord hingegen als wesentliches Unterscheidungsmerkmal literarischer Texte gilt.

Dem analytischen Ansatz übersetzungsrelevanter Textanalyse von Nord steht Radegundis Stolze gegenüber: Sie versucht eine umfassende Darstellung der sowohl für die Praxis als auch die Theorie der Übersetzung wichtigen Faktoren, wie der verschiedenen Aspekte der Translation (Kommunikation, Interpretation und Verbalisierung etc.), der Kategorien der Rezeption und schließlich der Produktion (Stolze 1992). Ihr Ansatz ist ein hermeneutischer, wobei Hermeneutik nach Stolze „den deutenden Umgang der Menschen mit ihrer Lebenswelt reflektiert" (Stolze 1994:183). Übertragen auf den Text bedeutet das, dieser „entfaltet [...] seinen Sinn erst im Verlauf seiner Rezeption durch die Individuen" (Stolze 1982:48).

Der literarischen Übersetzung wird im Rahmen der Kategorie „Produktion" ein – wenn auch kurzes – Kapitel gewidmet; dabei folgt Stolze Hans-Georg Gadamer (1977) und seiner Theorie von der besonderen Ästhetik des literarischen Kunstwerkes, welches ein Medium der Wirklichkeitskonstitution und offen für mehrere, individuelle Deutungen ist. Für Stolze (1982:349) findet in der Literatur „die Deutung des menschlichen Lebens aus der Erfahrung heraus" statt, der literarische Text hat also dauernde welterschließende Bedeutung.

Stolze sieht Übersetzen als dynamisches Handeln, als evolutiven Prozeß, sie verwendet dabei den Begriff der *Symmetrie*, womit ein stimmiges Verhältnis zwischen Körper und Seele bezeichnet wird, und überträgt ihn auf die Übersetzertätigkeit; Symmetrie wäre hier die Sinneinheit des Gemeinten zwischen beiden Texten, das Übersetzungsziel der „Stimmigkeit" erweist sich – wie Stolze sagt – in einer geglückten, präzisen Übersetzung des Textganzen, „wenn das Gemeinte mühelos beim Leser ankommt" (1992:72). Selbst wenn man davon absieht, daß „müheloses Ankommen" nicht unbedingt als wissenschaftliche Definition eines Evaluierungskriteriums für literarische Übersetzungen bezeichnet werden kann, erscheint der Begriff „mühelos" in diesem Zusammenhang auf jeden Fall problematisch: Das würde nämlich voraussetzen, daß auch der Originaltext beim Leser „mühelos" ankommt. Daß dies keineswegs immer der Fall ist, dafür ist Bernhard selbst ein gutes Beispiel (zur komplexen Wort- und Satzgestalt in seinen Werken vgl. Kapitel 8). Darüber hinaus aber sei grundsätzlich in Frage gestellt, ob „müheloses" Verstehen tatsächlich der Intention eines Schriftstellers entspricht oder ob nicht eher das Auslösen von Denk- und Erkenntnisprozessen beabsichtigt wird.

3.3.1 Die übersetzungsrelevante Textanalyse des literarischen Textes

Dem literarischen Text wird im Rahmen der in 3.2 erwähnten Analysemodelle in Anerkennung der Tatsache, daß die stilanalytisch erfaßbaren Gesetzmäßigkeiten und Normen von Gebrauchstextsorten nicht auf literarische Texte anwendbar sind, jeweils ein Sonderstatus zugebilligt. Demzufolge wird von der Übersetzungswissenschaft zwar die Notwendigkeit der Erstellung eigener, textanalytisch relevanter Kategorien für den Bereich der literarischen Texte und ihrer Übersetzung festgestellt, diese Erkenntnis findet ihren Niederschlag aber nicht in der Konzeption spezifischer Analysemodelle; vielmehr werden die bestehenden wissenschaftlichen Methoden der Textanalyse durch die Aufnahme von Zusatzkategorien, wie zum Beispiel „Ästhetik"[51] oder „Literarität", erweitert.

3.3.2 Joseph Strelkas literaturwissenschaftlicher Ansatz und seine Übernahme in eine übersetzungsrelevante Perspektive

Das spezifisch Literarische eines Textes kann bei der Evaluierung literarischer Übersetzungen keinesfalls eine Subkategorie unter vielen sein, sondern es ist der Ausgangspunkt, der wesentliche globale Aspekt, unter dessen Blickwinkel die Analysekriterien auszuforschen und zu untersuchen sind.

Demzufolge ergibt sich sowohl für die Verfassung als auch für die Evaluierung einer literarischen Übersetzung zunächst die Forderung, das Wesen des literarischen Kunstwerks zu bestimmen. Die Bestimmung dessen, was die Literarität eines Textes ausmacht, fällt in den Bereich der literarischen Textanalyse und wird von Strelka (1988:1 und 3) in seiner *Einführung in die literarische Textanalyse* folgendermaßen definiert:

> [...] ein literarischer Text ist ein literarisches Kunstwerk, der [sic] ein in sich geschlossenes Ganzes [...] darstellt. [...] das Ausdrückende fällt mit dem darstellend Ausgedrückten in eins zusammen, im gesamten Zeichengewebe der literarischen Sprache, das nicht allein aus Worten besteht.

Und nach Gadamer (1977:57) „[...] ist ein Kunstwerk in der Tat ähnlich wie ein lebendiger Organismus: eine in sich strukturierte Einheit".[52]

---

[51] Reiß (1971) ordnet in ihrer Texttypologie die literarischen Texte dem expressiven Texttyp zu, für den die ästhetische Wirkung ein bei der Übersetzung zu beachtendes Kriterium darstellt.

[52] Gadamer (1977) versucht, den tradierten Begriff von Kunst als Inbegriff des „Schönen" (vorwiegend orientiert am ‚Naturschönen') analytisch zu widerlegen und mittels eines neuen Kunstbegriffs (ib.:29) die Grundlagen für eine angemessene Wertschätzung der Moderne – er nennt als Beispiele die Kubisten, die sogenannte „Dissonanz" in der modernen Musik, moderne Formen der Architektur, des Happening etc. (ib.:10 ff) – zu schaffen.

In definitorischer Anlehnung daran hat sich die literarische Übersetzung ebenfalls als ein – dem Original nachgestaltetes – Ganzes zu präsentieren, wobei in die entsprechende übersetzungsrelevante Textanalyse nicht nur das konkret vorliegende Textganze, sondern auch der dazugehörige Makrokontext[53] – bestehend unter anderem aus der Person des Autors und dessen Gesamtwerk – einzubeziehen ist.

Was Strelka und Gadamer das „geschlossene Ganze" oder die „strukturierte Einheit" nennen, ist nichts anderes als die *Kohärenz* (siehe Definition Seiten 77ff) eines Werkes, und zwar Kohärenz auf verschiedenen, aufeinander bezogene Ebenen. Dieses Verständnis bildet die Basis für das in Kapitel 6 ausgeführte Kohärenzanalysemodell.

3.4 Die Funktion der literarischen Übersetzung

Für eine Theorie der literarischen Übersetzung gilt es zunächst unter der Berücksichtigung funktionaler Relationen hervorzuheben, welcher Übersetzungsansatz anzuwenden ist. Ausgehend von Nida und seiner Differenzierung zwischen „formaler" und „dynamischer" Übersetzung ist für die literarische Übersetzung – im Gegensatz zu den meisten Gebrauchstextsorten[54] – ein formaler Übersetzungsansatz einzufordern:

> [...], there are fundamentally two different types of equivalence: one which may be called formal and another which is primarily dynamic.
> Formal equivalence focuses attention on the message itself, in both form and content. In such a translation one is concerned with such correspondences as poetry to poetry, sentence to sentence, and concept to concept. Viewed from this formal orientation, one is concerned that the message in the receptor language should match as closely as possible the different elements in the source language. This means, for example, that the message in the receptor culture is constantly compared with the message in the source culture to determine standards of accuracy and correctness. (Nida 1964:159)

---

[53] Unter Makrokontext wird der gesamte sprachliche und situative Hintergrund verstanden, in den ein Text eingebettet ist, d.h. der sozio-kulturelle und kognitive Hintergrund der mit dem Text befaßten Kommunikationsteilnehmer sowie der soziale Kontext nach Dijk (1980).

[54] Ausgenommen ist die Übersetzung von juristischen Texten, die ebenfalls einen „formalen" Ansatz nach Nida erfordern.

Das bedeutet, die Übersetzung hat sich am Ausgangstext und der Ausgangskultur zu orientieren.

Diesen Standpunkt vertritt auch der italienische Bernhard-Übersetzer Umberto Gandini in einem Aufsatz zu den Übersetzungsproblemen bei Bernhard:

> L'unica verità che Bernhard offre a chi legge o traduce è data dalle parole che l'autore porge. Poiché non presume di trasmetterci una verità e nemmeno una sua interpretazione della verità, e poiché ritiene che, scrivendo, si altera e falsifica ciò che si pensa, ecco, in mancanza di qualsiasi altro referente, la necessità, traducendo, di attenersi con scrupolo assoluto alle parole, non a ciò che l'autore può voler dire, ma semplicemente a ciò che dice: di assoggettarsi alla non aggirabile tirannia delle parole, poiché ogni deviazione farebbe del traduttore un traditore. (Gandini:1995 cap.VIII:1)

Dies ist meines Erachtens in der Tat die besondere Funktion der literarischen Übersetzung: Einem fremdkulturellen Rezipienten durch kohärente Vermittlung des Ausgangstextes – der Träger einer fiktiven Welt ist – einen Originalautor und dessen spezifische Weltsicht und Kultur näherzubringen. Die funktionale Bestimmung eines Translats im Bereich der Literatur sehe ich im allgemeinen also als vorgegeben[55]. Erwähnenswert in diesem Zusammenhang ist, daß das in Kapitel 6 vorgestellte Kohärenzanalysemodell auch auf Übersetzungen mit einer gegenüber dem Ausgangstext veränderten Funktion angewendet werden kann. In diesem Fall ist unter Angabe und Berücksichtigung des veränderten Translationszieles ebenso ein kohärenter Zieltext zu erstellen.

Die Formulierungen „kohärente Wiedergabe" oder „analoges Kohärenzbild" in der vorliegenden Arbeit beziehen sich ausschließlich auf die Wiedergabe der Stimmigkeit, der Einheitlichkeit des ausgangssprachlichen Werkes im Zieltext; dies bedeutet keinesfalls, daß vor den Augen des Zieltext-Empfängers dieselbe Welt, die

---

[55] Nicht eingegangen wird im Rahmen der vorliegenden Arbeit auf Fälle der Literaturübersetzung, in denen ein spezifischer Skopos mit variierter Funktion oder Intention verfolgt wird, zum Beispiel die Übersetzung von Nöstlingers Kinderbuch *Konrad oder das Kind aus der Konservenbüchse*, geschrieben für Kinder ab 12 Jahren, ins Französische: Diese ist gerichtet an Kinder ab acht, entsprechende Modifikationen am Text sind die Folge (Holzner 1994). Ein weiteres Beispiel für Skoposvariation wäre die Übersetzung bzw. Adaptierung historischer Texte in eine dem modernen Leser verständlichere, geläufigere Sprache u.ä.

gleichen *scenes*[56] entstehen sollen, wie beim Ausgangstext-Empfänger: Dies liegt gar nicht im Bereich des Möglichen und würde die Humboldtsche Aussage von der Unmöglichkeit der Übersetzbarkeit literarischer Texte unterstreichen[57]; aber die Vermittlung von identen *scenes* bei Originaltext- und Zieltextrezipienten ist gar nicht die Funktion, oder, um mit Vermeer zu sprechen, der *Skopos*[58] einer literarischen Übersetzung. Selbst wenn der Übersetzer die Rezeptionsfähigkeiten des Zielkulturlesers mit berücksichtigt, kann die Rezeption von Ausgangstext und Zieltext nicht dieselbe sein[59]. Es ist eine häufig strapazierte, wenn auch unreflektierte Phrase, daß bei der Literaturübersetzung immer etwas verlorengehe: Genannt wird in diesem Zusammenhang unter anderem die Möglichkeit, sich mit der dargestellten Romanwelt, den handelnden Personen sowie dem beschriebenen Ambiente, zu identifizieren (wenn zum Beispiel beim österreichischen Leser bei der Lektüre des Namens „Bräunerhof" die *scene* des Wiener Kaffeehauses entsteht). Dem ist entgegenzuhalten, daß der Zieltext dem Zielkulturleser Informationen oder Reize bietet, die dem Ausgangstextrezipienten vorbehalten bleiben. Bei allen Diskussionen um die literarische Übersetzung wird gerade diese Tatsache oft vergessen, nämlich daß dem Leser des Zieltextes unter dem Aspekt der Interkulturalität zusätzliches Bildungsmaterial geboten wird: Das Kennenlernen, die Vermittlung von fremden Kulturen, von exotischen Weltbildern, von „anderen" Wertvorstellungen ist meines Erachtens jedoch ein

---

[56] Vgl. dazu die aus der Linguistik bekannte *scenes-and-frames-Theorie* von Fillmore in der Bearbeitung von Snell-Hornby/Vannerem (1986:184-205): Fillmores *scenes-and-frames-Theorie* wird hier aus übersetzungswissenschaftlicher Perspektive beschrieben, nämlich als Prozeß von einer durch einen ausgangskulturellen Text (frame) evozierten Vorstellung (scene) beim Translator (= Rezipient) zu einem neuen zielkulturellen Text und der evozierten Vorstellung bei einem Zielrezipienten. Vgl. auch die noch wesentlich differenziertere Darstellung eines bei der Translation wirksamen kontinuierlichen und ständig modifizierten bzw. modifizierenden scenes-und frames-Prozesses bei Vermeer/Witte (1990). Translation wird hier als eine Wechselfolge von scene- und frame-Bildungen beschrieben, wobei sowohl die scenes als auch die frames durchaus in mehrere Komponenten (Vorstellung, Bewertung sowie Darstellung und Funktion) zerfallen, die sich durch Kulturspezifik auszeichnen.

[57] Die Stelle, an der Humboldt von Unübersetzbarkeit spricht, bildet allerdings nur den Ausgangpunkt für die Entfaltung seiner Thesen zur Übersetzung; er bekennt sich darin zur Notwendigkeit, Veränderungen am Ausgangstext vornehmen zu müssen, da die Sprache mit dem Geist eines Volkes untrennbar verbunden sei (Humboldt 1816, zit.n. Störig 1963:71-96); dies ist sozusagen die Rechtfertigung für seine Forderung nach Verfremdung in der Übersetzung.

[58] siehe Fußnote 40.

[59] Vgl. die unter 7.4 ausgeführten Theorien der Rezeptionsästhetik.

wesentlicher funktionaler Faktor von Literaturübersetzung. Es entspricht geradezu der Erwartungshaltung des Lesers von übersetzter Literatur, ein gewisses Maß an Fremdheit dort vorfinden zu wollen, wo er bei einem Gebrauchstext mit Skepsis bzw. Befremdung reagieren würde. Übersetzungen aus fremdsprachiger Literatur bedeuten eine Bereicherung der eigenen Sprache, der eigenen Literatur, der eigenen Kultur durch andere Kulturkreise.

Daß dies nicht nur die Folge, sondern eine Ausgangsbasis für literarische Übersetzungen sein kann, merkt auch Toury (1995:27) an:

> [...] translation activities and their products not only can, but do cause changes in the target culture. By definition, that is. Thus, cultures resort to translating precisely as a major way of filling in gaps, whenever and wherever such gaps manifest themselves [...].

Toury geht insbesondere auf die Rolle des Übersetzers als Vermittler zwischen den Kulturen ein und hebt die Möglichkeiten der Einflußnahme der Ausgangsliteratur auf die Literatur der jeweiligen Zielkultur hervor. Am Beispiel der hebräischen Literatur verweist er in diesem Zusammenhang auf die Bedeutung verschiedener nationaler Literaturen (der englischen, russischen etc.) in Übersetzung und erwähnt auch den interessanten Aspekt der Vermittlerrolle, die vor allem deutschen Übersetzungen fremdsprachiger Literatur in der hebräischen Literaturszene zukam (ib.:129-146).

4 KULTUR UND LITERATUR – BEGRIFFSERKLÄRUNG

Im Zuge der Beschäftigung mit literarischer Übersetzung stellt sich unwillkürlich die Frage: Wie ist Literatur überhaupt zu definieren bzw. an welchem Begriff von Literatur oder von Kultur orientieren wir uns im allgemeinen?

4.1 Die Literatur – Definition des Begriffs

Es ist nun sicher nicht die Aufgabe der Übersetzungswissenschaft, eine Definition des Begriffes *Literatur* zu geben; dies fällt in den Bereich der Literaturwissenschaft, die in der Tat ein sehr breites Spektrum von unterschiedlichen Meinungen dazu bereit hält. Im Metzler-Literatur-Lexikon ([2]1990:273) steht folgende Definition des Begriffs:

> [...] im umfassendsten Sinne jede Form *schriftl.* Aufzeichnung, im Unterschied zu ursprüngl. nur mündl. tradierten vor- oder unterliterar. sprachl. Formen (z.B. Sage, Märchen usw.), häufig v.a. für geistesgeschichtl. bedeutsame oder stilist. hochstehende fiktionale und nicht-fiktionale Schriftwerke, oft auch speziell nur für Sprachkunstwerke (gleichbedeutend mit Dichtung) gebraucht. Der Begriff L. erscheint auch unterteilt in [...] Unterhaltungs-, Trivial-, Gebrauchs-, Tendenz-, Zweck-L., [...].

Der Begriff *Literatur* hat nicht nur in der diachronen Betrachtungsweise starke Veränderungen erfahren – im Mittelalter zählte alles Gedruckte zur Literatur, während im 18. Jahrhundert zum Beispiel der Roman nicht als würdiges literarisches Genre galt –, sondern es herrschen auch in der synchronen Beschreibung ganz unterschiedliche Auffassungen von Literatur. Gottfried Willems ([2]1997:1008f) schreibt im Fischer Lexikon Literatur:

> Die Bandbreite der neuen Literaturkonzepte reicht von der radikalen ästhetischen Reduktion auf die ‚reine Dichtung' [...] über die Klassische Moderne, wie sie die poetische Sprache mit sprachlichen objets trouvés versetzt [...] und mit theoretisch-reflexiven Diskursen verknüpft [...] bis zu der extremem Exoterik der Avantgarde-Maxime ‚Alles ist Literatur'. Hinzu kommt ein gewachsener Sinn für die literarischen Möglichkeiten von *Gebrauchsformen* wie Essay (*Musil*), Tagebuch (Paul *Valery*) und Reportage (Egon Erwin *Kisch*), für die ästhetischen Qualitäten von *Unterhaltungs- und Trivialliteratur* sowie für multimediale Formen (*Gesamtkunstwerk*).

Bei aller Pluralität der Konzepte scheint ein wesentliches Merkmal der Literatur ihr fiktionaler Charakter zu sein:

> Seit den poetologischen Umwälzungen des 18. Jahrhunderts hat der literarische Text mit seiner Form vor allem der doppelten Anforderung zu genügen, von seiten des Produzenten *Ausdruck* und nach seiten des Rezipienten *Appell* zu sein. Bei der Bewältigung dieser Grundspannung spielt das moderne *Fiktionalitätsbewußtsein* eine wichtige Rolle. Wie der Autor in dem autonomen Raum der Kunst, in dem er von jeder unmittelbaren Inanspruchnahme durch die Praxis freigestellt ist, ungehindert sein Eigenstes in einem Text zum Ausdruck bringen kann, der als fiktionaler der Phantasie offensteht, so kann der Leser in ihm sein Eigenstes wiederfinden, als das, was von der Offenheit des Textes, seinen ‚Leerstellen', aktiviert wird. (ib.:1027f)

Auf jeden Fall läßt sich festhalten, daß Literatur ganz allgemein eine Ausdrucksform von Kultur ist. Die Bedeutung der Kultur wiederum für die Translationswissenschaft ist – wie vorher angedeutet – in den letzten Jahren zunehmend wissenschaftlich begründet und beschrieben worden.[60]

4.2 Die Position der Literaturübersetzung im Spektrum der literarischen Formen

Wie bereits in Kapitel 2 zu den Überlegungen der Bedeutung der Translationswissenschaft für die Literaturwissenschaft erwähnt, zählt die literarische Übersetzung seit circa 200 Jahren nicht mehr als eigentliche literarische Gattung[61]. Früher war das anders: Tatsächlich haben die im Laufe der Geschichte stets wechselnden Dichtungslehren einen maßgeblichen Einfluß auf den Stellenwert, der literarischen Übersetzungen im Gesamtkontext der Literatur jeweils zukommt. Solange nicht Originalität, sondern die humanistische Vorstellung von Nachahmung und Aneignung der klassischen Werke bestimmendes Merkmal eines Kunstwerkes war, galt der Übersetzer durchaus als Künstler, und entsprechend zählte die literarische Übersetzung auch zu den literari-

---

[60] Vgl. dazu vor allem die Schriften von Vermeer, darauf gründend Witte, Prunč u.a.
[61] Zur Stellung der Übersetzungsliteratur im Gesamtspektrum dessen, was als Literatur bezeichnet wird, vgl. auch Albrecht (1998).

schen Formen. Dieser Einstellung begegnen wir vor allem in Frankreich, ausgehend vom 16. Jahrhundert, immer wieder, wie Schneiders (1995) in *Die Ambivalenz des Fremden. Übersetzungstheorie im Zeitalter der Aufklärung* ausführlich und sich auf zahlreiche Originalzitate stützend darlegt. In Schneiders' Buch findet sich eine umfassende Aufarbeitung historischer Betrachtungsweisen zur literarischen Übersetzung. In Kapitel 5 („Die Übersetzung als literarische Kunst", 122-145) schildert er, wie die literarische Übersetzung von der Aufklärung über Klassik, Humanismus bis hin zur Romantik als Kunstgattung galt, während im 18. Jahrhundert eine Wende eintrat: Der Begriff der Kunst und die Rolle des Künstlers erfuhren neben der Wissenschaft, insbesondere den aufkommenden Naturwissenschaften, eine starke Veränderung. Als Folge davon trat die literarische Übersetzung als Objekt für literaturkritische und sprachphilosophische Studien immer mehr in den Vordergrund, während der künstlerische Aspekt zunehmend zurückgedrängt wurde.

Erst Itamar Even-Zohar[62], Mitbegründer der in den achtziger Jahren entstandenen modernen Richtung der Übersetzungswissenschaft *Descriptive Translation Studies (DTS)*, entwickelte eine Theorie, in der übersetzter Literatur wieder ein gleichberechtigter Platz neben den anderen literarischen Formen zukommt („Polysystem Studies" 1990 zit.n. Hermans 1998:96).

Die grundsätzliche Bedeutung von Übersetzungen fremdsprachiger Literaturen für das interkulturelle Leben braucht nicht eigens erwähnt zu werden. Jede Literaturgeschichte ist von den jeweiligen literarischen Strömungen und großen Meistern der Weltliteratur geprägt, wobei innerhalb der deutschen Literatur den Übersetzungen fremdsprachiger Werke ein besonders hoher Stellenwert zukommt, wie aus Franks statistisch untermauerten Erhebungen hervorgeht (Frank 1987:ix).

---

[62] Vgl. Even-Zohar, Itamar (1990) „Polysystem Studies", in: Special issue of *Poetics Today* 11, 1.

4.3 Der Kulturbegriff nach Johannes Heinrichs

Analog zum Forschungsstand auf dem Gebiet der Literatur sind auch die Begriffe Kultur und Kulturwissenschaft Gegenstand unterschiedlicher terminologischer Beschreibungen. So vielfältig wie das Wort *Kultur* in den verschiedensten Wissenschaften – nicht nur den Geisteswissenschaften – eingesetzt wird, so zahlreich sind die entsprechenden Definitionen. Im Duden Deutsches Universal-Wörterbuch (^{2}1989:908) steht: „Kultur, die 1.a) Gesamtheit der geistigen, künstlerischen, gestaltenden Leistungen einer Gemeinschaft als Ausdruck menschlicher Höherentwicklung", und unter den nachfolgenden Punkten wird dann die Kultivierung des Bodens, der Pflanzen usw. angeführt. Eine Bedeutung von Kultur bezieht sich also auf kreative und künstlerische Arbeit, eine weitere ergibt sich aus der Relation von Natur und Kultur. Um eine moderne Auffassung des Kulturbegriffs vorzustellen, sei Klaus P. Hansen (2000:17f) zitiert, der Kultur folgendermaßen definiert: „Sie umfaßt die Gesamtheit der Gewohnheiten eines Kollektivs".

Von Interesse für die vorliegende Arbeit ist natürlich die Relevanz der Kultur und des Kulturbegriffs für die Translationswissenschaft. Daher sind zunächst Definitionen anzuführen, die von Translationswissenschaftlern für diesen Forschungsbereich entwickelt wurden. Die Ausdehnung des Begriffs *Sprachtransfer* bei der Beschreibung des Übersetzungsprozesses auf *Kulturtransfer* ist Vermeer zu verdanken. Vermeers Definition von Kultur lautet:

> Kultur sei die Menge aller Verhaltensnormen und -konventionen einer Gesellschaft und der Resultate aus den normbedingten und konventionellen Verhaltensweisen. (Vermeer ^{3}1992:32)

In der Folge unterscheidet Vermeer zwischen der „Kultur einer Gesamtgesellschaft […] *Parakultur*, der Kultur eines Teils der Gesamtgesellschaft, […] *Diakultur* und der Kultur eines Individuums, […] *Idiokultur*" (ib.). Für die Übersetzung schließlich prägt er den Begriff der *transkulturellen Kommunikation* (ib.:56). Mittlerweile handelt es sich dabei um eine anerkannte Definition von Übersetzung, wie zahlreiche Artikel und Publikationen zur Bedeutung von Kultur und Kulturspezifik in der Übersetzungswis-

Kultur und Literatur 55

senschaft dokumentieren, in denen die Definition des Begriffes aufgenommen bzw. weiterentwickelt wurde.[63]

Im Unterschied zu den aus übersetzungswissenschaftlicher Perspektive entwickelten Definitionen von Kultur entwirft Heinrichs ein Kulturkonzept, das alle Erscheinungsformen von Kultur erfaßt und beschreibt.

Orientiert sich vorliegende Arbeit für den Sprachvergleich von Ausgangs- und Zieltext – wie eingangs erwähnt – an der Sprachtheorie von Heinrichs (siehe Kapitel 5), so erscheint Heinrichs' Vorstellung von Kunst und Literatur, dargestellt in seinem *Entwurf systemischer Kulturtheorie* (1998), in seiner Systematik als Bezugsraster für einen Kulturvergleich ebenfalls hervorragend geeignet.

Analog zum Sprachbegriff verankert Heinrichs seinen Kulturbegriff im Rahmen der von ihm entwickelten Reflexions-Systemtheorie, in welcher er sein Verständnis von Semiotik als *Sinnprozeßlehre* darlegt. Nach Heinrichs gibt es vier Ebenen menschlicher *Sinnprozesse*:

1. Handlung, 2. Sprache, 3. Kunst und 4. Mystik.

Diese vier Ebenen stehen in einer interdependenten und integrativen Beziehung zueinander, das heißt, – um ein für dieses Kapitel relevantes Beispiel zu bringen – die Ebene der Kunst setzt jene der Sprache voraus und schließt sie mit ein. Die semiotischen Ebenen lassen sich zugleich als kulturelle Ebenen bezeichnen, das bedeutet, „Kultur trägt sich zu auf allen semiotischen Ebenen" (Heinrichs 1998:11). Seine entsprechende Definition lautet wie folgt: „*Kultur* können die durch Handlungen vererbbaren (Sinn-) Gehalte und Muster von Handlungen genannt werden. Sie ist das spezifisch soziale Erbe, das sozial Tradierte" (Heinrichs 1998:6). Kultur entsteht demnach als Folge von Handlungsprozessen, welche sich nach Heinrichs in vier Handlungsgattungen einteilen lassen; so unterscheidet er:

---

[63] Ausgehend von einem Verständnis der Translation als transkulturelle Interaktion entwickelte zum Beispiel Prunc (1997) den Begriff der *Translationskultur*, welche eine auf das Handlungsfeld Translation bezogene Subkultur sei, die ebenfalls eine para-, dia- und idiokulturelle Gliederung aufweist. Vgl. auch Witte (1987), Nord (1997), Snell-Hornby (1988), Schmid (1999) u.a.

1. physisch-objektives Handeln, 2. innersubjektives Handeln, 3. soziales Handeln, 4. Ausdruckshandeln.

Heinrichs erfaßt damit alles Kulturelle in sämtlichen Erscheinungsformen, angefangen von der Kultivierung des Bodens (unter Punkt 1), über die Aus- und Fortbildung der persönlichen, motorischen sowie geistigen Fähigkeiten des Menschen (unter Punkt 2) und das soziale Handeln (Punkt 3), worunter die tradierten oder eingeübten Verhaltensformen, d.h. die Sitten, verstanden werden, bis hin zum Ausdruckshandeln. Im Rahmen der unter Punkt 4 analysierten Handlungsgattung erfolgt eine Beschreibung jener Medien (Gegenstände, Zeichen etc.), die dazu dienen, „sich [...] Ausdruck zu verschaffen" (ib.:10). Ausdruckshandeln stellt sich per definitionem dar als jener Bereich, in dem Kultur auf ganz besondere Weise stattfindet, insbesondere dann, wenn die Ebene der Kunst erreicht wird. Damit ist wieder die Brücke geschlagen zum Ausgangspunkt, nämlich der Literatur als einer Ausdrucksform von Kunst. Kunst ist laut Heinrichs „Ausdruck des menschlichen Ausdrucks selbst [...], sozusagen Ausdruckshandeln in Potenz, welches den Ausdruck als solchen kultivieren will" (Heinrichs 1980:13).

Auf den handlungstheoretischen Zugang von Kultur folgt der systemtheoretische, der nicht mehr vom einzelnen Individuum als handelndem Subjekt ausgeht; Kultur definiert als das „soziale Erbe" wäre ja als Handeln eines Einzelnen gar nicht möglich, vielmehr bilden soziale Systeme die Basis für die Entstehung und Entwicklung der Kultur. Innerhalb der systemtheoretischen Differenzierung des Kulturbegriffs unterscheidet Heinrichs wiederum vier Subsysteme, nämlich das *Wirtschaftssystem*, das *politische System*, das *kommunikativ-"kulturelle" System* und das *weltanschaulich-religiöse System*.

Das spezifisch für diese Arbeit interessanteste Subsystem wird unter 3.2.3 mit dem Titel „Kommunikativ-‚kulturelle' Kultur" ausgeführt. Hier kommt der Sprache und natürlich der Sprachgemeinschaft als Interaktionsmedium besondere Bedeutung zu; sie bildet nämlich das kommunikative System, das vor allem im Medium Sprache Kultur hervorbringt und tradiert:

> Da nun die Sprache als die Muttersprache das Medium der Tradierbarkeit schlechthin ist, kann die sprachlich gebündelte Ebene der gesellschaftlichen Kommunikation die kulturelle Ebene par excellence genannt werden. (Heinrichs 1998:15).

Annemarie Schmid (2000:51-65) erkannte, welch nützliches Instrumentarium Heinrichs für den Translationsprozeß, der bezeichnet wird als „das intertextuelle, interlinguale und interkulturelle Handeln" (ib.:60), bereitstellt und skizzierte die Möglichkeiten des Übersetzers, Heinrichs Theorien für das übersetzerische Handeln zu nutzen. In ihrem Artikel schreibt Schmid, Heinrichs habe einen Kulturbegriff entwickelt, „der ausreichend fundiert ist, um alle am Translationsvorgang beteiligten Aktanten als Träger verschiedener Kulturen auszuweisen, und insbesondere das Handeln des Translators zu erfassen, [...]" (ib.:59). Nach Schmid liefert Heinrichs mit seiner umfassenden Kultursystematik dem Übersetzer eine wertvolle Hilfe, um seine Überlegungen präzisieren und sein Handeln optimieren zu können. Ein vollständiges Erfassen und Verstehen der in die sogenannte „Kultur" implizierten Faktoren bildet die Basis für einen übersetzungsrelevanten, kontrastiven Kulturvergleich, und dieser wiederum ist die notwendige Voraussetzung, um Entscheidungsprozesse beim Übersetzen richtig steuern zu können (vgl. Nord 1997). Schmid schließt damit auch an Vermeer/Witte (1990:153) an, die in ihrem Beitrag *Mögen Sie Zistrosen?*[64] feststellten, wie wichtig es bei der Erschließung fremdkultureller Phänomene sei, diese in ihrem gesamtkulturellen Kontext zu sehen:

> Für die Annahme interkultureller Vergleichbarkeit muß u.E. die gesamtkulturelle Einbettung eines solchen [interkulturellen, Erg. d. Verf.] Phänomens hinzu kommen [...].

---

[64] *Zistrose* ist der deutsche Fachbegriff für *esteva*, eine für den *Alentejo*, einer kargen Region Portugals typische Pflanze mit entsprechendem Symbolwert. Vermeer/Witte zeigen an diesem Beispiel die verschiedenen Übersetzungsmöglichkeiten auf und diskutieren für die jeweilige Lösung (Übernahme des exotischen Originalausdrucks mit erklärendem Zusatz; Ersatz durch den relativ unbekannten deutschen Ausdruck *Zistrose*, dem aber auf Grund seines Wortbestandteiles *-rose* eine ganz bestimmte Konnotation zugemessen wird) die beim Empfänger ausgelösten Assoziationen.

5 DIE SPRACHTHEORIE NACH JOHANNES HEINRICHS

Das in der vorliegenden Arbeit in Kapitel 6 vorgestellte „Mehrebenen-Kohärenzmodell" orientiert sich an Heinrichs' Sprachphilosophie, die in seinem Buch *Reflexionstheoretische Semiotik. 2. Teil: Sprachtheorie* (1981) ihren Niederschlag gefunden hat. Nach Heinrichs ist die Sprache ein Sinnmedium, das heißt, er sieht „Sprache als Vermittlungsform von Sinn" (1981:18), die sich nach vier Seiten (siehe unten) hin manifestiert.

Heinrichs' philosophischer Ansatz, wonach Sprache das „unvergleichliche Ausdrucksmedium für das Denken" (Heinrichs 1981:18) ist, bildet die logische Basis für eine übersetzungsrelevante literarische Textanalyse, in deren Mittelpunkt die Betrachtung „geformten Inhalts" (Levý 1969:36) steht. Wichtig für die Übersetzungswissenschaft, die in ihre Überlegungen sowohl zum Übersetzungsprozeß als auch zum Übersetzungsprodukt den Ausgangstextsender (Autor), den Übersetzer als Textrezipienten/-produzenten und den Zieltextleser miteinbeziehen muß, ist hierbei Heinrichs' Aussage über die Sprache als „intersubjektiv geäußerte [...] Art des Denkens" (Heinrichs 1981:18).

Der philosophische Ansatz erinnert an Ludwig Wittgenstein, der davon ausgeht, daß Sprache nur in situativer Einbettung möglich bzw. sinngebend sei, wie er in seinen *Philosophische Untersuchungen* erläutert: „Die Bedeutung eines Wortes ist sein Gebrauch in der Sprache. " (Wittgenstein 1993:262) oder, in seinem *Tractatus logico-philosophicus*: „Im Satz ist also sein Sinn noch nicht enthalten, wohl aber die Möglichkeit, ihn auszudrücken. " (ib.:18) und: „Der Ausdruck hat nur im Satz Bedeutung." (ib.:21) sowie schließlich: „Die Grenzen meiner Sprache bedeuten die Grenzen meiner Welt. " (ib.:67). Heinrichs geht allerdings weiter und vollzieht in seiner Theorie den Schritt vom handlungsbegleitenden Sprechen zum metasprachlichen Handeln und definiert Sprechen „als ein solches Zeichenhandeln, das sich im Handlungsvollzug durch die gleichzeitige Verwendung von Metazeichen selbst regelt" (Heinrichs 1980:21). Beim Sprechen bedient man sich also einzelner, bei Gebrauch sich selbst regelnder Metazeichen; diese Gleichzeitigkeit von Handeln und Regelung durch eigene Metazeichen macht die Sprache zu einem höchst effizienten, selbstreflektierenden System.

Heinrichs entwickelt seine Sprachtheorie auf der Grundlage der 1980 von ihm verfaßten Handlungstheorie[65] und folgt darin den Prinzipien der Semiotik und der Sprechakttheorie von Charles W. Morris, John L. Austin, John R. Searle u.a., die Sprachtheorie eben als Teil einer umfassenden Handlungstheorie sehen[66]. Wie schon in Kapitel 4.3 ausgeführt, ist Sprache jene Ebene menschlicher Sinnprozesse, welche die Ebene der Handlung voraussetzt und diese integriert. In Weiterführung der Sprechakttheorien ergänzt Heinrichs die Handlung „Sprache" um die semiotische Dimension. Analog zu den in seiner Handlungstheorie ermittelten vier Handlungsgattungen, der *objektiven, innersubjektiven, sozialen* und *medialen Handlungsgattung*[67], differenziert Heinrichs vier semiotische Dimensionen der Sprache: die *sigmatische,* die *semantische,* die *pragmatische* und die *syntaktische Dimension.* Er bezieht sich dabei auf den bereits erwähnten Begründer der modernen Semiotik Morris und dessen in den *Grundlagen der Zeichentheorie* (ursprünglich 1938 erschienen) entwickelten These vom Funktionsprozeß der Zeichen. Morris nennt darin die Beziehung zwischen den Zeichen und den bezeichneten Gegenständen die „semantische Dimension des Zeichenprozesses", die Relation zwischen Zeichen und Interpret die „pragmatische Dimension" und die Beziehungen der Zeichen zueinander die „syntaktische Dimension des Zeichenprozesses". (Morris 1972:24f)

---

[65] In dem Band *Reflexionstheoretische Semiotik. 1. Teil: Handlungstheorie* entwickelt Heinrichs eine ontologisch begründete Handlungstheorie, worin „Handlung" im wesentlichen reflexives Geschehen ist; unter diesem Gesichtspunkt definiert er die verschiedenen möglichen Handlungsarten und stellt damit den Bezug zur Sprache als eine Art reflexiven Handelns her.

[66] Vgl. Austins ursprünglich 1962 herausgegebene Theorie der Sprechakte: „Und je mehr wir Feststellungen nicht als Sätze und nicht als Propositionen ansehen, sondern als einen Akt des Sprechens, aus dem Satz und Proposition sich logisch konstruieren lassen, desto näher rücken wir sie in unserer Betrachtung an Handlungen heran" (Austin 1972:40). Austins Theorie wurde aufgenommen und weiterentwickelt von Searle, nach dem „[...] Sprachtheorie [...] Teil einer Handlungstheorie ist, und zwar einfach deshalb, weil Sprechen eine regelgeleitete Form des Verhaltens ist" (1971:31).

[67] Nach Heinrichs (1980) gibt es vier Sinnelemente menschlicher Bewußtseinsvollzüge: Die Wahrnehmung von sich selbst, als Subjekt, die Wahrnehmung des Anderen, als objektives Subjekt, die Wahrnehmung natürlicher Objekte und die Wahrnehmung des Sinnes an sich und entsprechend leitet er vier Grundtypen menschlicher Handlungen ab.

Heinrichs nimmt Morris' Gedanken und die entsprechende Terminologie auf und führt sie weiter aus. Sprache ist nach Heinrichs nicht nur ein bloßer Bestand von Lexik und Syntax, sondern ein komplexes Handlungs- und Zeichensystem. Demgemäß ist auch ein Sprachzeichen nicht einfach ein Zeichen, sondern vermittelt wesentlich mehr; konkret bezieht sich ein Sprachzeichen nach Heinrichs

(1) auf die bezeichnete einzelne Wirklichkeit (die sigmatische Dimension)
(2) auf die allgemeinen Gehalte (die semantische Dimension)
(3) auf den angesprochenen Adressaten (die pragmatische Dimension)
(4) auf die Allgemeinheit von Sinn, der in einzelnen sprachlichen Ausdrücken eine jeweilige konkrete Ausdrucksgestalt gewinnt, [...] (die syntaktische Dimension). (Heinrichs 1981:18)

Handlungstheoretisch geht Heinrichs dabei über Morris hinaus, weil er mit der pragmatischen Dimension nicht die Beziehung der Zeichen zum Zeichenbenutzer (Morris 1972:24) bezeichnet[68], sondern die Beziehung der Sprecher zueinander mittels der Zeichen in ihren oben dargestellten sigmatischen und semantischen Relationen (Heinrichs 1981:23).

Wichtigstes Element in Heinrichs Theorie ist die These, daß die vier semiotischen Dimensionen der Sprache (analog zu den vier semiotischen Ebenen der Handlungstheorie) in einer reflexiven Relation zueinander stehen, die zwar einer hierarchischen Stufung folgt, sich aber gleichzeitig gegenseitig bedingt und durch wechselseitige Integration erweitert bzw. gesteigert wird. Zur Veranschaulichung dient die folgende graphische Darstellung aus Heinrichs' Artikel „Language Theory for the Computer: Monodimensional Semantics or Multidimensional Semiotics" (1999 [unveröffentlicht]).

---

[68] Die Beziehung Zeichen – Zeichenbenutzer ist bei Heinrichs Gegenstand der sigmatischen Dimension.

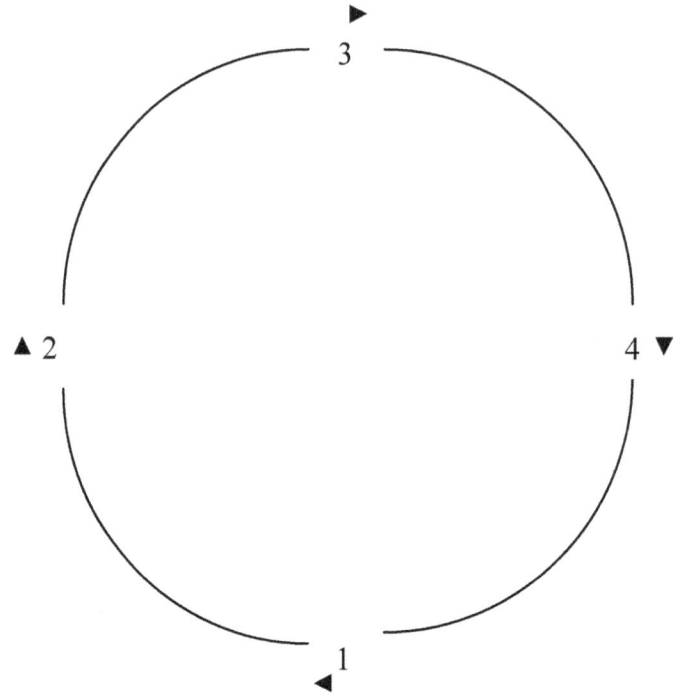

Abbild 1

1. Sigmatische Dimension 2. Semantische Dimension
3. Pragmatische Dimension 4. Syntaktische Dimension

Zum besseren Verständnis des im folgenden vorgestellten vielschichtigen Kohärenzmodells seien die vier Dimensionen der Sprache gemäß Heinrichs' Semiotik in einer kurzen Zusammenfassung beschrieben. Vorauszuschicken ist, daß Heinrichs nach dem oben erwähnten handlungstheoretischen Ansatz nur die Sprache als bewußten Handlungsakt in seine Forschung einbezieht; unbewußte oder reflexähnliche sprachliche Äußerungen (Sprechen im Schlaf oder unter Hypnose) sind nicht Gegenstand seiner Sprachphilosophie.

5.1 Die sigmatische Dimension der Sprache

Im Kapitel zur sigmatischen Dimension der Sprache behandelt Heinrichs die Wahrnehmbarkeit des Zeichens und seine Referenz auf das Bezeichnete und unterscheidet in seiner Gliederung die *sigmatische Sigmatik*, die *semantische Sigmatik*, die *pragmatische Sigmatik* und die *syntaktische Sigmatik* (Heinrichs 1981:30).

Die sigmatische Sigmatik umfaßt alle äußerlich wahrnehmbaren Formen eines Zeichens: Darunter fallen nicht nur die sprachlichen Zeichen (der Buchstabe des lateinischen Alphabets ebenso wie ein Symbol aus der chinesischen Bilderschrift), sondern auch die lautlichen, gestischen und mimischen Zeichen. Das bedeutet also, dieser Sprachzeichengebrauch umfaßt selbst Anzeichen und Hinweise etc. auf Zeichengebrauch wie, um ein praktisches Beispiel anzuführen, die sogenannte „parasprachliche" Gestik: Darunter versteht man sprachbegleitende Zeichen, wie Luftholen zum Ausdruck des Wortergreifenwollens u.ä.; dazu kann auch das Schweigen gehören, wenn es als bewußtes Zeichen des Nicht-Sprechen-Wollens eingesetzt wird.

Unter der semantischen Sigmatik werden die Zeichen als Bedeutungsträger behandelt. Es ist damit noch nicht die Bedeutung eines Sprachzeichens an sich, wie sie die Semantik beschreibt, gemeint, sondern nur die Tatsache, daß ein Zeichen ein Träger von Bedeutung ist. Diese Unterscheidung ist ein wesentlicher Punkt, denn sonst, wie Heinrichs anmerkt,

> [...] ergäbe sich ein unlösbarer circulus vitiosus: Ein Hörer müßte bereits den Bedeutungsgehalt verstanden haben, um eine Bedeutungsgestalt als solche zu erfassen. [...]. Die [...] Distinktion zwischen Daß und Was der Bedeutung bildet die Voraussetzung für die Dekodierung von Sprachzeichen. (Heinrichs 1981:41)

Unter dem Thema der semantischen Sigmatik werden also alle Bedeutungsträger subsumiert, angefangen vom kleinsten, dem Phonem, bis hin zum Wort, zum Satz, zum Text.

Unter pragmatischer Sigmatik versteht Heinrichs (1981:59) „die Referenz von Sprachzeichen auf situativ bestimmtes Außersprachliches", d.h. daß ein Zeichen durch seine Referenz auf eine Person oder Sache der außersprachlichen Wirklichkeit eine Beziehung zur Welt herstellt; die Bedeutung, die das Zeichen dadurch erhält, ist vom situativen Kontext abhängig: Die außersprachliche Wirklichkeit, zu der das Zeichen eine Beziehung herstellt, kann objektiv oder nach der Terminologie von Austin[69] *lokutiv* sein, sie kann subjektiv bzw. *illokutiv*, interpersonal bzw. *perlokutiv* oder normativ-sozial bzw. *exekutiv* sein; demgemäß spricht Heinrichs (1981:60) auch von lokutiver Referenz (dem konkreten Umgang mit Sachen, Handlungen etc.), illokutiver Referenz (zum Beispiel Ersatz subjektiver Ausdrucksgestik), perlokutiver Referenz (zum Ausdruck interpersonalen Handelns) und formativer oder exekutiver Referenz (zum Ausdruck auf „sich selbst", d.h. auf die Sprache; die formative Referenz ist somit autoreferenziell).

Unter die syntaktische Sigmatik ist der Stellenwert zu subsumieren, der einem Zeichen im Sprachsystem ganz allgemein zukommt, der sogenannte Systemwert des Zeichens, wie Heinrichs (1981:75) es bezeichnet.

Um ein praktisches Beispiel für das Gemeinte aufzuzeigen, betrachten wir ein Wort wie „meinen" und seine Synonyme „denken, glauben": Ihren besonderen Wert bekommen die Worte „denken" und „glauben" nur durch ihre Gegenüberstellung zu „meinen"; gäbe es keine Synonyme zu „meinen", würden deren Inhalte im Wort „meinen" zusammenfallen. Das Problem der Wertung, d.h. daß allein durch die Wortwahl der objektiven Wirklichkeit schon gewisse Konnotationen zugemessen werden, wird einem erst bewußt, wenn Wortalternativen, wie Synonyme, zur Verfügung stehen. Die Werte eines Wortes und seiner Synonyma sind in zwei Sprachsystemen kaum die gleichen; ein Wort ist ja nicht nur Bezeichnung der objektiven Wirklichkeit, sondern es ist abhängig von der Sprachgemeinschaft, von interpersonalen Bezügen der Sprecher, also von sozialen Konventionen.

Untersuchungen im Bereich der syntaktischen Sigmatik sind bei literarischen Textanalysen grundsätzlich interessant und ganz besonders im Fall von Bernhard, da

---

[69] Vgl. die Sprechakttheorie, begründet von Austin (1955) und weiterentwickelt von seinem Schüler Searle (1969), wonach Sprechen als kommunikativer Handlungsakt definiert und entsprechend seiner Zusammensetzung gegliedert wird in Lokution (der Äußerungsakt an sich), Illokution (Bedeutung und Funktion der Äußerung) und Perlokution (Auswirkungen der Äußerung). (zit.n. Lewandowski [6]1994).

hier ein Phänomen Untersuchungsgegenstand wird, für das Bernhard berühmt ist, nämlich die Wortneuprägung. Bei Wortneuprägungen handelt es sich um Kombinationen von sprachlichen Elementen, bei denen sich die meisten Autoren – wie auch Bernhard – an die phonologischen, syntaktischen und grammatikalischen Regeln der ihnen eigenen Sprache halten; das bedeutet, es wird an vorhandenes Sprachmaterial angeknüpft, zugleich aber ein Unterschied, eine Nuancierung sichtbar gemacht. Wortneuprägungen finden wir in der Literatur häufig, weil ein Autor damit versucht, von ihm neuentdeckten Wirklichkeitsausschnitten Ausdruck zu verleihen und diese neuen Erlebniswerte von bereits existierenden Ausdrücken abzugrenzen. Bernhard ist ein Meister auf diesem Gebiet, und die deutsche Sprache mit ihren Nominalkomposita kommt ihm dabei sehr gelegen, während sich für die italienischen Übersetzer hier kaum zu überwindende Schwierigkeiten ergeben (siehe dazu Kapitel 8.1.2).

Einem ähnlichen Phänomen wie der Wortneuprägung begegnen wir auch bei der sogenannten Wortübernahme. Dabei handelt es sich ebenfalls um den Versuch, einen empfundenen Mangel in der Wirklichkeitsbeschreibung einer Sprache auszugleichen. Wortübernahme, genauso wie Substitution, Lehnübersetzung usw., sind Methoden, die häufig bei der Übersetzung von literarischen Texten angewandt werden, um kulturelle oder landeskundliche Realia wiederzugeben[70].

Abschließend zu diesem Subkapitel erscheint eine kritische Anmerkung aus translationswissenschaftlicher Perspektive angebracht: Heinrichs siedelt die interlinguale Übersetzung im Bereich der syntaktischen Sigmatik an (gleich verfährt er im übrigen mit der linguistischen Sprachvergleichung und der Sprachanalyse) und bedient sich dabei eines aus der Ökonomie übernommenen Vergleichs:

> Die jeweilige Nationalsprache ist, als begrifflich reflektierte, einer Geldwährung vergleichbar, die vermittels einer Leitwährung (dem Äquivalenzmaß der nationalen Äquivalenzmaße) gegen eine andere Währung eingetauscht wird. (Heinrichs 1981:92f)

Diese Definition erscheint aus übersetzungswissenschaftlicher Sicht nicht akzeptabel, die situative, pragmatische Aspekte in ihre Betrachtung einbezieht. So sagt zum Beispiel Vermeer (1986b:33):

---

[70] Vgl. Wilss (1977:101-133) und Markstein (1998:288-291).

> Eine Translation ist nicht die Transkodierung von Wörtern oder Sätzen aus einer Sprache in eine andere, sondern eine komplexe Handlung, in der jemand unter neuen funktionalen und kulturellen und sprachlichen Bedingungen in einer neuen Situation über einen Text (Ausgangssachverhalt) berichtet, indem er ihn auch formal möglichst nachahmt.

Ähnlich wie die sigmatische Dimension der Sprache auf vier Schichten wirksam wird, die ihrerseits wiederum in Beziehung zueinander stehen bzw. aufeinander einwirken, und die in beispielhafter Ausführlichkeit beschrieben sind, lassen sich auch die semantische, die pragmatische und die syntaktische Dimension der Sprache auf mehreren, kopräsenten und sich gegenseitig bedingenden Schichten untersuchen bzw. beschreiben. Ich möchte nur kurz darauf eingehen, und zwar in dem Maße, welches notwendig erscheint, um das analog zu Heinrichs' reflexionstheoretischer Semiotik entwickelte und ebenso in mehreren Dimensionen wirksame Kohärenzmodell in verständlicher Weise nachvollziehbar erscheinen zu lassen.

5.2 Die semantische Dimension der Sprache

In der abendländischen Wissenschaftsgeschichte und Sprachphilosophie wurde Sprache traditionell als Bedeutungssystem, d.h. in ihrer semantischen Dimension, reflektiert, und entsprechenden Stellenwert nahm und nimmt sie in den Überlegungen der Sprachtheoretiker ein. Die Semantik behandelt den Bereich der Sprache, der die objektive Reflexion auf der Inhaltsebene zum Forschungsgegenstand hat; sie genießt in dieser Funktion ihre vorrangige Stellung zurecht. Die semiotische Dimension der Sprache als Zeichensystem, die pragmatische Dimension als interaktionaler Handlungsakt und die syntaktische Dimension durch die strukturalistische Systembetrachtung sind hingegen Forschungsbereiche der modernen Linguistik unseres Jahrhunderts[71]. Gerade in diesem Kapitel über die semantische Dimension der Sprache (Heinrichs 1981:99-220) bestach die ausgleichende bzw. „gleichbehandelnde" Metho-

---

[71] Der Strukturalismus, die in den zwanziger Jahren entstandene Richtung der Sprachwissenschaft, geht auf Saussure zurück, der auch den Begriff der Semiotik geprägt hat, während die Sprechakttheorie von Austin und Searle seit den 70er Jahren zunehmend Einfluß auf das sprachtheoretische Denken gewann.

dik der Sprachbeschreibung nach Heinrichs, in der den angeführten Dimensionen der Sprache in ihrer Korepräsentanz und Korrelativität innerhalb des Sprachsystems die jeweilige Bedeutung verliehen wird.

Die Einteilung der Semantik nach Heinrichs:

a) unter der *sigmatischen Semantik* werden die sogenannten Identifikatoren, das sind die Pronomen und Namen behandelt;
b) unter der *semantischen Semantik* die Deskriptoren, das sind die Wortarten;
c) unter der *pragmatischen Semantik* die Prädikation und
d) unter der *syntaktischen Semantik* das Prädikationsgefüge.

Unter die im Kapitel zur sigmatischen Semantik behandelten Identifikatoren subsumiert Heinrichs jene Wörter, deren einzige Funktion es ist, „Besprochenes zu identifizieren" (Heinrichs 1981:99), nämlich die Pronomen und Namen[72]. Ich möchte dies kurz an einem Beispiel erläutern, an dem auch der Übergang in den Bereich der semantischen Semantik nachvollzogen werden kann, nämlich den Eigennamen. Namen dienen der zeitlichen und sozialen Identifikation des Benannten, das heißt, ein Name wird einem bestimmten Lebewesen oder einem Ding zugeordnet, und dieses ist damit identifizierbar. Am Prozeß des Spracherwerbs bei Kindern läßt sich dies nachvollziehen: Die Lautfolge „ma-ma" ist zunächst die Benennung für eine bestimmte Person, bildet gleichzeitig aber die Grundlage dessen, was in unserem Kulturkreis unter dem Begriff „Mutter" subsumiert wird. Damit ist die Übertragung von Namen für Individuen auf Gruppen, d.h. die Entstehung von Kollektivnamen vollzogen und die Ebene der semantischen Semantik erreicht. Solcherlei Sprachgebrauch begegnet man im Alltag häufig: etwa die in Südtirol häufige Verwendung des Wortes „Parmesan" für geriebenen Käse oder das von Kindern oft gebrauchte Wort „Jumbo" für Flugzeug. Heinrichs (1981:114) behandelt diese Namensbezeichnungen unter dem Titel „Deskriptoren", worunter er „Wörter mit allgemeiner Bedeutung" versteht; in

---

[72] Bei dem Terminus „Namen" handelt es sich um die Diktion von Heinrichs.

dem Subkapitel zu den Deskriptoren werden die Wortarten, wie Substantive, Adjektive, Verben, Adverbien, Präpositionen und Konjunktionen behandelt.

Die pragmatische Semantik befaßt sich mit der Prädikation, d.h. der „Verbindung von Wortbedeutungen zu Bedeutungsganzheiten, die man gewöhnlich Sätze nennt" (Heinrichs 1981:168). Es geht hier daher im wesentlichen um die verschiedenen Aussagemöglichkeiten einer Proposition, die sich in vier verschiedenen Verbindungsmöglichkeiten äußert: einer objektiven Verbindung, einer subjektiven Verbindung, einer dynamischen Verbindung und schließlich einer medialen Verbindung. Charakteristisches Beispiel für objektive Prädikation wäre die Verbindung von Subjekt und Prädikat durch die Kopula „ist", nämlich der Identifizierung von Subjekt und Prädikat („Peter ist Arzt").

Eine Aussage der subjektiven Art manifestiert sich in der „Zuschreibung von Zuständen oder Eigenschaften zu Dingen" (Heinrichs 1981:175), das bedeutet, der Aussage kommt eine wertende Bedeutung zu („Ich mag Pizza").

Unter dem Begriff der dynamischen Verbindung wird der relationale Aspekt der Proposition subsumiert; diese Relation zwischen Subjekt und Prädikat kann räumlicher (ausgedrückt unter anderem durch die Verben der Bewegung), zeitlicher, kausaler oder medialer Art sein.

Mit medialer Verbindung wird der umfassende Bereich der Wirkungszusammenhänge angesprochen, womit alle Beziehungen, die weder räumlich noch zeitlich noch kausaler Art sind, gemeint sind, zum Beispiel Beziehungen des Sehnens, Hoffens, Wünschens, Liebens etc., was in logischer Konsequenz die Modalität mit einschließt.

Die syntaktische Semantik hat die Erweiterung der einfachen Prädikation zum Thema, das heißt, hier wird, wie bereits oben angeführt, das Satzgefüge sowie die Mehrgliedrigkeit von Satzteilen (wie Attributen, Appositionen) und Satzgliedern besprochen.

5.3 Die pragmatische Dimension der Sprache

Wenn in der Folge die pragmatische Dimension der Sprache nach Heinrichs kurz umrissen wird, sei nochmals erwähnt, daß Heinrichs sich zwar dieses Terminus' der Pragmatik aus der Handlungstheorie nach Morris bedient, darunter aber etwas anderes versteht: Soziales Handeln wird als Charakteristikum der pragmatischen Dimension der Sprache definiert. Somit stehen die interpersonalen Beziehungen im Vordergrund der Untersuchungen, nicht das Verhältnis von sprachlichen Zeichen und ihren Benutzern. Heinrichs' Aussage, Sprache sei soziales Handeln, bedeutet allerdings nicht, daß Sagen und Tun dasselbe ist, sondern nur, daß der Handlungscharakter zusammen mit den anderen drei beschriebenen Dimensionen die Sprache prägt.

Analog zur Gliederung des sozialen Handelns nach Austin bei gleichzeitiger Übernahme der entsprechenden Terminologie gliedert Heinrichs die Sprachpragmatik in

a) soziales Sprachhandeln i[n] b[ezug] auf objektive Information oder Lokution
b) soziales Sprachhandeln i[n] b[ezug] auf semantische Selbstdarstellung des Sprechers oder Illokution
c) Sprachhandeln als Setzung sozialer Wirklichkeit durch Sprache oder Perlokution
d) Sprachhandeln als sprachlicher Vollzug sozialer Rollen oder Exekution. (Heinrichs 1981:224)

Gemäß Heinrichs' Thesen von den sich gegenseitig integrierenden sprachlichen Dimensionen und seiner diesbezüglichen Diktion fällt die sprachliche Dimension der Lokution in den Bereich der *sigmatischen Pragmatik*, diejenige der Illokution in die *semantische Pragmatik*, jene der Perlokution in die *pragmatische Pragmatik* und schließlich die der Exekution in die *syntaktische Pragmatik*.

Hier wird offenbar, daß Heinrichs sich trotz der verwendeten Terminologie deutlich von Austin unterscheidet, denn während Austin die pragmatische Wirkung des Sprechaktes nur in der Perlokution realisiert sieht, bezeichnet Heinrichs neben der Perlokution auch die Lokution, Illokution und Exekution als pragmatische Alternativen des Sprechaktes.

In diesem Sinne besteht die pragmatische Dimension der Lokution in der bloßen Informationsübertragung: Die Äußerung einer Tatsache setzt schließlich voraus, daß interpersonale Beziehungen bestehen, auch wenn dies nur zum Schein dienen mag, zum Beispiel im Falle subjektiver Fragen, d.h. wenn der Sprecher sich zugleich als Hörer versteht (wie bei der an sich selbst gerichteten Fragen „was koche ich heute?").

Die pragmatische Dimension der Illokution besteht in der Ausdruckshandlung des Subjekts, darunter fällt unter anderem die komplexe Thematik des persönlichen Stils eines Subjekts bzw. – da das Thema dieser Arbeit die Übersetzung von Literatur ist – eines Autors.

Die pragmatische Dimension der Perlokution bezieht sich auf das Verhalten und/oder die potentielle Verhaltensänderung der in den Sprechakt einbezogenen Personen (dazu gehören alle Formen kommunikativen Sprechhandelns, wie loben, versprechen, beruhigen, aufmuntern, beraten, verbieten etc.). Das bedeutet natürlich nicht, daß eine Änderung des Verhaltens bewußt herbeigeführt werden soll, also intendiert sein muß: Auch die vom Sprecher nicht intendierte Wirkung bei einem potentiellen Sprechpartner wird als perlokutiver Handlungsakt verstanden (erzähle ich beispielsweise einer Gruppe von Personen von einer geheimen Liebesbeziehung, ohne zu wissen, daß sich der/die Lebenspartner/in eines der Betroffenen in der Gruppe befindet, löse ich unter Umständen eine nicht intendierte Wirkung aus).

Die pragmatische Dimension der Exekution schließlich entspricht dem, was Heinrichs „die sprachliche Ausführung formeller sozialer Rollen" (Heinrichs 1981:279) nennt. Damit bezeichnet er den Umstand, daß die Sprechakte ganz bestimmten, vorgegebenen Handlungsmustern folgen, wie die Urteilsverkündung durch den Richter, die regiegemäße Rollendarstellung eines Schauspielers etc. und dies fällt in den Bereich der syntaktischen Pragmatik.

5.4 Die syntaktische Dimension der Sprache

Die Syntaktik ist für Heinrichs die „höchstreflektierte Dimension der Sprache" (Heinrichs 1981:284), denn sie ist das Ausdruckssystem, durch das sämtliche in die Sprache als Ganzes integrierten Dimensionen ihre Darstellung finden: Die sigmatische Dimension, in welcher die einzelnen Zeichen in ihrer Identität gesehen werden, die semantische Dimension, in welcher der Bedeutungsgehalt und der gebrauchstranszendente Gehalt der Zeichen bestimmt wird, und die pragmatische Dimension, in der die interpersonalen Beziehungen der Zeichenbenutzer im Zentrum stehen, werden durch die Syntaktik verbunden und erhalten gemäß den ihr eigenen syntaktischen Verbindungsgesetzen ihren Ausdruck. Die syntaktische Dimension der Sprache ist für die vorliegende Arbeit ein interessanter Forschungsbereich, denn bei der Übersetzung bzw. dem Übersetzungsvergleich treten diesbezüglich wesentliche Fragen zutage: Es geht um die Genese und Art der Verbindungsregeln und die mögliche Existenz einer universalsprachlichen Syntax versus einzelsprachlicher, konventionell bedingter syntaktischer Systeme. Der interlinguale Sprachvergleich macht unter anderem diese und ähnliche Fragestellungen zum Gegenstand seiner Untersuchungen und kann daher wertvolle Beiträge dazu leisten.

Die Einteilung der Syntaktik ergibt sich analog zu den in die Sprache subsumptiv integrierten Dimensionen: Der entsprechenden Gliederung zufolge befaßt sich Heinrichs als erstes mit der *sigmatischen Syntax*, welche die Identität des Zeichens beschreibt, d.h. Gegenstand der Formenlehre ist.

Die Formenlehre beschäftigt sich mit der Gestalt und der Kombinierbarkeit von Lauten und – in weiterer Folge – von Silben, Wörtern und Sätzen. Untersucht werden daher in diesem Kapitel die Wortbildungsgesetze bzw. die Regeln, die wirksam werden, wenn einem bestimmten Objekt der außersprachlichen Wirklichkeit ein sprachliches Gebilde zugeordnet wird.[73] Die in diesem Bereich einzelsprachlich bestimmbaren

---

[73] Einen konstitutiven Faktor im Bereich der Wortbildung spielt die Analogie, nach der die Verbindung zwischen Sache und Wort hergestellt wird. Ein Beispiel für eine auf Erfahrungszusammenhängen basierende, also pragmatische Abwandlung wäre „ein Mann, der fischt, heißt Fischer; ein Mann, der fährt, heißt Fahrer etc." (vgl. Heinrichs 1981:309ff).

Unterschiede führen zu dem Schluß, daß nur die selektive Kombinierbarkeit per se ein universalsprachliches Faktum sei.

Das für eine Grammatiktheorie sicherlich bedeutsamste Kapitel wird von Heinrichs (1981:313-363) unter den Titel *Semantische Syntax* gestellt. In seinen Ausführungen folgt der Verfasser zunächst Chomskys (zit.n. Lewandowski⁶1994: 340-343) 1957 publizierten Theorie der generativen Grammatik und zwar insofern, als es auch ihm nicht um die deskriptive Darstellung eines sprachlichen Regelsystems geht, sondern vielmehr um die universalen Regeln, die einen Sprecher zur Generierung von Sätzen befähigen; gemeint ist hierbei die Generierung von Sätzen in der Muttersprache oder in einer beliebigen erlernten Fremdsprache. Der hier angesprochene Aspekt der kreativen Sprachkompetenz beinhaltet sowohl Satzgenerierung als auch Satzverstehen, d.h. daß die von einem Sprecher in einer Sprache generierten Sätze vom Hörer verstanden werden können. Ausgehend von dem gleichen Ansatz nach universalen Regeln versucht nun Chomsky (siehe oben) das Funktionieren von Sprache durch Relationen der phonologischer Oberflächenstruktur zur semantischen Tiefenstruktur zu erklären und baut in der Folge seine ganze Grammatiktheorie auf traditionelle binäre Strukturen (zum Beispiel nominal phrase/verbal phrase). Heinrichs hingegen differenziert zwischen semantischer und syntaktischer Ausdrucksstruktur und bindet beides – gemeinsam mit der sigmatischen und pragmatischen Syntax – als integrative Faktoren in seine Sprachbeschreibung mit ein. Er behandelt in diesem Subkapitel kurz gesagt die syntagmatischen Regeln der innersprachlichen Zusammenhänge: Als Gegenstand der semantischen Syntax im einzelnen ergeben sich demnach die Wortfolge, Reihung der Satzglieder sowie Satzgefüge.

Im Subkapitel über die *pragmatische Syntax* beschäftigt sich Heinrichs mit der Verbindungsart von Sätzen, womit er die Satzebene überschreitet und zur syntaktischen Beschreibung von Texten übergeht. Die Analyse von syntaktischen Mustern in der Verbindung von Sätzen bei Heinrichs führt zu einer differenzierten Darstellung von Textarten bzw. in der Unterscheidung der verschiedenen Textsortenmuster zu einer ausführlichen Textsortenklassifikation. Ausgangspunkt seiner theoretischen

Ausführungen ist auch hier wiederum die Betrachtung von Satzfolgen als Folgen von Sprechakten nach Austin und Searle, und demgemäß unterscheidet Heinrichs Texte nach folgenden Gesichtspunkten:

1) lokutionäre Verbindungsmuster, sie charakterisieren Sachtexte (Sachbeschreibung, Bericht, Abhandlung etc.);
2) illokutionäre Verbindungen, sie charakterisieren Ausdruckstexte (Kommentar, Rezension, Verkaufsreklame, Predigt etc.);
3) perlokutionäre Verbindungen, sie charakterisieren präskriptive Texte (Gebrauchsanweisungen, Verträge, Gesetze etc.);
4) exekutive Verbindungen, sie sind typisch für Rollentexte, d.h. für Texte, welche formale Textmuster zur Ausführung einer sprachlichen oder sozialen Rolle enthalten (Fahrpläne, Spielpläne, Regieanweisungen, Veranstaltungsprogramme etc.).

Im wesentlichen geht es bei diesem Subkapitel um das Erfassen von Textmerkmalen, die es einem Textrezipienten erlauben, auf Grund wiedererkannter Textmuster einen bestimmten Text richtig zu interpretieren und entsprechend zu agieren (Heinrichs 1981:364ff); diese Merkmale werden heute in der Sprach- und Translationswissenschaft als Textsortenkonventionen bezeichnet.

Im Kapitel zur *syntaktischen Syntax* (Heinrichs 1981:381-442) werden die satzübergreifenden Figuren und Formen behandelt, welche Gegenstand der Textsyntax bzw. – in der traditionellen Terminologie – der Stilistik sind. Hier geht es Heinrichs um die wissenschaftliche Beschreibung der syntaktisch-stilistischen Elemente, also der textinternen Faktoren, die bestimmend für einen bezeichneten Texttypus sind.

Diese besonderen textsyntaktischen Formen treten zur bereits behandelten Materie „des Sprachsinns der Sätze und ihrer textuellen Verbindung" (Heinrichs 1981:385) hinzu bzw. setzen diese voraus und werden daher von Heinrichs unter dem Begriff *Metasyntax* zusammengefaßt.

In der Metasyntax unterscheidet Heinrichs (1981:387-442) folgende textsyntaktischen Figuren: die Wiederholungsfiguren (Laut-, Wort-, Satzwiederholung,

Substitution oder Periphrase, Parallelismus, Anapher etc.), die Analogiefiguren (Metonymie, Metapher, Allegorie etc.), die Wahrheitstropen (Euphemismus, Über-/Untertreibung, Ironie etc.) und die formellen Tropen (Wortspiele etc.).

Auffallend im Werk von Heinrichs ist die konsequente Beibehaltung einer vierstufigen Gliederung angefangen vom Gesamtkonzept der vier Dimensionen der Sprache bis hin ins kleinste Detail, zum Beispiel der vierstufigen Gliederung der formellen Tropen (in Wortspiele, Antithesen, Verbindungstropen und Form-Inhalts-Tropen) und deren ebenfalls weiterführenden vierstufigen Gliederung (Wortspiele in Homonymie, Paronomasie etc.).

5.5 Zusammenfassung und Illustration

Zusammenfassend und zum besseren Verständnis folgt eine schematische Darstellung von Heinrichs Theorien. Dabei ist zu beachten, daß die in der Folge dargestellten Ebenen und Dimensionen sich gegenseitig durchdringen, bedingen und ergänzen, wie aus dem zirkulären Abbild 1 zu Beginn des Kapitels ersichtlich.

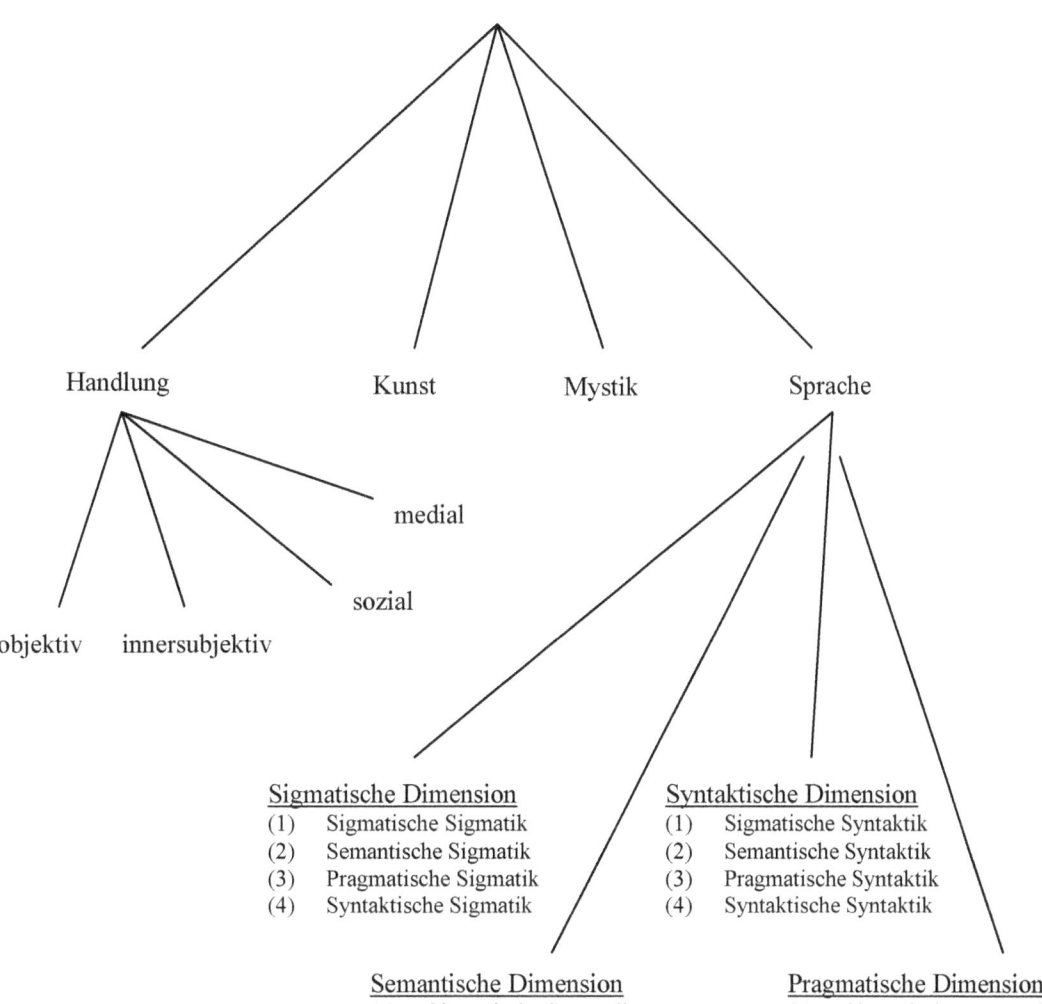

6 KOHÄRENZ

Kohärenz ist ein vielzitierter, semantisch durchaus nicht eindeutig abgegrenzter Begriff, dem sich zum Teil überschneidende oder sogar sich widersprechende Bedeutungen zugeordnet sind.

Es erscheint daher notwendig, die Vorstellungen, die verschiedene Autoren von Kohärenz haben, und die Bedeutungen, die sie mit diesem Begriff verbinden, darzustellen und den dieser Arbeit zugrunde liegenden Kohärenzbegriff davon abzugrenzen.

6.1 Definition des Begriffs

Gemäß der Definition im *Lexikon sprachwissenschaftlicher Termini* (1985:118) ist Kohärenz ein „strukturierter inhaltlicher Zusammenhang als grundlegendes Charakteristikum von Texten. Die K[ohärenz] ist Voraussetzung dafür, daß eine Äußerungsfolge als zusammenhängender Text verstanden wird".

Diese Definition läßt zahlreiche Interpretationsmöglichkeiten zu, wesentlich erscheint in diesem Zusammenhang, daß sie sich auf Theorien stützt, deren Ausgangspunkt, um es mit Gert Rickheit (1991:7) zu sagen, ein *intuitiver Kohärenzbegriff* ist, der im weitesten Sinne alle „inhaltlichen" Erscheinungen bezeichnet, die einen Text von einer unzusammenhängenden Folge von Einzeläußerungen unterscheiden.

Davon abzugrenzen sind Linguisten, die versuchen, den Kohärenzbegriff mit Hilfe formaler sowie semantischer Relationen zu beschreiben, wie Irina Bellert (1974:213-245), die in ihrem semantisch-funktionalen Ansatz die Referenzrekurrenz als den wesentlichen kohärenzstiftenden Faktor bezeichnet oder Halliday/Hasan, die die semantischen Beziehungen zwischen den Sätzen als Bedingung für Textkohärenz ansehen.[74]

---

[74] Im Originalwortlaut verwenden Halliday/Hasan (1976:5) allerdings den Terminus „cohesion", wodurch sich u.a die Notwendigkeit einer eindeutigeren Begriffsbestimmung mit ergibt „The concept of

Gleichfalls einen semantischen Kohärenzbegriff hat Teun A. van Dijk (1980: Kapitel 2 und 3), der die Beziehungen zwischen den Interpretationen der einzelnen Propositionen einer Sequenz für das Zustandekommen von Kohärenz in der Satzfolge verantwortlich macht (ib.:21); was bei Dijk der lineare Zusammenhang der Sequenzen auf Satzebene ist, bildet – übertragen auf die Textebene – den globalen Zusammenhang, der bei Erfüllung zusätzlicher Bedingungen (Thema, Referenzidentität etc.) für Kohärenz auf der Ebene der Makrostruktur, des Textganzen sorgt.

Dijk verweist bereits auf die Zusammenhänge zwischen Text und Kontext als eine notwendige Voraussetzung für das Zustandekommen von Kommunikation.[75] Jerry R. Hobbs (1983) entwickelt diese Theorie weiter und ordnet in einem pragmatischen Ansatz den semantischen Kohärenzbeziehungen zwischen den Propositionen eine kommunikative Funktion zu, die einerseits der Intention des Senders entspricht, andererseits vom Rezipienten erfaßt und entschlüsselt werden muß. Mit Hilfe der Künstlichen Intelligenz erforschen Hobbs/Agar (1985) die Regeln, nach denen die Verknüpfung eines Textes mit dem kommunikativ-situativen Kontext erfolgt[76]. Ein interessanter Aspekt, der sich bei diesem Forschungsansatz zeigt, ist das nach Hobbs für Kohärenzbeziehungen unter anderem verantwortliche Phänomen der Inferenz[77]: Dieses spielt eine bedeutende Rolle für die Beschreibung literarischer Texte; es erscheint in der Tat als ein typisches Merkmal literarischer Kunstwerke, daß der Autor nicht explizit ausdrückt, was er meint, sondern oftmals nur in Andeutungen oder verschlüsselter Form[78]. Daraus sowie aus der Textsortendefinition von Friedemann

---

cohesion is a semantic one; it refers to relations of meaning that exist within the text, and that define it as a text".

[75] Wesentliche Elemente des Kontexts sind nach Dijk die Interaktionspartner und die kommunikative Funktion des Textes (vgl. Dijk 1980:69ff).

[76] "[...] notions of planning and local coherence make possible an intricate analysis of how local incoherencies can disguise a larger, global coherence or of how global coherence can arise from the piecing together of locally coherent segments." (Hobbs/Agar 1985:1)

[77] "Coherence in discourse can be characterized by means of a small number of coherence relations which are definable in terms of the operation on an inference system." (Hobbs 1983:31)

[78] Vgl. dazu Ingardens (1960) Theorie vom literarischen Kunstwerk, bes. Kapitel 8, S. 278-289.

Lux (1981)[79] läßt sich ableiten, daß nicht alle Textsorten und -typen dieselben Kohärenzmerkmale aufweisen, sondern daß sich je nach Texttyp ein differenziertes Bild von Kohärenzmerkmalen ergibt.

Auch Erwin Morgenthaler (1980:139) geht über die inhaltlich-semantische Ebene bei der Erklärung von Kohärenz zwischen Sätzen hinaus und stellt sprachhandlungsbedingte Bezüge her. Er stellt dabei fest, daß sich häufig nur auf pragmatischer Ebene ein Zusammenhang zwischen Sätzen herstellen läßt, kohärenzkonstituierende Wirkung sich also erst einstellt, wenn eine Relation zu beispielsweise normierten gesellschaftlichen Konventionen u.ä. gegeben ist.

Weiters wichtig zur definitorischen Abgrenzung des Kohärenzbegriffes ist die von Beaugrande/Dressler (1981) in ihrem Werk *Einführung in die Textlinguistik* dargelegte Texttheorie, nach der in einem sogenannten „prozeduralen Ansatz" die Kenntnissysteme der Kommunikationspartner in die Textbeschreibung miteinbezogen und die Prozeduren für deren Aktualisierung und Verarbeitung erforscht werden (vgl. ib.:32-49). In dem nachfolgend entwickelten Textbeschreibungsmodell wird Textualität anhand von 7 Kriterien – Kohäsion, Kohärenz, Intentionalität, Akzeptabilität, Informativität, Situationalität und Intertextualität – festgestellt. Hiermit werden Kohärenz und Kohäsion als zwei getrennte Begriffe eingeführt, die beide als wesensbestimmende Merkmale für Textualität gelten. Folgt man den Ausführungen von Beaugrande/Dressler (1981:3f), so beruht Kohäsion auf den grammatischen Abhängigkeiten an der Oberflächenstruktur eines Textes, während Kohärenz auf Sinnhaftigkeit, also auf inhaltlicher Kontinuität des Textes beruht: Diese „Sinnkontinuität" ist nicht nur textinhärentes Merkmal, sondern ergibt sich als Folge eines Interaktionsprozesses von im Text vermitteltem Wissen mit „gespeichertem Weltwissen" der Kommunikationspartner (1981:8)[80].

Diese Unterscheidung von „Kohäsion" und „Kohärenz" bei Beaugrande/Dressler erscheint aus der Sicht der vorliegenden Untersuchung schwer

---

[79] Nach Lux ist eine Textsorte durch bestimmte Merkmale gekennzeichnet: „Formal läßt sich eine Textsorte beschreiben als Kombination von Merkmalen (deren Zahl für jede Textsorte einzeln festgelegt ist) [...]" (Lux 1981:273).

[80] Vgl. dazu auch den Begriff von *Wissen* in Beaugrande/Dressler 1981, Kapitel 5: „Kohärenz".

nachvollziehbar bzw. nicht zielführend: Wie oben ausgeführt, werden unter dem Begriff Kohäsion die grammatischen Relationen innerhalb eines Textes bezeichnet[81], während Kohärenz als Indikator für außersprachliche Beziehungen auf sprachlicher Ebene gar nicht stattfinden muß. Eine Trennung der sprachlichen von den außersprachlichen Relationen ist aber für einen literarischen Text, dem ich unter anderem Strelkas eingangs zitierte Definition des literarischen Kunstwerks zu Grunde lege, undenkbar.

Einen anderen Ansatz als die Sprachwissenschaftler, nämlich einen übersetzungsrelevanten, hat Vermeer entwickelt. Sein Modell zur Übersetzungskritik – denn auch Vermeer fordert von einer Theorie der Übersetzung, daß sie eine Theorie der Bewertung von Übersetzungsleistungen mit einschließe – besteht neben der Feststellung der Funktion von Ausgangstext und Translat vor allem in der Feststellung der intra- und intertextuellen Kohärenz von Ausgangstext und Translat (vgl. Margret Ammann 1990:212). Nach Vermeer lassen sich 2 Kohärenzsorten unterscheiden:
1. die Kohärenz in Produzentensituation,
2. die Kohärenz in Rezipientensituation.

Er bezieht sich dabei auf Freyer (1923 zit.n. Vermeer 1986a:377), der „die immanente Kohärenz von Form und Sinn in einer gegebenen Situation, so daß für Produzent und Rezipient Kongruenz entsteht", die „‚Bündigkeit' eines Textes" nannte. Vermeer dagegen meint:

> Bündigkeit liegt vor, wenn es für eine Form nur eine Sinninterpretation in beiden Situationen gibt, [...]. (Vermeer ib.)

Da sich aber Produzent und Rezipient jeweils in unterschiedlichen Ausgangssituationen befinden, kann es kaum zu identen Sinninterpretationen kommen. Daraus schließt Vermeer, daß sich Kohärenz für den Produzenten und den Rezipienten immer unterschiedlich darstellt. Inwieweit sich die Kohärenz in Ausgangstext und übersetztem Text entsprechen, d.h. intertextuelle Kohärenz gegeben ist, hängt vom Skopos ab.

---

[81] Nach dem Lexikon der Sprachwissenschaft (Bußmann 1990:389) ist Kohäsion ebenfalls „durch formale Mittel der Grammatik hergestellter Textzusammenhang".

Grundsätzlich geht Vermeer in seiner These auf Charles Fillmores *scenes-and-frames-Semantik* zurück, wonach Kohärenz aus dem Aufbau sehr komplexer *scenes* entsteht, und erweitert Fillmores Thesen um den übersetzungsrelevanten Aspekt, den Transfer, bei dem durch Translator und Zieltextrezipient wie in einer Kettenreaktion immer weitere und neue scenes und frames entstehen (vgl. Fußnote 56). Gesteuert wird der Aufbau der einzelnen scenes gleichfalls vom Skopos.

Da erhebt sich natürlich die Frage: Was ist der Skopos? Für eine Gebrauchsanleitung ist das klar: Die richtige Inbetriebnahme und sachgemäße Bedienung eines Gerätes. Ebenfalls klar ist, daß – wenn es sich etwa um ein ausländisches Produkt handelt und die Bedienungsanleitung eine Übersetzung ist – eine richtige Inbetriebnahme nur möglich sein wird, wenn die Übersetzung unter Berücksichtigung der Vorstellungen, der technischen Kenntnisse, Fertigkeiten u.ä. des Zielkonsumenten erstellt wird. Der Skopos ist also eindeutig zieltextorientiert, wie das Vermeer auch einfordert. Auf Literatur ist das kaum anwendbar, denn wenn es keine eindeutige Stellungnahme des Autors gibt, ist der Skopos letztlich eine Frage der Interpretation: So kann ein Leser überzeugt sein, Bernhard verfolge mit seinem Roman *Holzfällen* das Ziel der gehässigen Beschimpfung von Mitbürgern, ein anderer dagegen meint, das Werk sei in seiner vollendeten künstlerischen Gestaltung von Komik und Ironie eher eine Liebeserklärung an diese Menschen, trotzdem empfinden beide das Buch als kohärentes Werk. (siehe Kapitel 7.3)

Was mag demzufolge erst der Skopos einer literarischen Übersetzung sein? Ist es die Verkaufsauflage? Die Bewertungen der Literaturkritik in der Zielkultur? Der Anspruch internationaler Bildung? Die Bereicherung der Zielliteratur? Die Dominanz der zielkulturellen Ausrichtung hinsichtlich Skopos und Kohärenz scheint im Bereich der Literatur fragwürdig. Eine Ausnahme ist natürlich bei bewußter Skoposänderung gegeben: Diese kann sich implizit aus dem Auftrag ergeben (Adaptierung eines Textes für einen bestimmten Leserkreis, zum Beispiel Kinder), aus politischen[82], religiösen und anderen Notwendigkeiten.

---

[82] Prunc (2000:133-142) beschäftigt sich in seinem Beitrag „‚Wie viele Kühe hat ein Graf?' Zur Translation ideologisch exponierter Texte" mit der Problematik des manipulativen Potentials einer Über-

Weiters abzugrenzen ist der Kohärenzbegriff von der entsprechenden Definition nach Sigrid Kupsch-Losereit (1995:1-15), wonach Kohärenz – neben Kohäsion, Referenz, Thema und Textorganisation (ib:7) – als eine der Voraussetzungen für ein mögliches Textverständnis bestimmt wird:

> Textkohärenz nennen wir also den organisierten Zusammenhang von semantisch-logischem Netzwerk, thematischer Information, referentiellen Sachverhalten und sozial-kommunikativem Rahmen als Resultat des Leseprozesses. Sie ist das Produkt von Sinnerstellungsoperationen des jeweigen Lesers sowie den beziehungsstiftenden Bedeutungszuweisungen, z.B. einem Geschichtenzusammenhang. Die kommunikativ-pragmatische Dimension der Kohärenz [...] läßt sich daher nur über die jeweilige Rezipientensituation erfassen. (ib: 9)

Aus dem obigen Zitat deutlich hervor, daß auch für Kupsch-Losereit Kohärenz – definiert als Wahrnehmungsprodukt des Lesers – zieltextorientiert ist: Dies erscheint für einen literarischen Text, wie erwähnt, nicht angemessen.

Unter dem nachfolgend vorgestellten Begriff von Kohärenz werden hingegen sämtliche von Kupsch-Losereit genannten Faktoren subsumiert. Kohärenz wird nicht als ein Faktor neben vielen gesehen, sondern die Faktoren in ihrer Gesamtheit bilden die Voraussetzung, oder besser gesagt, die Bedingung für Texteinheit, für ein „Werkganzes".

6.2 Kohärenzmodell

Der hier vorgestellte Kohärenzbegriff entspricht keiner der angeführten Definitionen. Um nochmals Bezug auf Vermeer (1992:73) zu nehmen (der den Begriff zumindest aus translationswissenschaftlicher Sicht definiert), ist „intertextuelle Kohärenz" der „skoposadäquate Zusammenhang zwischen einem Translat und einem Ausgangstext". Meine These hingegen geht davon aus, daß der legitime Skopos einer literarischen Übersetzung in der Nachahmung ausgangstextimmanenter Strukturen, Inhalte und Welten besteht; der skoposadäquate Zusammenhang ist daher bei literarischen Texten

---

setzung am Beispiel eines politisch exponierten Textes des slowenischen Autors Prežihov Voranc und zweier Übersetzungen ins Deutsche aus den Jahren 1940 und 1963.

bestenfalls die Voraussetzung dessen, was ich an Kohärenz für Ausgangs- und Zieltext fordere bzw. untersuche, nämlich das Maß der erreichten Übereinstimmung des „Werksganzen".

Wie schon in Kapitel 3.3.2 angemerkt, stützt sich der vorliegende Kohärenzbegriff auf Gadamers Verständnis von Kunst. Nach seiner Vorstellung steht man vor einem Kunstwerk, wenn „man spürt, wie hier jede Einzelheit, jedes Moment an dem Anblick oder an dem Text oder was es sonst ist, mit dem Ganzen geeint ist, so daß es nicht wie etwas Angestücktes wirkt oder herausfällt, wie ein Stück Totes, in dem Strom des Geschehens Mitgeschlepptes" (Gadamer 1977:56). In den weiteren Ausführungen kommt er dann zu der bereits zitierten Definition vom Kunstwerk als strukturiertem lebendigen Organismus, das heißt, Kunst entsteht erst, wenn die geschlossene Kohärenz des Gebildes aufgenommen bzw. rezipiert wird:

> Nur weil wir in dem Transzendieren der kontingenten Momente tätig sind, ersteht das ideale Gebilde. (ib.:58f).

Dem Kunstwerk ist die Forderung, verstanden zu werden, inhärent; der Betrachter, Hörer oder Leser wird zum Mitspieler. Damit wird der Begriff des „offenen" Kunstwerks verständlich, nämlich offen für die individuelle, in Details abweichende Aufnahme bzw. Interpretation eines Werkes.

Diese Vorstellung von dem – im aktuellen Fall literarischen – Kunstwerk als etwas Geschlossenes und gleichzeitig zu Erschließendes liegt der Definition der Werkskohärenz in der vorliegenden Arbeit zugrunde. Kohärenz, die sich an verschiedenen Faktoren messen läßt (siehe Kapitel 6.3.), steuert das interpretative Potential des Lesers.

6.3 Evaluierungskriterien

Es wird davon ausgegangen, daß es Ziel der literarischen Übersetzung ist, analog zum Originaltext ein kohärentes Werk zu schaffen. Das bedeutet, die Kohärenz des Ausgangstextes muß analytisch erfaßt und soweit als möglich im Zieltext erhalten werden.

Beim abschließenden Vergleich zwischen Ausgangs- und Zieltext soll klärend festgestellt werden, inwieweit eventuelle Kohärenzabweichungen auf sprachlich und kulturell bedingte Unterschiede in Ausgangs- und Zielsprache zurückzuführen sind.

Gemäß dem in Kapitel 6.2 dargestellten Kohärenzmodell entsteht Kohärenz aus dem Zusammenwirken aller sprachlichen Dimensionen auf mehreren Ebenen[83], und zwar, um Heinrichs' (siehe auch Kapitel 5) Terminologie der Sprachtheorie zu verwenden:

1. der sigmatischen Dimension[84]
2. der semantischen Dimension
3. der pragmatischen Dimension
4. der syntaktischen Dimension.

Demgemäß hat die Evaluierung von Kohärenz am Originalwerk und seiner Übersetzung auf der Basis jener Merkmale zu erfolgen, die kohärenzkonstitutiv sind, angewandt auf sämtliche Analysefaktoren der genannten vier Dimensionen und ihren Schichten. Als wesentliche Elemente für Textkohärenz lassen sich dabei folgende Merkmale ausweisen:

1. das Thema (oder auch Topiks; meist werden ja mehrere Themen in einem Text behandelt);
2. die Referenz und/oder Koreferenz (diese Begriffe bezeichnen den wiederholten Bezug auf dieselbe Sache oder Person mit den unterschiedlichsten Möglichkeiten, d.h. die – variierte – Wiederaufnahme eines Themas).

Strukturbildend im Text wirkt in diesem Zusammenhang die Rekurrenz:

---

[83] (Vgl. dazu die in Kapitel 5 ausgeführte Methode der wechselseitigen Subsumption nach Heinrichs 1981:24ff).

[84] Heinrichs versteht unter „sigmatischer Dimension" alle wahrnehmbaren Äußerungsformen eines Zeichenträgers sowie deren Referenz auf einen realen oder fiktiven Sachverhalt (vgl. Heinrichs 1981).

> Rekurrenz ist nun d a s strukturbildende Moment schlechthin. Diese Feststellung gilt für sämtliche Analyseebenen von Texten, [...] die phonologische, die syntaktische, die semantische und die pragmatische Ebene. (Kallmeyer et.al. 1980:147)

Nach Kallmeyers Definition schließt dieser Begriff alle Möglichkeiten von Wiederholungsformen ein; das gilt, wie bereits erwähnt, sowohl hinsichtlich der Syntax als auch der Semantik.

Als Kriterien für Analyse und Feststellung der Kohärenz ergeben sich dementsprechend rekurrent auftretende Textmerkmale, wobei die Auflistung keinen Anspruch auf Vollständigkeit erhebt, sondern nur einige wesentliche Merkmale symptomatisch herausgreift:

1. Im sigmatischen Bereich:

    Relationen der Zeichen- und Lautgebilde im Text, in Summe alle wiederholt auftretenden graphischen und lautlichen Elemente (Kursivschrift, Fettdruck, graphische Mittel der Textgliederung; die durch Lautfolge, Rhythmus etc. erzeugte Prosodie des Textes).

2. Im semantischen Bereich:

    Semantische Relationen, die durch alle möglichen Formen der Wiederaufnahme entstehen: Das geht von der Wiederholung von Einzellexemen und idiomatischen Wendungen über die Verwendung von Proformen bis hin zu komplexen Phänomenen wie Parallelismus, Paraphrase und Ellipse.

3. Im pragmatischen Bereich:

    Referenz[85] und/oder Inferenz, bezogen auf Realitäten inner- und außerhalb der konkreten Textwelt. Der Kontext, der hierbei eine wesentliche Rolle spielt, sind die Interaktionspartner, zum Beispiel Gesamtwerk und Person des Autors (seine Intentionen, Präsuppositionen, sein sprachlicher und kultureller Hintergrund) sowie die Textrezipienten 1 (Translator) und 2 (Zieltextleser) unter Berücksichtigung ihres jeweiligen Rezipientenwissens bzw. ihrer Hintergrundkultur.

---

[85] Unter Referenz ist hier nicht die sigmatische Bedeutung als „Referenz von Sprachzeichen auf situativ bestimmtes Außersprachliches" nach Heinrichs (1981:59ff) gemeint, sondern die Bezugnahme auf eine Realität der dargestellten – realen oder fiktiven – Textwelt. Zur Referenzdiskussion vgl. auch de Beaugrande/Dressler (1981:116f).

4. Im syntaktischen Bereich:

    a) Faktoren der Satzgestaltung, zum Beispiel Satzlänge, Satzarten, Satzverknüpfungen (Konnektoren), Verweisrelationen, Morphologie etc.

Ein wichtiges kohärenzstiftendes Element ergibt sich bereits aus dem Zusammenspiel syntaktischer und semantischer Relationen und den sich daraus ergebenden Isotopieebenen im Text[86], die ein effizientes Mittel zur Erforschung von Thema und Topiks eines literarischen Werkes sind; das „vollkommene Ganze" oder – nach meinem Verständnis – das kohärente Werk, bezogen auf das Original und seine Übersetzung, ergibt sich aber erst aus dem Zusammenspiel aller genannten Faktoren in den vier dargestellten Dimensionen, wobei jeder Einzelfaktor wiederum – kopräsent und zusammenwirkend – eine sigmatische, eine semantische, eine pragmatische und eine syntaktische Ebene hat (vgl. Graphik).

---

[86] Vgl. dazu die Definition von Isotopie im *Lexikon der Sprachwissenschaft*: „Von Greimas aus der Chemie übernommener Begriff der Textlinguistik: Wiederkehr von Wörtern desselben Bedeutungs- bzw. Erfahrungsbereichs in einem Text [...]. Die I[sotopie] beruht auf der Wiederholung eines Semantischen Merkmals, ist[...] damit ein textbildendes Mittel der Kohäsion bzw. Kohärenz." (1990:357).

Nach Baumanns Werk *Integrative Fachtextlinguistik* entstehen Isotopieketten durch Antonyme, Synonyme, Paraphrasierung, Rekurrenz und Substitution (= sämtliche Proformen wie Anaphora, Kataphora etc.); die Struktur der Isotopieketten unter Berücksichtigung der ihnen zugrundeliegenden semantischen Dominante reflektieren das Denken u. daher die Intention des Autors (Baumann 1992:11 ff, 31ff), vgl. „Die Rolle [...] der Ekdal [...] die Lieblingsrolle" (BER 1988:177); „[...]il ruolo[...]Ekdal[...]il ruolo preferito" (BER 1990:125).

Abbild 2

Vergleich des Kohärenzbildes in Ausgangs- und Zieltext

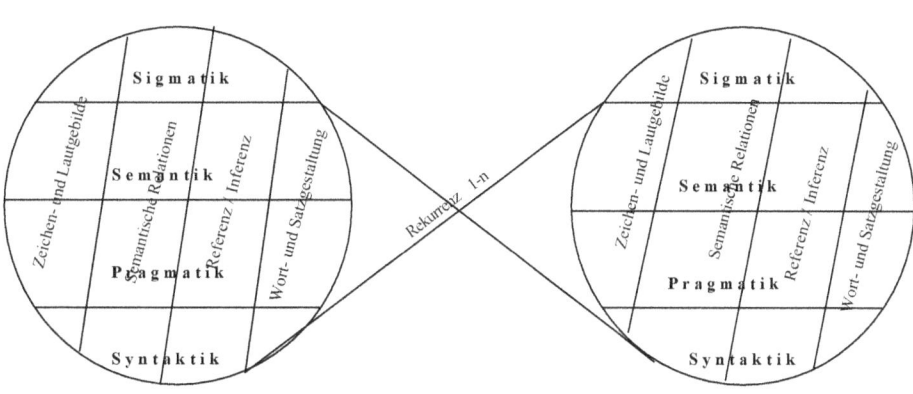

7 THOMAS BERNHARD

7.1 Biographie

„Ich mein', das Leben hat lauter Nachteile" (*Die ganze Woche* 02.03.1989).

Dieser Satz, von Bernhard wenige Jahre vor seinem Tod in einem Interview geäußert, macht deutlich, daß hier nicht ein Mensch spricht, dessen Leben von besonderem Glück gezeichnet wäre. In der folgenden Kurzdarstellung seiner Biographie[87] sollen nur die wesentlichen Umstände und Ereignisse aufgezeigt werden, die Bernhards Leben geprägt und sein Werk entscheidend beeinflußt haben.

Als uneheliches Kind von seiner Mutter in Heerlen, Niederlande, zur Welt gebracht, um in ihrer kleinbürgerlichen Heimat der Schande zu entgehen, wuchs Bernhard ab seinem ersten Lebensjahr bei seinen Großeltern mütterlicherseits zuerst in Wien, dann in Seekirchen am Wallersee auf. Diese kurzen, wohl auch idyllischen Jahre seiner frühen Kindheit, die er hauptsächlich unter dem Einfluß seines Großvaters verbrachte, endeten abrupt mit der Übersiedelung in das bayrische Traunstein zu Mutter, Stiefvater und Halbbruder. Es folgten traumatische Schul- und Heimjahre – zuerst in Traunstein, dann in einem staatlichen Internat in Salzburg – während der Zeit des Nationalsozialismus, dessen staatliche Erziehungs- bzw. Züchtigungsmethoden das sensible, auch von der Mutter wegen seiner Herkunft immer wieder gedemütigte Kind, an den Rand des Selbstmordes trieben. 1944, zur Zeit der schwersten Luftangriffe in Salzburg, von der Großmutter aus der Schule genommen, mußte er ein Jahr später, nach Kriegsende, erleben, daß sich in dem Bundesgymnasium, das er nun besuchte, und am Internatsbetrieb nichts geändert hatte: „[...] in den wenigen Nachkriegsmonaten war das Gebäude aus dem sogenannten Nationalsozialistischen Schülerheim in das streng katholische Johanneum verwandelt worden, [...]." (*Die Ursache* 1975:94). Der neue Direktor, ein Geistlicher, und der ihm zur Seite gestellte Präfekt

---

[87] Eine umfassende biographische Beschreibung erübrigt sich angesichts der umfangreichen Sekundärliteratur zu Bernhards Leben und Werk (vgl. die Literaturverzeichnisse in Bader, Fialik u.a.).

„haben ihr katholisches Schreckensregiment in der Schrannengasse so geführt wie der Grünkranz sein nationalsozialistisches [...]. Im Grunde hatte es gar keinen Unterschied zwischen dem nationalsozialistischen und dem katholischen System im Internat gegeben, [...]." (ib.:106, 107, 108)

Nach Abbruch des Gymnasiums und einer kurzen Lehr- und Arbeitserfahrung erkrankte Bernhard an einer Lungen- und Rippenfellentzündung und schließlich an lebensbedrohender Tuberkulose. Zwei Jahre, von 1949 bis 1951, verbrachte er vorwiegend in Kranken- und Heilanstalten im Nachkriegs-Österreich: Die schrecklichen Erfahrungen dieser Zeit wird er in seinen späteren autobiographischen Romanen verarbeiten, während er zunächst seine Neigung zur Lyrik entdeckte, Verlaine, Trakl, Baudelaire las und mit ersten eigenen dichterischen Versuchen begann.

Bernhards künstlerische Veranlagung wurde schon früh von seinem Großvater, dem Schriftsteller Johannes Freumbichler, entdeckt und gefördert. War jedoch dem Großvater Zeit seines Lebens kein Erfolg beschieden, so projizierte er nun seine künstlerischen Ambitionen auf seinen Enkel; er ortete bei diesem eine wahre Vielfalt von Talenten, angefangen von dem musikalischen – welches tatsächlich in ausgeprägtem Maße vorhanden war, Bernhards Stimme konnte nur auf Grund seiner Lungenkrankheit nicht richtig ausgebildet werden – , über das schauspielerische bis hin zum literarischen.

Als Bernhard schließlich einundzwanzigjährig den Lungenanstalten den Rücken kehren konnte, erwog er zunächst – seiner Begabung entsprechend – an der Hochschule für Musik und Darstellende Kunst zu studieren, arbeitete dann aber in den nächsten Jahren auf Vermittlung diverser im Kunst- und Kulturbetrieb tätiger Bekannter großelterlicherseits als Journalist bei verschiedenen Zeitungen und schließlich als freischaffender Schriftsteller. In der zweiten Hälfte der fünfziger Jahre studierte er am Salzburger Mozarteum Regie- und Schauspielkunst, ebenso führte er das bereits früher begonnene Gesangs- und Musikstudium weiter.

Bernhard lebte in dieser Zeit einerseits von seinen Artikeln, andererseits gelang es ihm stets, die Bekanntschaft von anerkannten Literaten und Förderern moderner Literatur zu machen, was in einer Zeit fehlender staatlicher Subventionen besonders wichtig war. In der Lungenheilanstalt „Grafenhof", wo er zweimal einen längeren Aufenthalt verbringen mußte, hatte der junge Bernhard Hedwig Stavianicek kennengelernt. Diese fünfunddreißig Jahre ältere Frau gehörte zu den wenigen Menschen, denen Bernhard emotional stark verbunden war; die Freundschaft währte bis zum Tode der Frau im Jahre 1984. Durch Hedwig Stavianicek hatte Bernhard eine ständige Wohnadresse in Wien sowie einen gewissen finanziellen Rückhalt: Diese Umstände ermöglichten ihm den Kontakt zu Wiener Künstlerkreisen und führten schließlich zur Bekanntschaft mit dem Komponisten Gerhard Lampersberg und dessen Frau Maja, zentrale Persönlichkeiten und aktive Förderer der Wiener Avantgarde-Szene. Sowohl in deren Wiener Wohnung als auch auf dem Landsitz im kärntnerischen Maria Saal war Bernhard in den fünfziger Jahren ständiger Gast und dort konnte er seine ersten dramatischen Werke inszenieren.

Trotzdem versuchte er in diesen Jahren noch relativ erfolglos, sich als Lyriker durchzusetzen; erst zu Beginn der sechziger Jahre gelang es ihm mit seinem ersten Prosawerk *Frost* (1963) als Schriftsteller Anerkennung zu finden und bald darauf mit seinem dritten Roman *Verstörung* diesen Ruhm endgültig zu begründen; seine Mutter, 1950 gestorben, erlebte das nicht mehr.

In den folgenden Jahren und Jahrzehnten etablierte sich Bernhard zunächst mit den Prosawerken und bald danach mit den ersten Bühnenstücken als einer der bedeutendsten aber auch umstrittensten Schriftsteller Österreichs. Er erwies sich in seinen Werken als radikaler Gesellschaftskritiker, und da er sich in der Darstellung der sozialen Umwelt seiner unmittelbaren Umgebung bediente, der österreichischen Gesellschaft, machte er sich dieses Land zum bittern Gegner, während er im Ausland als begnadeter Autor gefeiert wurde.

1965 erwarb er einen alten Traunviertler Vierkanthof in Ohlsdorf bei Gmunden und gründete hier seinen Hauptwohnsitz. Sein Lungenleiden zwang ihn, sich auf dem Lande, in der Natur, und immer wieder auch in mediterranen Gebieten aufzuhalten; außerdem gewann er zunehmend Gefallen am Restaurieren verfallener Gebäude, sei es als Ausgleich zu seiner Unrast, sei es in der Wiederherstellung von etwas Schönem:

Die Bautätigkeit fand jedenfalls einigen literarischen Niederschlag (*Ja, Das Kalkwerk, Korrektur*).

Nach jahrelangem Ringen mit dem Tod starb er am 12. Februar 1989 in Gmunden. Während er zu Lebzeiten, wie die Biographie zeigt, häufig kritisiert und angefeindet wurde, gilt er seit seinem Tode als einer der größten österreichischen Schriftsteller der Jahrzehnte nach Kriegsende und als der „neben Handke auch im Ausland bekannteste österreichische Autor" (*Kurier* 17.02.1989)[88]: „Nur drei Tage nach seinem 58. Geburtstag, am 12. Februar 1989, erlag der vielleicht bedeutendste deutschsprachige Schriftsteller der zweiten Jahrhunderthälfte der unheilbaren Lungenkrankheit, deren Ursprung er in seiner fünfbändigen Autobiographie ohne jeden Anflug von Sentimentalität geschildert hatte" (*Die Warte* 11.2.1999).

7.2 Thomas Bernhard – Werk

„Alles ist die Hölle. Himmel und Erde und Erde und Himmel sind die Hölle". (*Frost* 1963:185)

Damit ist der Ton angeschlagen, die Stimmung, die sich durch das gesamte Werk Bernhards zieht: Eine Mischung aus Tragik und Komik, wobei der tragische Inhalt durch die Verzerrung auf der Formulierungsebene relativiert bzw. kritisch hinterfragt wird. Man findet diese Elemente schon in seinen ersten Romanen – dem oben zitierten *Frost*, in *Verstörung* (1967), *Amras* (1964), *Watten* (1969) sowie in dem erst postum 1989 erschienenen *In der Höhe. Rettungsversuch, Unsinn* (1959) – in denen er die Kälte und Härte der Kriegsjahre verarbeitete, die Erfahrungen von Verfall und Vereinsamung, die ständige Konfrontation mit dem Tod: Alles schmerzliche Zustände, die er am eigenen Leib hatte erleben müssen.

In seinen darauffolgenden autobiographischen Romanen führt der Schriftsteller die Tradition des Grauens und der Düsterkeit fort: 1975 entstand *Die Ursache. Eine Andeutung*, dann *Der Keller. Eine Entziehung* (1976), *Der Atem. Eine Entscheidung*

---

[88] Siehe Fußnote 4.

(1978), *Die Kälte. Eine Isolation* (1981) und *Ein Kind* (1982). In all diesen Erzählungen ergibt die dargestellte Welt stets ein Bild der äußeren und inneren Vernichtung. Bernhards autobiographische Erzählungen, mit denen er übrigens durchaus im Trend und Geschmack seiner Zeit lag[89], sind natürlich fiktionale Texte, vielleicht wirken sie aber gerade deshalb so erschütternd und real, wie Hans Höller (1993) in seiner Bernhard-Biographie vermutet:

> Die eminent literarische Inszenierung des eigenen Lebens und der Epoche führt nicht weg von der Realität, im Gegenteil, sie bringt erst jene geschichtliche Authentizität hervor, wo im einzelnen Leben die epochale Katastrophe durchscheint. [...] Bernhard hat die epochale Vernichtungserfahrung mitten in die Stadt Salzburg hineinverlegt, in die barocke Kulturstadt par excellence. Exemplarischer kann man den Traditionsbruch, den die nationalsozialistische Vernichtungspolitik bedeutete, nicht vor Augen stellen. Schreibt er über die zerstörten Häuser der Stadt, ist immer zugleich von den zerstörten Menschen die Rede; [...]. (Höller 1993:105)

Ab 1970 schreibt Bernhard zunehmend auch Theaterstücke, insgesamt 18 in einem Zeitraum von 18 Jahren. Bereits sein erstes Stück, *Ein Fest für Boris*, begründet seinen Ruf nicht nur als brillanter, äußerst provokanter, sondern nun auch ausdrücklich als komischer Autor. Die Uraufführung dieses Stücks erfolgte unter der Regie von Claus Peymann in Hamburg, und Peymann begleitete Bernhards theatralische Karriere bis zu seinem letzten Stück, *Heldenplatz* (1988), das im Burgtheater in Wien aufgeführt wurde. Dieses Stück, welches das Publikum zur Auseinandersetzung mit der eigenen, in Österreich unaufgearbeiteten nationalsozialistischen Vergangenheit zwingt, bildet zugleich den Höhepunkt seiner in Österreich heftig diskutierten Karriere als Bühnenautor. Bernhard und sein vom sozialistischen Minister für Unterricht und Kunst eingesetzter Hauptregisseur Peymann bildeten einen Gegenpol zur damaligen Politik Kurt Waldheims und Jörg Haiders. *Heldenplatz* trieb die seit langem in den Medien geführten Debatten über Bernhard auf die Spitze und sorgte für einen Skandal in Österreich, wie auch Höller (1993:10f) in seinem Buch schreibt:[90]

---

[89] Höller schreibt, sie entsprächen „der für die Literatur der siebziger Jahre charakteristischen Wiederentdeckung des Ich und seiner Geschichte" (1993:97).
[90] Vgl. Die vom Wiener Burgtheater am 13.01.1989 herausgegebene Artikelsammlung *Heldenplatz. Eine Dokumentation*.

Die Boulevard-Presse, durch einen Vorabdruck aus dem sonst geheimgehaltenen neuen Bernhard-Stück auf den Plan gerufen, schoß sich auf die Stellen ein, in denen die Politiker und die Österreicher – in solchen Fällen gern von der Presse und den Politikern als „Steuerzahler" apostrophiert – der Lächerlichkeit preisgegeben werden. Die Gelegenheit war da, zum Sturm auf Peymanns „Burg" und Bernhards *Heldenplatz* zu blasen, die Politiker waren zur Stelle, um die Ehre des gekränkten Staatsvolks und ihre eigene mit volksnahen Sprüchen zu verteidigen, die Leserbriefspalten in den Zeitungen füllten sich mit den üblichen Drohungen gegen Autor und Regisseur, und manchmal war man sogar mit einem gewissen Witz dafür oder dagegen.

7.3 *Holzfällen. Der Roman*

7.3.1 Der Autor und seine Heimat

Der Roman *Holzfällen. Eine Erregung*, der im August 1984 erschien, reiht sich in eine lange Tradition Bernhardscher Schmähungen von österreichischem Staat und Volk ein[91] – so wurde es jedenfalls empfunden und auch immer wieder kolportiert. Im *Zeit-Magazin* vom 11.01.1985 wird der Artikel „G'schichten aus der Wiener Welt" mit folgenden Worten eingeleitet:

> Feuilleton-Leser wurden im vergangenen Herbst ausgiebig mit österreichischem Tratsch gefüttert: Der Schriftsteller Thomas Bernhard hatte sein neues Buch „Holzfällen – Eine Erregung" veröffentlicht, in dem er sich in erprobter Manier vor Österreich und seinem „Kulturgesindel" graust, virtuos, versteht sich.

„Österreichbeschimpfung" war beinahe ein Markenzeichen Bernhards, und es verwundert auch nicht, wenn man folgenden Satz liest, der exemplarisch für viele ähnliche Äußerungen in all seinen Werken zitiert wird:

> Ein durch und durch stumpfsinniger Staat
> von durch und durch stumpfsinnigen Menschen
> bevölkert
> Gleich mit wem wir reden
> es stellt sich heraus
> es ist ein Dummkopf
> gleich wem wir zuhören

---

[91] Vgl. dazu auch Bernhards Roman *Korrektur*, der einen mehrseitigen Satz enthält, der sich gegen Österreich richtet (1975:27-31).

> es stellt sich heraus
> es ist ein Analphabet
> sie seien sozialistisch
> sagen sie
> und sind doch nur nationalsozialistisch
> sie seien katholisch
> sagen sie
> und sind doch nur nationalsozialistisch
> sie seien Menschen sagen sie
> und sind nur Idioten
> [...]
> Österreich
> Austria
> L'Autriche
> Es kommt mir vor
> als gastierten wir
> in einer Senkgrube
> in der Eiterbeule Europas (Bernhard 1984:60f)

So verursachte nicht nur die Heimat bei Bernhard ständige Erregung, sondern umgekehrt war auch der berühmte Sohn Anlaß für Erregungen und Skandale in seinem Lande. Zu dem zwiespältigen Verhältnis des Schriftstellers zu Österreich gibt es zahlreiche literaturwissenschaftliche Studien, erwähnt sei der erst 1999 erschienene Sammelband *„Heimatdichter" Thomas Bernhard*, herausgegeben von Ilija Dürhammer und Pia Janke, in dem sich die Autorinnen mit der Frage beschäftigen, ob es Liebe oder Haß oder beides war, was „Thomas Bernhard als dem Paradebeispiel des sogenannten österreichischen Nestbeschmutzers" (Martin Huber in: ib.:105) mit seiner Heimat verband. Bemerkenswert – bei aller Fiktionalität – wirken in diesem Zusammenhang jedenfalls die Äußerungen des Ich-Erzählers in *Holzfällen* gegen Romanende:

> [...] ich lief [...] und dachte während des Laufens, daß diese Stadt, durch die ich laufe, so entsetzlich ich sie immer empfinde, immer empfunden habe, für mich doch die beste Stadt ist, dieses verhaßte, mir immer verhaßt gewesene Wien, mir auf einmal jetzt wieder doch das beste, mein bestes Wien ist und daß diese Menschen, die ich immer gehaßt habe und die ich hasse und die ich immer hassen werde, doch die besten Menschen sind, daß ich sie hasse, aber daß sie rührend sind, daß ich Wien hasse und daß es doch rührend ist, daß ich diese Menschen verfluche und doch lieben muß [...]. (BER 1988:320f)

Holzfällen. Eine Erregung sorgte allerdings nicht nur für erregte Stimmung im Lande, sondern löste Mitte der achtziger Jahre einen wahren Literaturskandal bis weit über die Grenzen aus. Anlaß war ein Prozeß wegen Ehrenbeleidigung des österreichischen Komponisten Gerhard Lampersberg, der sich in der Romanfigur des Auersberger wiederzuerkennen glaubte und sich verhöhnt und beleidigt fühlte. Es folgte ein monatelanger Konflikt um die Frage, ob Bernhard nicht nur diese, sondern auch noch andere Figuren des Romans an den Pranger stellen bzw. der Lächerlichkeit preisgeben wollte. Juristisch wurde der Fall gelöst, indem das Buch zunächst beschlagnahmt wurde, ein Urteil, das einige Monate später jedoch wieder aufgehoben wurde. Bernhard betonte stets die grundsätzliche Fiktionalität literarischer Texte und reagierte auf die Beschlagnahme mit einem Auslieferungsverbot seiner Bücher nach Österreich seitens des Frankfurter Suhrkamp Verlages, was den Absatz des Buches nur steigerte und ihm zu großer Popularität verhalf:

> „Holzfällen" wurde zu einem *Bestseller* im weiteren deutschen Sprachgebiet, und auch Lampersbergs Kompositionen sind seither einem breiteren Publikum bekannt geworden. (*Neue Züricher Zeitung* vom 11/12.11.1984)

Dem Autor gelang es am Ende die Diskussion um seine Person und sein Werk noch stärker zu dramatisieren, indem er testamentarisch all seine Theaterstücke mit einem Aufführungsverbot in Österreich belegte, welches auch noch 75 Jahre nach seinem Tod Gültigkeit haben sollte:

> Der österreichische Schriftsteller Thomas Bernhard hat in seinem Testament jegliche Aufführung, Drucklegung oder Rezitation seiner Stücke in seinem Heimatland untersagt. Bernhard verfügte, weder aus dem bei seinen Lebzeiten veröffentlichten Werken, noch aus dem nach seinem Tod gleich wo immer noch vorhandenen Nachlaß dürfe auf die Dauer des gesetzlichen Urheberrechtes [75 Jahre, d.Verf.] innerhalb der Grenzen des österreichischen Staates etwas von ihm Verfaßtes und Geschriebenes aufgeführt, gedruckt oder auch nur vorgetragen werden. (*Süddeutsche Zeitung* vom 18/19.2.1989)

Neun Jahre nach dessen Tod gründeten der Bruder und Erbe des Schriftstellers, Peter Fabjan, gemeinsam mit dem zweiten Nachlaßverwalter und Verleger des Suhrkamp-Verlages, Siegfried Unseld, die Thomas-Bernhard-Privatstiftung zur Sicherung des schriftlichen Nachlasses. Der Vorstand der Stiftung hob das Inszenierungsverbot wieder auf und argumentierte dabei „mit der Pflicht zur Wahrung des Kulturerbes und mit dem Recht der österreichischen Öffentlichkeit auf aktuelle Bernhard-Produktionen am Theater" (*Standard* vom 16.04.1998).

7.3.2 Der Inhalt

Man könnte sagen, daß die – jedenfalls häufig als solche interpretierte – Hetzkampagne gegen Österreich, die sich seit Beginn der sechziger Jahre bis zu *Heldenplatz* wie ein roter Faden durch Bernhards Werk zieht, in *Holzfällen* einen Höhepunkt findet: Gemeint ist damit aber nicht ein Höhepunkt der Schmähtiraden, sondern in der literarischen Verarbeitung. In der satirischen Demontage vermeintlich real existierender Personen der österreichischen Kunst- und Kulturszene erweist sich der Autor dieses Buches als Meister der Satire und der Komik. Seinen eigenartigen, sehr ausgeprägten Humor beschreibt er vielleicht selbst am besten in einem Gespräch, das er mit Krista Fleischmann 1981 auf Mallorca führte:

> Ich lach' ja manchmal selber hellauf, denke mir, naja, das ist eigentlich zum Lachen. Aber manchmal empfinden die Leut', wo ich laut auflach' – schon während dem Schreiben, oder wenn ich es nachher beim Korrekturlesen les', lach' ich ja laut auf! – die finden das überhaupt nicht zum Lachen, das versteh' ich eigentlich nicht. Ja zum Beispiel, wenn man „Frost" liest – ich hab' ja immer schon Material zum Lachen geliefert – das ist eigentlich alle Augenblick' zum Hellauflachen. Aber ich weiß nicht, haben die Leut' keinen Humor oder was? Ich weiß es nicht. Mich hat's immer zum Lachen gebracht, auch heute noch: Wenn mir fad ist oder es ist irgendwie eine tragische Periode, schlag' ich ein eigenes Buch von mir auf, das bringt mich noch am ehesten zum Lachen. (Fleischmann 1991:43)

Den Mittelpunkt der Handlung in *Holzfällen. Eine Erregung* bildet ein künstlerisches Abendessen, welches das Ehepaar Auersberger, Mäzene eines Wiener Künstlerkreises, zu Ehren eines berühmten Burgschauspielers gibt. Der auktoriale Ich-Erzähler beobachtet – abseits von einem Ohrensessel aus – Szenen und Personen und dies mit deutlichem Mißfallen, ohne sich je aktiv am Geschehen zu beteiligen. Während des zweistündigen Wartens auf den Schauspieler resümiert er die Ereignisse, die zu diesem spätabendlichen Mahl und zu seiner Einladung geführt haben. Auslöser war der durch Selbstmord herbeigeführte Tod einer Künstlerin, Joana, vor Jahren ebenso wie der Erzähler ein Mitglied jenes Wiener Kreises, den das Ehepaar Auersberger um sich geschart hatte. Die zufällige Begegnung mit den Eheleuten – von denen er sich schon vor zwanzig Jahren distanziert hatte, weil sie ihn sonst „zerstört und vernichtet" (BER 1988:20) hätten – auf dem Wiener Graben, ein kurzes Gespräch über den Tod der gemeinsamen Freundin, waren der Anlaß für diese Einladung. Während der Ich-Erzähler über die Gründe reflektiert, die ihn zur Annahme dieser verhaßten Einladung bewegt haben, formen sich in der Erinnerung die Menschen und Ereignisse jener Jahre wieder, die er großteils bei seinen damaligen Förderern, dem Komponisten Auersberger und seiner Gattin, verbracht hatte und die zweifellos eine außerordentliche Rolle in seinem Leben gespielt hatten. Die ganze Kleinbürgerlichkeit und Verlogenheit jener Gesellschaft werden ihm wieder bewußt, genauso wie die dem entgegenstehende Reinheit und Naivität der zugrundegegangenen Freundin Joana. Schonungslos und dennoch mit entwaffnender Komik beginnt seine Abrechnung mit den Freunden und Gönnern von früher. Als nach unzumutbar langer Wartezeit endlich der Burgschauspieler eintrifft, beginnt die Handlung langsam dem Höhepunkt zuzustreben. Eingangs mit beißender Ironie noch als eitler Geck und miserabler Künstler dargestellt – „der Prototypus des durch und durch phantasielosen und völlig geistlosen Poltermimen" (BER 1988:30), gelingt es dem Burgschauspieler während des Essens zunehmend das Interesse des Beobachters zu wecken. Er erweist sich als ein sich seiner Identität sicheres, selbstbewußtes Individuum und erringt mit einem Akt der Zivilcourage die Bewunderung des Erzählers, indem er ausspricht, was jener nur zu denken wagt: Eine Protagonistin jenes verlogenen, hier angeprangerten Künstlertums, die Schriftstellerin Jeannie Billroth, „eine Kleinbürgerin", die „die stumpfsinnige *Literatur in der Zeit*" (BER 1984:56f) herausgab, leidet unter mangelnder Aufmerksamkeit seitens der Anwesenden und versucht den Burgschauspieler mehrfach zu provozieren; dieser beendet das Wortgeplänkel mit einem Eklat, indem er sie, absolut ruhig und gelassen, mit wenigen Worten zum Schweigen bringt: „Sie sind ein dummer zerstörerischer Mensch und schämen sich nicht einmal [...]" (BER 1984:297), [...] „Sie sind eine ganz und gar verlogene Person [...] und man tut gut daran, mit solchen Menschen wie Sie, keinen Umgang zu pflegen" (BER 1984:299).

Anschließend äußert er ein beeindruckendes Bekenntnis zum einfachen Leben, zur Natur als Gegenpol zu allem Künstlichen und Verfälschten. Da verläßt der Ich-Erzähler fluchtartig die Abendgesellschaft, läuft durch die Straßen nachhause mit dem einen, befreienden Ziel „sofort über dieses sogenannte *künstlerische Abendessen* in der Gentzgasse [zu] schreiben" (BER 1984:321).

„Hämmernder Rhythmus und vorwärtsdrängende Dynamik – das sind wohl die wichtigsten Kennzeichen des Bernhardschen Stils" schreibt Marcel Reich-Ranicki in einem Buch unter dem Titel *Thomas Bernhard* (1990:81). Tatsächlich sind Musikalität und Rhythmik prägende Stilmerkmale dieses Romans. So erinnern die kurzen, abgehackten Sätze im Wechsel mit langen Monologen an die Konstruktion von Musikstücken, die ja auch in der Regel mehrsätzig sind, mit abwechselnd schnellen und langsamen Rhythmusfolgen[92]. Die Fuge[93] wird in diesem Zusammenhang ebenfalls häufig von der Sekundärliteratur zitiert, ausdrücklich Ravels *Bolero*, zu dem sich nicht nur explizit im Text – der *Bolero*, Lieblingsstück der verstorbenen Joana, ist die Musik, die ihr zu Ehren beim Abendessen gespielt wird –, sondern auch anderswo Querverweise finden lassen: Der Biographie Ravels[94] zum Beispiel ist zu entnehmen, daß dieser die Zwölftonmusiker Schönberg, Berg und Webern bewunderte, die in Bernhards Texten ja wiederholt vorkommen[95]; weiters sind Beziehungen zu Ludwig Wittgensteins Neffen Paul[96] nachweisbar, und schließlich könnte man auch mögliche

---

[92] Vgl. die Beschreibung der Sonate aus dem Brockhaus Musiklexikon (1979:522): „[...] eine eigenständige, seit Mitte des 17. Jh. in der Regel mehrsätzige und zyklisch angelegte Instrumentalkomposition [...] für deren Satztechnik sowohl die Mehrchörigkeit (bis zu fünf Instrumentalchöre), die imitatorische Behandlung eines Soggettos und instrumentale Improvisation kennzeichnend sind; die Unterteilung in Abschnitte führte zur Mehrsätzigkeit [...] meist in der Folge: langsam [...] – schnell (fugiert) – langsam [...] schnell [...]".

[93] Zur Fuge steht im Brockhaus Musiklexikon (1979:436): „ein mus. Werk, das streng stimmenmäßig gesetzt ist, geprägt wird von einem charakteristischen, alle Stimmen durchwandernden Thema und sinnfällig mit dem Thema in jeder der nacheinander einsetzenden Stimmen beginnt. [...]".

[94] Hirsbrunner (1989:107,213) verweist in seiner Ravel-Biographie auf den Einfluß Schönbergs auf Ravel und zieht wiederholt Parallelen zwischen Schönbergs Verhältnis zu dessen Meisterschülern Berg und Webern und dem Verhältnis von Debussy und Ravel.

[95] Besonders zu beachten ist in diesem Zusammenhang die markante und unzählige Male wiederholte Wortreihe „der Auersberger, *der Komponist in der Webern-Nachfolge*" (BER 1988:14).

[96] Ravel schrieb für Paul Wittgenstein, der im Ersten Weltkrieg seinen rechten Arm verloren hatte, das *Klavierkonzert für die linke Hand* (Hirsbrunner 1989:220); Bernhards Roman *Wittgensteins*

Parallelen herstellen zwischen der Figur der Joana in *Holzfällen* und der Tänzerin Ida Rubinstein[97], in deren Auftrag Ravel den *Bolero* komponiert hatte. Auf alle Fälle wirkt die Feststellung zutreffend, daß in Bernhards Prosa musikalisches und dichterisches Talent vereint erscheinen.

7.4 Die Rezeption in Italien

7.4.1 Theoretisches zur Literaturrezeption

Im Mittelpunkt der Überlegungen steht, daß die literarische Übersetzung unter anderem eine Form von Literaturrezeption ist und daher soll auf diesen Aspekt näher eingegangen werden; es versteht sich von selbst (vgl. den übersetzungstheoretischen Teil in Kapitel 3), daß es sich dabei um eine Teilkomponente handelt, da die literarische Übersetzung sowohl aus rezeptionsästhetischen wie aus produktionsästhetischen Prozessen besteht[98], wie auch Elisabeth Arend-Schwarz (1992:124) in ihrem Beitrag „Übersetzungsgeschichte als Rezeptionsgeschichte: Carlo Goldonis Werk im deutschen Sprachraum" anmerkt:

> Weiterhin liegt ein entscheidendes Merkmal der literarischen Übersetzung darin, daß sie gleichermaßen eine rezeptive wie produktive Form ist.

Neffe (1982) könnte auch im Bewußtsein werksimmanenter Fiktionalität als biographisches Portrait Paul Wittgensteins interpretiert werden.

[97] Vgl. Hirsbrunner (1989:58).

[98] Zum Verhältnis von Textproduktion und Textrezeption vgl. u.a. Zimas Aufsatz „,Rezeption' und ,Produktion' als ideologische Begriffe" (1978:72-112): Er diskutiert darin die unterschiedlichen Positionen der Rezeptionsästhetik von Jauß (*Literaturgeschichte als Provokation*, Suhrkamp 1970) und Iser (in: *Rezeptionsästhetik*, Fink 1975), welche die Vielfalt der Rezeptionsmöglichkeiten hervorheben, sowie von Literaturwissenschaftlern der DDR (Weimann *Gegenwart und Vergangenheit in der Literaturgeschichte* 1970 und Naumann *Gesellschaft, Literatur, Lesen. Litaraturrezeption in theoretischer Sicht*, Berlin/Weimar 1973), welche einer monosemischen, in der Textproduktion fest verankerten Rezeptionstheorie folgen; konkret ging es also um die Frage der werks- versus leserorientierten Auffassung von der Wirkung eines Kunstwerks. Die Ende der sechziger Jahre entstandene Rezeptionsforschung stellte jedenfalls ein neues Paradigma in der Literaturwissenschaft dar, die den Leser und in diesem Zusammenhang die Rezeptionsbedingungen und -prozesse in den Mittelpunkt ihrer Überlegungen stellte.

Dieses Kapitel konzentriert sich allerdings nicht auf die Rezeptionsform der Übersetzung, sondern auf jene der Literaturkritik. Grundsätzlich ist zur Rezeption ausländischer Literatur zu sagen – und das Thema wurde bereits in Kapitel 2 anläßlich der Auftragssituation für Übersetzer kurz gestreift – daß Buchbesprechungen fremdsprachiger Literatur in der Regel erst dann stattfinden, wenn dem Zielland das Buch in der jeweiligen nationalsprachlichen Übersetzung vorliegt; aktuelle Berichterstattung über ausländische Neuerscheinungen in Presse, Rundfunk und Fernsehen gibt es nur in Ausnahmefällen. Hans Grössel sagte in seiner Dankesrede anläßlich der Verleihung des Übersetzerpreises der Deutschen Akademie für Sprache und Dichtung 1976 in Marbach:

> Ein Buch wird erst dann besprochen, wenn es in deutscher Übersetzung vorliegt (unter Umständen also nie) – mit dem Ergebnis, daß die Rezensionsaktualität von heute die literarische Aktualität von gestern, oft sogar vorgestern, ist. (*Süddeutsche Zeitung* vom 22./23.05.1976)

Auch Lothar Baier (1989:11) stellt in seinem Aufsatz „Der unterbrochene Dialog?", in dem er sich mit dem rückläufigen Interesse der aktuellen deutschsprachigen Leserszene an der zeitgenössischen französischen Literatur auseinandersetzt, fest: „Verspätungen der literarischen Rezeption über Ländergrenzen hinweg sind eher die Regel als die Ausnahme".

Dies trifft jedenfalls auf den deutschen Sprachraum zu, wie unter anderem dem Erfahrungsbericht des bekannten Rezensenten Peter Schnyder (1996) zu entnehmen ist, der in seinem Artikel „Wertevermittlung über die (Sprach-)grenzen hinaus" die Forderung nach regelmäßiger Auseinandersetzung mit ausländischer Literatur erhebt, wenn er schreibt:

> Es gilt vielmehr, den interessierten Leser [...] über fremdsprachige Belletristik, über fremdsprachige Essayistik, ja fremdsprachige Sachbücher zu informieren. Die Redakteure sollten kompetenten Rezensenten die Möglichkeit einräumen, immer wieder auch nicht übersetzte originelle Bücher eines Landes anzuzeigen – gerade dann, wenn wenig Aussicht auf eine baldige Übersetzung besteht. (ib.:35f)

Baier ortet einen Konzentrations- und Rationalisierungsprozeß bei den Verlagshäusern seit Beginn der siebziger Jahre und stellt zunächst die Vermutung auf, daß diesem als erstes die ausländischen Programme zum Opfer gefallen wären. Er kommt in der weiteren Themenentfaltung dann aber zu dem Schluß, daß – obwohl natürlich Übersetzer, Rezensenten und vor allem Marketing-Strategien einen wesentlichen Anteil am Vertrieb ausländischer Literatur haben – es vor allem eine Frage des Zeitgeschmacks sei, welcher Literatur jeweils Erfolg beschieden ist: Dieser Zeitgeschmack erfasse wellenartig den gesamten europäischen Raum und bevorzuge zu einer Zeit die italienische[99] oder französische, dann wiederum die lateinamerikanische oder afrikanische Literatur (Baier 1989:1-18).

Dieser sicher sehr interessante Ansatz gehört jedoch in den Forschungsbereich einer Soziologie der literarischen Rezeption und kann im Rahmen der vorliegenden Arbeit nicht weiter verfolgt werden.

Jedenfalls läßt sich nachweisen, daß sich auch Bernhards Werk erst mit einiger Verspätung in Italien durchgesetzt hat, wobei die Verzögerung weit mehr die Dramen als die Prosawerke betraf. Durch seine Prosa zwar schon früher bekannt, konnte Bernhard schließlich mit seinen Theaterstücken ebenfalls große Publikumserfolge feiern. Sein Stück *Die Macht der Gewohnheit* wurde 1982 in Italien erstaufgeführt[100] und vom Publikum sowie von den Kritikern begeistert aufgenommen: „Bernhard, alla sua prima comparsa in Italia nel ruolo di drammaturgo viene definito come il più severo e radicale interprete del disagio della nostra cosiddetta ‚civiltà'" schreibt Maurizia Bertini in ihrer Dissertation (1989:6).

Weiters auffallend und für die Rezeptionsforschung interessant ist, daß in dem Augenblick, da ein Werk in der Übersetzung vorliegt, nun Buchbesprechungen erscheinen, dabei aber weder die Übersetzung als solche ausgewiesen noch näher auf sie eingegangen wird. Nach einer Untersuchung zur Rezeption französischer Belletristik in den Jahren 1989 bis 1994 von Bärbel Flad werden in regionalen Printmedien die

---

[99] Zur Historie der Übersetzung nationaler Literaturen ins Italienische vgl. vor allem Albrecht (1998:295-303).

[100] Das Stück wurde unter dem Titel *La forza dell'abitudine* in Sesto Fiorentino vom Theaterensemble „Gruppo della Rocca" aufgeführt.

Übersetzer namentlich meist gar nicht erst erwähnt[101]. Flad schreibt in ihrem Aufsatz „Kritik und Markt französischer Literatur aus Sicht eines Publikumverlags" (1996:43):

> Übersetzungskritik, soweit man einen lobenden Nebensatz oder die Floskel „in der gelungenen Übersetzung von xy ..." als solche bezeichnen kann, findet, wenn überhaupt, nur in den Hörfunksendungen und in den großen Feuilletons statt, Lokalzeitungen und Pressedienste nennen häufig nicht einmal den Namen der Übersetzerin, des Übersetzers.

Der Übersetzer bzw. die Qualität der Übersetzung sind also kaum ein Thema in literarischen Rezensionen, obgleich sie in bezug auf Erfolg oder Mißerfolg im Vertrieb eines literarischen Werkes sicher durchaus eine Rolle spielen.

Die sonstigen bei der Rezeptionsanalyse allgemein zu berücksichtigenden Faktoren – und dies trifft selbstverständlich für die Rezeption des Originals ebenso zu wie für die Rezeption einer Übersetzung – fallen in den Bereich rezeptionstheoretischer Grundfragen: Diese können im Rahmen der vorliegenden Arbeit nicht erschöpfend diskutiert, sondern nur als Hintergrundinformation stichwortartig angeführt werden.

Ausgangspunkt sei die These, daß die Rezeption textkonstituierende Wirkung habe[102]. Umberto Eco spricht davon, daß ein Text erst vom Leser „aktualisiert" werden müsse und zwar sowohl auf der sprachlichen Textoberfläche als auch „dieses Nicht-Gesagte, das auf der Aktualisierungsebene des Inhalts aktualisiert werden muß" (*Lector in fabula* 1985:62). Ausgehend von der Vorstellung, daß ein Text ein mit Leerstellen durchsetztes Gebilde sei, dessen Zwischenräume erst ausgefüllt werden müssen, entwickelt Eco das Konzept des „Modell-Lesers", welcher unter den zahlreichen möglichen Textinterpretationen jene des Textautors erfassen kann; das bedeutet wiederum, daß ein Textproduzent versucht, die „Aktualisierung", d.h. die Textinterpretation, zu steuern und dabei entsprechende Strategien anwendet. Eco schreibt:

> Wir könnten genauer sagen, daß ein Text ein Produkt ist, dessen Interpretation Bestandteil des eigentlichen Mechanismus seiner Erzeugung sein muß: einen Text hervorbringen, bedeutet, eine Strategie zu verfolgen, in der die vorhergesehenen Züge eines Anderen miteinbezogen werden [...] (ib.:65f)

---

[101] Vgl. neben Flad auch den Beitrag von Kuhn (ib.:68-78).
[102] Vgl. dazu Fußnote 98.

Etwas später greift Ammann Ecos Konzept des impliziten Lesers auf und geht in ihrem Aufsatz „Anmerkungen zu einer Theorie der Übersetzungskritik und ihrer praktischen Anwendung" (1990:209-250) näher auf die Problematik unterschiedlicher Rezeptionsbedingungen ein. Wie wichtig es ist, die Lesesituation des Empfängers in eine Rezeptionstheorie einzubeziehen, scheint durchaus nachvollziehbar: Es besteht in der Tat ein Unterschied, ob ein Text aus der Position eines unterhaltungsbegierigen Laien-Lesers, eines kritischen Rezensenten oder eines Interpreten in der Rolle des Übersetzers gelesen wird.

7.4.2 Die literarischen Rezensionen

7.4.2.1 Die Analyse literarischer Rezensionen

Um eine Aussage zur Bernhard-Rezeption in Italien und zur Frage, ob und wenn welche Rolle der Übersetzer dabei spielt, treffen zu können, wurde versucht, eine Auswertung der Rezensionen zu seinen in Italien publizierten Werken vorzunehmen. Dazu erschien es notwendig, sich mit möglichen Analysekriterien der Textsorte „literarische Rezension" wissenschaftlich auseinanderzusetzen.

Im Vordergrund steht der funktionalen Faktor, womit der Frage nach den Aufgaben der Literaturkritik nachzugehen ist. Die Antwort ist nicht leicht, wie der Geschichte der Literaturkritik unschwer zu entnehmen ist, welche die vielfältigen und sich stets wandelnden Thesen widerspiegelt. Peter Gebhardt ([2]1997:1081) gibt folgende Definition:

> Kritik ist ein Genre der Literatur. Wie andere literarische Gattungen ist Kritik damit ein Gegenstand der Literaturwissenschaft. Zweitens ist Kritik als ein Genre der Literaturwissenschaft, als praktische Literaturwissenschaft aufzufassen. [...] Gemeint ist das Praktischwerden von Wissenschaft selbst (Methoden, Inhalte, Ergebnisse) in ihrer Verwendung in Kritik und Wertung sowie das praktische Interesse und der praktische Zweck, den die Literaturkritik verfolgt. Im Vermitteln von Literatur – und nicht in ihrer Auslegung – sieht die professionelle Kritik ihre primäre Aufgabe. Sie sichtet und wertet Neuerscheinungen, stellt Titel vor, weckt die Aufmerksamkeit und das Interesse des Publikums. [...] Schließlich nimmt sie als literaturpolitische Steuerungsinstanz Einfluß auf den Literaturbetrieb, dessen Zwängen sie allerdings selbst auch ausgesetzt ist.

Tatsächlich lassen sich bei der Untersuchung literarischer Rezensionen zwei dominante Funktionen feststellen: die Beschreibung und die Bewertung. Die Ziele, die damit verfolgt werden, sind einerseits informativer und andererseits appellativer Natur. Das heißt, der Leser soll zunächst mit dem Buch vertraut gemacht und anschließend davon überzeugt werden, das Buch zu lesen (und zu kaufen) oder auch nicht. Werbung bzw. Kritik sind also wesentliche Charakteristika dieser Textsorte.

Nachdem nun als Hauptziel der literarischen Rezensionen die Bewertung erkannt wurde, stellt sich die Frage, worin das Wesen und die Modalitäten des Bewertens liegen. Lianmin Zhong hat dies in ihrem Band *Bewerten in literarischen Rezensionen* (1993) untersucht und dabei eine Bewertungskonzeption entwickelt, die sich als Analysemodell für diese Textsorte zu eignen scheint.

„Werten" bedarf nach Zhong eines Wertsubjekts (Rezensent), eines Bewertungsgegenstandes (Roman) und einer Vergleichsbasis, an der der Bewertungsgegenstand gemessen und gewichtet werden kann.[103] Dies läßt sich durch die Auswertung der analysierten Buchrezensionen bestätigen: Von den Rezensenten (Bewertungssubjekt) wird Bernhards Werk (Wertungsgegenstand) meist im Kontext der österreichischen Literatur der Nachkriegszeit gesehen und dabei hauptsächlich mit Kafka verglichen.

Zhong geht dann weiter ins Detail und untersucht die sprachlichen Vorgänge, d.h. welche Sprechhandlungen beim Bewerten vollzogen werden. Dabei unterscheidet sie eine ganze Reihe von bewertenden Sprachhandlungstypen, wie explizites Rühmen oder Abraten, Empfehlung des Buches zur Lektüre, die bereits erwähnte Zuordnung

---

[103] Unterschiedliche Wertvorstellungen bei den Bewertungssubjekten führen natürlich zu verschiedenen Vergleichsbasen und damit auch zu unterschiedlichen Bewertungen. Objektiv feststellbare Merkmale von Bewertungsvorstellungen bei Romanen sind insofern kaum benennbar, zumal sich die Wertvorstellungen von Epoche zu Epoche auch ändern. Ein Werturteil kann allerdings Anspruch auf Gültigkeit erheben, wenn eine Begründbarkeit und damit Anerkennung seitens anderer gegeben ist. Für viele Wissenschaftsbereiche sind die zugrunde liegenden Wertvorstellungen bekannt und brauchen daher nicht weiter erläutert werden. Nach Zhongs Ausführungen besteht ein Bewertungsmaßstab aus einer Gegenstandklasse (frame) und etlichen Wertkriterien (Eigenschaften). Für die Gegenstandklasse Roman existiert ein konventionelles oder traditionelles Framewissen, wie zum Beispiel bildhafte Sprache, Lesbarkeit, Natürlichkeit, Handlungsorientiertheit etc., Wertzuschreibungen seien dagegen subjektiv (1995:135).

zu literarischen Strömungen oder Epochen u.ä., das Zitieren anerkannter Literaten, die Wiedergabe von Textbeispielen zur besseren Veranschaulichung etc.

Schließlich beleuchtet sie die Bewertungsaspekte und erklärt, was bewertet wird, nämlich der Inhalt (Thema, Handlung, Figuren) eines Romans, der Aufbau (Form, Konstruktion), die Darstellung (Sprache und Stil) und die Relationen (Persönlichkeit des Autors, literarische Einflüsse des Werks und Zeitgeschehen).

Zum Schluß beschreibt Zhong die sprachlichen Ausdrucksmittel, die zur Bewertung eingesetzt werden, wie Wertadjektive, Metaphern, bestimmte syntaktische Mittel (zum Beispiel erläuternde Relativsätze) und – besonders charakteristisch – die bibliographischen Angaben.

Die Analyse der zur Verfügung stehenden Rezensionen erfolgte unter Berücksichtigung des vorgestellten Konzepts, wurde aber um eine übersetzungsrelevante Kategorie erweitert: Im Zentrum der Untersuchung stand die Frage, ob der Autor als Repräsentant einer Fremdkultur und das vorgestellte Werk als Literaturübersetzung ausgewiesen werden oder nicht.

7.4.2.2 Die Auswertung der italienischen Buchrezensionen

Die bearbeiteten Rezensionen wurden demgemäß nicht nur unter dem Aspekt der Literaturkritik analysiert, sondern es ging vor allem darum, ob und in welcher Weise Übersetzungskritik miteinfließt.

Zur Analyse herangezogen wurde eine Sammlung von Buchrezensionen, die mir vom Adelphi Verlag freundlicherweise zur Verfügung gestellt wurden. Adelphi ist der wichtigste Vertragspartner für die Übersetzung und Herausgabe der Werke Bernhards in Italien; in diesem Verlagshaus erschienen unter anderem die italienische Version von *Holzfällen. Eine Erregung – A colpi d'ascia. Una irritazione* (1990) –, weiters *Perturbamento* (1981) [*Verstörung* 1967], *La cantina* (1984) [*Der Keller. Eine Entziehung* 1976], *Il soccombente* (1985) [*Der Untergeher* 1983], *L'Imitatore di voci* (1987) [*Der Stimmenimitator* 1978], *Il respiro. Una decisione* (1989) [*Der Atem. Eine Entscheidung* 1978], *Il nipote di Wittgenstein. Un'amicizia* (1989) [*Wittgensteins

Neffe. Eine Freundschaft 1982], *Il freddo. Una segregazione* (1991) [*Die Kälte. Eine Isolation* 1981], *Antichi Maestri* (1993) [*Alte Meister* 1985], *Un bambino* (1994) [*Ein Kind.* 1982] und *Estinzione. Uno sfacelo* (1996) [*Auslöschung. Ein Zerfall* 1986].

Vergleicht man die Bucherscheinungen in Italien mit der jeweiligen Erstausgabe des deutschsprachigen Originals, so fällt auf, daß Bernhard in Italien eher unregelmäßig erschien, nicht nach Erscheinungsjahr geordnet, wie zum Beispiel in Frankreich, was den Kritiker zu Vermutung veranlaßt, er würde nicht so geschätzt, wie er es verdient:

> Il modo disordinato, casuale, con cui si traducono sue opere, mi farebbe dubitare che l'autore austriaco, non lontano dai sessanta, sia letto e seguito con l'attenzione che merita: mi sembrerebbe impensabile, per esempio, che gli si dedicassero volumi di studi come quelli apparsi in Francia di recente [...]. Mentre Gallimard pubblica le opere maggiori, da molti anni, in modo continuo, regolare, da noi appaiono senz'ordine, privando il lettore di premesse indispensabili, per l'intelligenza di un autore non proprio accessibile. (*Il Giornale* 07.02.1988)

Zu den angeführten 11 Prosawerken wurden, chronologisch nach Erscheinen des italienischen Titels, Artikel aus den Jahren 1982, 1983, 1984 und 1986 bis 1997 ausgewertet.

Die gesammelten Besprechungen – insgesamt 71 – erschienen in folgenden Zeitschriften:

La Repubblica (9), *Il supplemento di La Repubblica* (1), *Il Manifesto* (3), *La Stampa* (6), *Il Supplemento di La Stampa „Tuttolibri"* (3), *Il Giornale* (7), *L'Adige* (1), *L'Unità* (6), *Il Messaggero* (4), *Corriere della Sera* (7), *Il Mattino* (4), *Gazzetta del Sud* (1), *Gazzetta di Parma* (1), *Brescia Oggi* (1), *Il secolo XIX* (2), *L'Indice* (1), *Il Resto del Carlino* (2), *Il Piccolo* (3), *L'Osservatore Romano* (1), *L'Espresso* (1), *Il Giornale di Brescia* (2), *Il Messaggero Veneto* (1), *Paese Sera* (2), *La Gazzetta del Popolo* (1), *La Gazzetta del Mezzogiorno* (1).

Die inhaltliche Auswertung erbrachte folgende Ergebnisse:
Erstens konnte festgestellt werden, daß die ermittelten Sprechhandlungen durchwegs positive Einstellungen widerspiegeln: In kaum einem Artikel fehlt explizites Rühmen in den Einleitungsworten:

> E così il cerchio si è chiuso: a cinque anni dalla prematura scomparsa di Thomas Bernhard, Adelphi pubblica il quinto volume della sua autobiografia, „Un bambino", l'ultimo di quel grande ciclo salisburghese degli „Entwicklungsromane" che costituisce la punta più alta della produzione letteraria dello scrittore austriaco, e insieme una delle maggiori prove della letteratura contemporanea universale. (*Brescia Oggi* 01.07.1994)

Neben explizitem Lob gibt es favorisierende Verhaltensbeschreibungen: „Arriva un nuovo libro dello scrittore austriaco e ho una gran voglia di leggerlo" (*La Repubblica* 23.03.1991). Es werden Vergleiche mit bekannten Schriftstellern gezogen: Kafka und Handke sind in diesem Zusammenhang am häufigsten erwähnt, aber auch Musil, Bachmann, Schnitzler, Ginzburg u.a. werden genannt. Ebenfalls wiederholt findet sich das Prinzip der Zuordnung, wobei Bernhard zu den größten deutschsprachigen Autoren seit den sechziger Jahren gezählt wird:

> [...] ha recepito e condensato in una scrittura assolutamente personale gli apporti delle avanguardie austriache attive dopo la seconda guerra mondiale, soprattutto di quel „Gruppo di Vienna" che negli Anni Sessanta faceva il suo apprendistato sulla filosofia del linguaggio di Wittgenstein: in un certo senso Bernhard è quindi condiscepolo del ben più fortunato Peter Handke. (La Stampa 09.01.1982)

Interessant erscheint auch, daß in vielen italienischen Rezensionen Bernhards nazifeindliche Haltung betont und als unbestritten positives Merkmal hervorgehoben wird, während die deutschsprachige Literaturkritik sich hinsichtlich des politischen Bewußtseins des Schriftstellers durchaus nicht einig ist. Ebenso besonders angemerkt wird seine Kritik der Bürgerlichkeit am Beispiel Österreich.

Bei den Bewertungsaspekten ist ein ausführliches Resümee des Buchinhaltes dominierender Faktor. Eine detaillierte Beschreibung der angesprochenen Themen, der agierenden Figuren mit ausführlichen Textbeispielen sind Hauptbestandteil der eingesehenen Rezensionen. Weiters gibt es ein umfassendes Porträt des Autors, seiner Biographie und seines Gesamtwerkes sowie eine Besprechung der Besonderheiten von Sprache, Stil etc. des jeweiligen Bewertungsgegenstandes, wie im folgenden Beispiel der Musikalität seiner Sprache:

> Per chi già conosca lo stile di Bernhard, l'esordio de *Il freddo. Una segregazione* [...], quarto volume dell'autobiografia, si segnala per una cospicua novità di scrittura. Alla sintasssi vorticosa e pressoché spiraliforme che caratterizza la quasi totalità delle sue prose, Bernhard qui sostituisce una sintassi dal ritmo assai più scandito e ritmato, secondo

una progressione più lineare, senza la tipica, costante ripetizione dei motivi conduttori. Siamo di fronte, insomma, alla partitura come di una sonata ovvero di una breve, compiuta, dolente meditazione sul male e la malattia. (*Il Resto del Carlino* 30.01.1992)

Die sprachlichen Ausdrucksmittel lassen sich unter dem Begriff des sogenannten hyperbolischen Stils – ein Merkmal appellativer Textsorten – zusammenfassen: Verwendung von Superlativen, Wertadjektiven etc. Bernhard wird im vorliegenden Textmaterial meist als einer der größten lebenden österreichischen Schriftsteller bezeichnet.

Die bibliographischen Angaben stehen entweder in Fettdruck am Ende des Artikels oder in der Einführung in Klammer neben dem Titel des besprochenen Buches.

Zur übersetzungswissenschaftlich relevanten Frage nach Angaben zum Übersetzer und zur Übersetzung lassen sich folgende Aussagen treffen:

In den ausgewerteten 71 Artikeln findet sich 23 Mal die bloße namentliche Erwähnung des Übersetzers, dabei häufig nur außerhalb des Artikels in der bibliographischen Angabe am Ende, gelegentlich zusammen mit Seitenanzahl und Buchpreis.

11 Mal kommt der Name der Übersetzers mit einem Kurzkommentar von ein, maximal zwei Wörtern vor: „*Estinzione*, che ora esce presso Adelphi nell'ottima traduzione di Andreina Lavagetto, [...]" (*Tuttolibri* 02.01.1997), „[...] nella traduzione elegante e precisa [...]" (*L'Unità* 30.12.1996), „*Estinzione* (Adelphi, nell'ammirevole traduzione di Andreina Lavagetto, pagg. 496, lire 38.000) " (*La Repubblica* 1996) etc.

Insgesamt 6 Rezensionen beinhalten einen etwas ausführlicheren Kommentar in der Länge von einer bis maximal drei Zeilen.

Ein einziges Mal wird eine persönliche Stellungnahme des Übersetzers abgedruckt und zwar anläßlich einer Besprechung von *Un bambino*: Die Übersetzerin des Buches Colorni erhält hier die Gelegenheit, in einem persönlichen Interview selbst zu Wort zu kommen und ihre Übersetzung zu kommentieren, wobei ihr Name sogar in der Überschrift erscheint. Colorni geht in diesem Gespräch auf eine kaum zu überbrückende, da sprachenspezifisch determinierte Übersetzungsschwierigkeit ein, nämlich die Prosodie der Bernhardschen Prosa. Dabei stellt sie fest, daß Klang und Rhythmus einer Sprache von der Wort- und Satzstruktur derselben abhängig seien und daher kaum in derselben Form in eine andere Sprache übertragbar.

> Nel caso di *Un bambino* di Bernhard, il problema non è quello di capire che cosa intenda lo scrittore, perché le parole sono semplici, quasi elementari, e raramente c'è un problema di cesellare una frase, di cercare un lessico: non si usa nemmeno il vocabolario, perché non si presenta quasi mai un problema di oscurità, o di comprensione. Il problema è un altro. Quello musicale, di trovare un ritmo nell'italiano che corrisponda all musica che si percepisce nel suo tedesco. (*Gazzetta di Parma* 08.06.1994)

Bei circa der Hälfte aller Rezensionen, nämlich 30, begegnet man allerdings der klassischen Nullerwähnung, das heißt, es gibt überhaupt keinen Hinweis auf den Namen oder die Leistung des Übersetzers.

Zusammenfassend kann man sagen, daß Bernhard in Italien, ebenso wie in den anderen europäischen Ländern, sehr viel Beachtung gefunden hat und zu den Großen der österreichischen Literatur gezählt wird, was sich im übrigen durch die zahlreichen internationalen Preise, die ihm verliehen wurden, dokumentieren läßt[104]. In den Buchbesprechungen wird er dennoch kommentiert, als wären seine Werke italienische originalsprachliche Ausgaben. Es entzieht sich meiner Kenntnis, auf welcher Grundlage die Kritiker zu ihrer jeweiligen abschließenden Einschätzung kamen: Entweder sie gingen davon aus, daß geniale Übersetzer am Werk waren, die das Unmögliche vollbrachten, ein Werk vollinhaltlich und originalgetreu in eine andere Form zu gießen, oder – was eher zu vermuten ist – sie ignorierten die Übersetzungsproblematik genauso wie das Originalwerk mit seinem kontextuellen Hintergrund.

7.4.3 Die Rolle des Übersetzers

Wir haben festgestellt, daß die Kultur eines Landes unter anderem über deren Nationalliteratur ins Ausland getragen wird, ein Umstand, der gerade für Kulturen kleinerer Sprachgebiete – wie das italienische aber gerade auch das spezifisch österreichische im internationalen Kontext sicher zu bezeichnen wären[105], mehr

---

[104] Vgl. die Angaben in Fußnote 4.
[105] Inwieweit die österreichische Sprach- und Kulturspezifik in den Übersetzungen evident wird, wurde im Rahmen der vorliegenden Arbeit nicht erhoben, würde aber ein interessantes Forschungsfeld bieten.

natürlich noch die Kulturen sprachlicher Minderheiten etc. – von großer Bedeutung ist, da ihre kulturelle Identität sonst für einen Großteil der Welt inexistent wäre. Irene Kuhn (1996) erwähnt in ihrem Beitrag „Der Übersetzer: Stiefkind der Kritik?", daß es sich bei 70% der auf dem deutschen Buchmarkt erscheinenden Literatur um Importliteratur handelt. Entsprechend groß ist die Verantwortung für den Übersetzer, der bzw. dessen Übersetzung letztlich ein Werk, einen Autor, ein Stück Kultur nach außen trägt. Er leistet damit nicht nur einen Beitrag zur transkulturellen Kommunikation, sondern hat Einfluß auf das Bild, die Vorstellung, die sich ein Leser von einem ausländischen Autor machen kann oder auch nicht. Der publizierten Übersetzung ist es schließlich zu verdanken, ob zum Beispiel ein italienischer Bestsellerautor im internationalen Ausland das Image eines genialen Schriftstellers bewahren kann (Wie sähe es um die Eco-Rezeption ohne Burkhart Kroeber aus?) oder ob sich der Zieltextleser fragen muß, worin der Erfolg eines Werkes eigentlich zu suchen sei.

Eines ist in diesem Zusammenhang natürlich klarzustellen: Welchen Einfluß ein Übersetzer auf die Gestaltung des Zieltextes hat, hängt vornehmlich von seinem Vertrag ab. Es ist bekannt, daß literarische Übersetzungen ein Koprodukt von Übersetzer sowie zahlreichen anderen Beschäftigten eines Verlages, wie Korrektoren, Lektoren, Redakteure etc. sind, die nicht nur an Layout und Textkorrektur arbeiten, sondern gelegentlich auch am Text selbst Änderungen vornehmen[106], sofern der Übersetzer sich nicht vertraglich explizit davor zu schützen vermag.

In der vorliegenden Arbeit werden im Rahmen der in Kapitel 8 angeführten Textbeispiele die italienischen Zieltextversionen jeweils als Leistungen der beiden Übersetzerinnen Colorni und Grieco, von denen das Buch in Teamarbeit übersetzt wurde, besprochen. Dies erfolgt einzig aus dem Grund, daß aus dem Zielprodukt weder ein weiterer Verantwortlicher namentlich hervorgeht noch der Vertragstext der Übersetzerinnen zur Kenntnisnahme vorliegt. Es sei an dieser Stelle ausdrücklich betont, daß die Übersetzerinnen nur stellvertretend für das gesamte an der Zieltextproduktion beteiligte Team genannt werden.

---

[106] Siehe unten den Brief von Ruchat.

7.4.4 Übersetzungsschwierigkeiten aus der Sicht des Praktikers

Bevor ich die Schwierigkeiten anspreche, die sich dem Übersetzer von Texten Thomas Bernhards stellen, möchte ich ein paar Sätze aus seinem Theaterstück *Der Weltverbesserer* zitieren, die möglicherweise als Stellungnahme des Autors zur Problematik des Übersetzens interpretiert werden kann. Der Hauptdarsteller des Stückes verfaßt eine Abhandlung zur Verbesserung der Welt, die in 38 Sprachen übersetzt wird. Bernhard läßt nun seinen Protagonisten folgendes sagen:

> Alle diese Übersetzer haben sich immer wieder / hilfesuchend an mich gewandt / aber ich habe ihnen nicht helfen können / Einem Übersetzer kann nicht geholfen werden / der Übersetzer muß seinen Weg allein gehen / Sie haben meinen Traktat entstellt / total entstellt / Die Übersetzer entstellen die Originale / Das Übersetzte kommt immer nur als Verunstaltung auf den Markt / Es ist der Dilettantismus / und der Schmutz des Übersetzers / der eine Übersetzung so widerwärtig macht / Das Übersetzte ist immer ekelerregend / Aber es hat mir eine Menge Geld eingebracht. (BER 1979:27f)

Einige Jahre später äußerte sich Bernhard in einem Interview mit Krista Fleischmann in Madrid ähnlich negativ:

> Ein übersetztes Buch ist wie eine Leiche, die von einem Auto bis zur Unkenntlichkeit verstümmelt worden ist. Können S' dann die Trümmer zusammensuchen, aber es nützt nichts mehr. Übersetzer sind ja was Furchtbares. Sind arme Leute, die nichts kriegen für ihre Übersetzung, niedrigstes Honorar, himmelschreiendes, wie es heißt, und machen auch eine furchtbare Arbeit, also gleicht es sich wieder aus. Wenn man was macht, das nichts ist, soll man auch nichts dafür kriegen. Warum übersetzt jemand, soll er gleich etwas eigenes schreiben, nicht? (Fleischmann 1991:219)

Bernhard ließ also seine Werke übersetzen, erkannte sich aber darin nicht wieder. Maurizia Bertini analysiert in Kapitel VIII ihrer Dissertation über Bernhard die besonderen Probleme, denen ein Übersetzer dieses Autors begegnet. Als Beispiel führt sie seine Wortspiele an: Die Lösung, sich in ein zielsprachliches Wortspiel zu flüchten, das für dieses Stilmittel sonst vielfach möglich ist, funktioniere bei Bernhard nicht, da bei ihm das Ausdrucksmittel zugleich auch der Inhalt sei (1998:1f).

In weiterer Folge geht sie auf die Wortkomposita ein, welche im Italienischen teilweise in ganzen Sätzen wiedergegeben werden müssen:

> Vi sono inoltre quei frequenti neologismi e giochi di parole che rappresentano una componente essenziale del linguaggio di Bernhard, formazioni di due o più termini che compaiono fin dal suo primo romanzo *Frost* come „Herzmuskelsprache" e „*pulsgehirnpochende*" tanto per riprendere un paio di esempi, che non possono essere riportati tali e quali nella traduzione, ma per i quali bisogna spesso ricorrere ad intere frasi [...]. Per quanto riguarda ad esempio il termine „Billigesser", esso indica una persona che in un locale popolare consuma sempre il pasto che costa meno. Sono dunque i ‚mangiatori a poco prezzo', oppure i ‚mangiatori a buon mercato': comunque si scelga bisogna ricorrere ad almeno quattro vocaboli italiani per esprimere un concetto che Bernhard riassume in uno solo, il che pone inevitabilmetne, non solo problemi di titolo, ma anche di contesto, poiché Bernhard ricorre poi anche a termini composti come „Billigesserseelen", cioè le ‚anime' di questi mangiatori a poco prezzo, ed a termini che indicano altre loro qualità o attributi, complicando sempre più la parola composta di base, ricercando ritmi e suoni e cadenze che in italiano si disperdono. (ib.)

Vom einzelnen Wort über den Satz kommt Bertini dann zur Periode und vergleicht die unterschiedlichen syntaktischen Systeme der deutschen und italienischen Sprache: Im Deutschen können von einem Hauptsatz zahllose, ineinander verschachtelte Nebensätze abhängen, was Bernhard nutzt, um die Verständlichkeit zu erschweren bzw. den Eindruck von Irrsinn oder Absurdität zu erwecken. Auf Grund unterschiedlicher grammatikalischer Regeln im Italienischen – Subjekt-Prädikatstellung, Satzgliedstellung etc. – müssen diese Perioden in der Übersetzung häufig unterbrochen werden und verlieren damit ihre sinnkonstitutive Bedeutung.

Zum Schluß geht Bertini auf Bernhards musikalische Sprache und das damit zusammenhängende Übersetzungsproblem ein:

> Un altro aspetto ancora più importante ma anche più riposto degli scritti di Bernhard è la musicalità, non nel senso di quella melodiosità che si coglie in tanti altri autori, ma della costruzione dei periodi, delle battute, secondo canoni che sono assai più della musica che della letteratura, in cui l'uso della ripetizione, come abbiamo visto, riveste un ruolo determinante per scandire il ritmo delle sue narrazioni. [...] Il procedimento musicale che Bernhard segue, è quello della variazione sul tema: varianti timbriche ed armoniche cioè di un tema dato o introdotto, che divengono poi anche varianti melodiche. Le famose „Tiraden" di Bernhard, le sue martellanti insistenze su certe situazioni, [...] sono varianti armoniche e ritmiche sul tema, un procedimento musicale che ha trovato la sua espressione massima nell'„Arte della fuga" di Bach [...]. (ib.:5)

Die Konsequenzen für den Übersetzer sind folgende:

> [...] a volte si rischia, traducendo, di perdere il valore musicale, se non altro perché le parole italiane hanno suoni e ritmi diversi rispetto a quelle tedesche. Occorre continuamente seguire oltre al senso del discorso, la cadenza, per trovare, ove sia

> possibile, il corrispettivo. È uno dei problemi meno appariscenti, in un primo momento, tra quelli posti al traduttore di Bernhard, ma che risulta poi anche, nella sua equivoca altalena tra sonorità e significato delle parole, il più arduo da risolvere, quello in cui può capitare di ‚tradire' di più l'autore. (ib.)

Um das Bild, das sich für den Bernhard-Übersetzer spezifisch stellt, abrunden zu können, wurde versucht, mit Übersetzern seiner Werke Kontakt aufzunehmen und auf die – leider einzige – eingegangene Antwort soll hier noch Bezug genommen werden.

Anna Ruchat – die Übersetzerin von *Il respiro, Il Freddo, Antichi Maestri* etc. – geht in ihrem Schreiben vom 07.12.1992 auf einige der im Rahmen der vorliegenden Arbeit diskutierten Themen ein. So beklagt sie zum Beispiel die Überarbeitung ihrer Übersetzung seitens eines Korrektors, in der die Härte der Sprache gemildert wurde, um den Text „lesbarer" zu machen. Hier werden sowohl die [unfreien] Arbeitsbedingungen des literarischen Übersetzers als auch die Problematik der Treue zum Autor versus Anpassung an die Zielsprache angesprochen.

Zu ihren persönlichen Schwierigkeiten schreibt sie, sie sei vom Text so gefangen gewesen, daß ein objektiver, sachlicher Umgang damit zunächst unmöglich schien; erst nach längerer Erfahrung mit der Übersetzung von Bernhard-Texten erwarb sie die dafür nötige Distanz.

Auch Ruchat merkt schließlich als schwierigstes Element einer Bernhard-Übersetzung die musikalischen Effekte seiner Sprache an:

> [...] certo la difficoltà maggiore è quella di cogliere il ritmo senza lasciarsi prendere dall'ossessione, senza lasciarsi soggiogare, perché il ritmo italiano deve sì rendere quello tedesco ma non può mai essere lo stesso. Bisogna inventarlo di nuovo e questo lo si può solo avendo grande familiarità con l'autore. (ib.)

Ruchat hat demnach die Problematik der literarischen Übersetzung theoretisch reflektiert und die Bedeutung der Einbeziehung makrokontextueller Relationen beim Übersetzungsprozeß erkannt.

8 TEXTBEISPIELE

Die nachfolgend angeführten Textbeispiele wurden unter dem Gesichtspunkt der Zuordnung zu ihrer dominanten sprachlichen Dimension nach Heinrichs ausgewählt und analysiert; die bei der Untersuchung zutage tretenden Aspekte der jeweiligen anderen sprachlichen Ebenen wurden nur teilweise bzw. ergänzend dort beleuchtet, wo sie besonders auffällig sind und sollen das Zusammen- und Aufeinanderwirken, also die Kopräsenz der verschiedenen sprachlichen Dimensionen und Ebenen verdeutlichen. Die zur Analyse herangezogenen Textmerkmale wurden unter Berücksichtigung des Rekurrenzprinzips ausgesucht. Als Grundlage für den Forschungsnachweis analoger Kohärenzmerkmale in Ausgangs- und Zieltext werden für jede sprachliche Dimension mehrere charakteristische Beispiele angeführt.

8.1 Die sigmatische Dimension

Bernhards Roman *Holzfällen. Eine Erregung* bietet auf Grund seiner optischen und lautlichen Besonderheiten ein geradezu ideales Korpus für Untersuchungen im Bereich der sigmatischen Dimension. Es handelt sich dabei um jene vierte Dimension der Sprache, die Heinrichs zum Unterschied von der in der Sprachwissenschaft üblichen Einteilung der Linguistik in die Teildisziplinen Syntaktik, Semantik und Pragmatik als integrierenden Bestandteil erfaßt. Aus diesem Grund wird der sigmatischen Dimension in der vorliegenden Arbeit etwas mehr Raum gewidmet als den anderen sprachlichen Dimensionen.

8.1.1 Die Kursivschrift

Im sigmatischen Bereich fällt in Bernhards Werk – nicht nur in dem meinen Untersuchungen zugrunde gelegten Roman *Holzfällen. Eine Erregung*, sondern in seinem Gesamtwerk – auf, daß viele einzelne Wörter, Wendungen, Propositionen oder gar

Satzreihen kursiv geschrieben sind. Bereits auf der ersten Seite des untersuchten Romans sind jene Wörter durch Kursivschrift hervorgehoben, die für die Gesamthandlung aus der Perspektive des Protagonisten bedeutungstragend sind und entsprechend rekurrent vorkonmmen, wie *künstlerisches Abendessen, Graben, Joana* und *Wildente* (BER 1988:7). Ich untersuche exemplarisch für den Kursivdruck nur ein Beispiel aus den genannten, nämlich den Ausdruck „*künstlerisches Abendessen*".

Beispiel 1[107]

[Das denkwürdige Mahl ist gegen drei Uhr morgens endlich beendet, die Gäste befinden sich im Musikzimmer, und der Ich-Erzähler sinniert über das Verhalten der einzelnen Teilnehmer während des Essens]

deutsch:

>[....................................] Zu diesem *künstlerischen Abendessen* waren auch zwei junge Männer mit steiermärkischem Dialekt gekommen, die mit dem Auersberger wahrscheinlich verwandt und sozusagen als heimatliche Naturburschen, sogenannte steiermärkische *Kraftlackeln* von den Auersbergerischen zu diesem *künstlerischen Abendessen* im wahrsten Sinne des Wortes zugezogen worden sind, um dieses ihr *künstlerisches Abendessen* aufzufetten, wie gesagt wird, dachte ich und die, solange ich sie beobachtete, mit niemandem, außer mit sich selbst, geredet haben, wie ja auch ich selbst, wenn überhaupt, nur mit mir selbst geredet habe und zu diesem *künstlerischen Abendessen* zwar gekommen, aber doch die ganze Zeit während dieses *künstlerischen Abendessens* vollkommen teilnahmslos gewe-

---

[107] Die Angaben in Klammern enthalten eine kurze Einführung in die spezifische Szene. Zur Einbettung der Textbeispiele in ihren Gesamtkontext siehe die Inhaltsangabe des Romans unter Kap. 7.3.2.

sen war, wie ich jetzt denke; [...] (BER 1988:262f)

italienisch:

> [..........................] A questa *cena artistica* erano intervenuti anche due giovani che parlavano il dialetto della Stiria, con ogni probabilità dei parenti degli Auersberger, letteralmente trascinati dagli Auersberger a questa *cena artistica* in quanto giovani ruspanti delle loro terre, due cosiddetti *forzuti villani* della Stiria che dovevano *rimpolpare,* come si suol dire, *questa cena artistica,* pensavo, e che per tutto il tempo in cui io li avevo osservati, non hanno parlato con nessuno, solamente tra loro, come del resto ho fatto anch'io che ho parlato davvero soltanto con me stesso e, pur essendo intervenuto a questa *cena artistica,* durante tutta questa *cena artistica* sono stato, come ora penso, assolutamente sulle mie; [...] (BER 1990:183)

Der Ausdruck „*künstlerisches Abendessen*" kommt im angeführten Beispiel – sowohl im Originaltext wie in der italienischen Version – insgesamt 5 Mal vor; im Gesamttext ist der Ausdruck 75 Mal enthalten. Die Übersetzerinnen Grieco und Colorni haben die Kursivschrift überall konsequent übernommen, außer bei folgender Textstelle:

Beispiel 2

[Es handelt sich um den Beginn der Erzählung: Bernhard als vermutlicher auktorialer Ich-Erzähler beobachtet von einem Ohrensessel aus die zum Abendessen beim Ehepaar Auersberger geladenen Gäste und reflektiert die Umstände, die zu seiner eigenen Einladung führten]

deutsch:

> [...]; aber dazu hatte ich keine Zeit, dachte ich auf dem Ohrensessel, sie hatten mich *von hinten angesprochen* und gesagt, was ich schon wußte, daß sich nämlich die Joana aufgehängt habe, in Kilb, in ihrem Elternhaus, und daß sie mich einladen zu einem Abendessen, zu einem *durch und durch künstlerischen Abendessen,* wie die Eheleute Auersberger ganz ausdrücklich betonten, *alles Freunde von früher,* sagten sie. (BER 1988:13)

italienisch:

> Ma me ne era mancato il tempo, pensavo nella bergère, gli Auersberger mi *avevano rivolto la parola da dietro* e mi avevano detto, cosa che io già sapevo, che Joana si era impiccata a Kilb nella casa dei suoi genitori, e che loro mi invitavano a cena, una cena *artistica di soli artisti,* come i coniugi Auersberger sottolinearono espressamente, *tutti amici dei vecchi tempi,* dissero. (BER 1990:13)

Hier wird in der italienischen Version das Wort „cena" nicht kursiv geschrieben, obwohl es sich bei dem Ausdruck „*künstlerisches Abendessen*" bzw. „*cena artistica*" um eine ständig wiederholte und zusammengehörige Formulierung in diesem Buch handelt. Als Erklärung dafür würde ich einen simplen Druckfehler oder ein Defizit von Lektorenseite nicht ausschließen. Allerdings ist die Texteinheit „*durch und durch künstlerisches Abendessen*" von den Übersetzerinnen gänzlich aufgelöst und anders übertragen worden, was ebenfalls den Fehler bei der Übertragung der Kursivschrift ausgelöst haben könnte. Diese Passage hätte auch im Italienischen mit völlig neutralen und für jede Interpretation offenen Worten – zum Beispiel *cena del tutto artistica* – wiedergegeben werden können; aus welchen Gründen immer wollten die Übersetzerinnen die Bedeutung dieser Phrase mit der Formulierung „cena *di soli artisti*" auf den Punkt bringen, womit sie dem Leser eine individuelle und eingeschränkte Interpretation dieser Textstelle aufzwingen (siehe dazu die Ausführungen im Subkapitel zur Inferenz auf den Seiten 159ff).

Da aber der Kursivdruck im wesentlichen getreu übernommen wurde, ist davon auszugehen, daß die sigmatischen Faktoren vom Übersetzerteam Colorni/Grieco erkannt und bewußt berücksichtigt wurden. Daraus ist zu schließen, daß sich die Übersetzerinnen auch über die semantische und die pragmatische Bedeutung dieser graphischen Gestaltungsmittel im klaren waren.

<u>Semantisch</u> betrachtet bedeutet die Kursivschrift eine Hervorhebung, eine Betonung, die den kursiv geschriebenen Wörtern eine besondere Bedeutung verleiht. Teilweise beziehen diese Wörter ihren Sonderstatus daraus, daß sie Topiks auf der Handlungsebene des Romans aufzeigen (*Wildente, künstlerisches Abendessen, der Komponist in der Webern-Nachfolge, Holzfällen* etc.), teilweise aus einer subjektiven Beziehung des Ich-Erzählers zu den bezeichneten Dingen (*Burg, Eiles, Bräunerhof* etc.).

Die Hervorhebung einzelner Wörter oder Ausdrücke kann man als den Gebrauch sprachlicher Zeichen zum Ausdruck subjektiver oder illokutiver Referenz nach Heinrichs bestimmen, das heißt, mittels sprachlicher Zeichen wird eine Beziehung zwischen dem persönlichen Zustand des Sprechers und dem Ausgedrückten hergestellt.

Der Autor markiert nun in diesem Buch durchaus nicht nur Wörter, die im oben beschriebenen Kontext eine besondere Bedeutung erhalten, sondern daneben ganz neutrale, allseits gewohnte Standardäußerungen, so daß die Markierungen scheinbar systemlos wenn nicht absurd erscheinen. Dieser Kontrast, der Moment des Unerwarteten (der Leser erwartet sich keine Markierung bei unscheinbaren Wörtern) ist ein in diesem Buch verwendetes Stilmittel zur Erzeugung von Komik.[108] In

---

[108] Han (1987:47f) drückt das so aus: „Wenn man Bernhards Auffassung vom Komischen im Sinne der Kontrasttheorie grob formulieren will, so folgendermaßen: Das Komische ergibt sich für ihn vor allem aus der auftauchenden Inkongruenz zwischen dem Verstand und der von ihm gesetzten Absolutheit, aus dem Widerspruch zwischen Normalität und Anormalität, aus der Konfrontation zwischen Sein und Schein. [...] Dabei entsteht das komische Gefühl eher aus der vergleichenden Wahrnehmung von Gegensätzen, die uns die Darstellung vermittelt. Das Gestaltungsprinzip für das Komische in Bernhards Werk beruht ja im wesentlichen auf dem Sichtbarmachen widersprüchlicher Verhältnisse. [...]".

pragmatischer Hinsicht kann die mittels Kursivschrift erzielte Markierung bedeuten, daß der Autor eine kritische Distanz gegenüber dem Gesagten zum Ausdruck bringen will, was er mit Hilfe der eben beschriebenen verdeckten Ironie signalisiert[109].

Mit noch weiteren Beispielen läßt sich diese These untermauern, nämlich daß Bernhard die sigmatische Möglichkeit des Kursivdrucks zum Ausdruck von Ironie und Satire benutzt, was in pragmatischer Hinsicht Rückschlüsse auf die Intention des Autors (siehe oben) zuläßt:

Beispiel 3:

[Eine zum Abendessen beim Auersbergers geladene, eingebildete, de facto aber wenig erfolgreiche Schriftstellerin, Jeannie Billroth, führt selbstgefällige Gespräche über Literatur, während die versammelte Gesellschaft auf das Eintreffen des Burgschauspielers wartet]

deutsch:

>Sie werde sich die in der Presse so hochgelobte *Wildente ein zweitesmal* anschauen, *diesen hintergründigen Ibsen*, sagte sie zur Auersberger, ihr Versuch allerdings, *die Wildente* in einer Wiener Buchhandlung zu *erstehen*, sei gescheitert, keine einzige Buchhandlung in der Inneren Stadt habe die *Wildente auf Lager gehabt*, nicht einmal eine Ausgabe in der Reclam-Universalbibliothek habe sie *auftreiben* können. (BER 1988:55f)

italienisch:

>Aveva intenzione, aggiunse, di andare a vedere una *seconda volta* questa *Anitra selvatica* così lodata dalla critica, questo *Ibsen enigmatico*, disse alla Auersberger, e in ogni modo il suo

---

[109] Ironie und Satire sind Ausdrucksformen des Komischen, dessen Grundstruktur nach dem Henckmann/Lotter *Lexikon der Ästhetik* u.a. auf dem Kontrast, der Inkongruenz basiert oder auf Grund von Überraschungseffekten zustande kommt (1992:123).

tentativo di *procurarsi l'Anitra selvatica* in una in libreria di Vienna era fallito, non una sola delle librerie del centro aveva *esposto negli scaffali l'Anitra selvatica,* non era riuscita a *scovarne* un'edizione neanche nei tascabili Reclam. (BER 1990:41f)

Beispiel 4:

[Der Burgschauspieler erzählt während des Essens von einem Kollegen, einem Schauspieler, der sich – wie Joana, eine der Hauptfiguren des Romans – ebenfalls das Leben genommen hatte]

deutsch:

Im übrigen, sagte der jetzt durch seine Erzählung über den Schauspieler, der sich in München umgebracht hat, melancholisierte Burgschauspieler an die Tatsache erinnert, daß sich die, wenn auch nicht ihm, so doch allen andern am Tisch bekannte Joana, umgebracht hat in der vergangenen Woche und erst am Nachmittag in Kilb begraben worden war, [...] *habe ich diese Joana doch einmal gesehen, wie sie nämlich im Burgtheater einen Vortrag über sogenannte Bewegungskunst gehalten hat.* (BER 1988:195)

italienisch:

Del resto, disse l'attore del Burg, che a questo punto era immalinconito dal suo stesso racconto sull'attore che si era ucciso a Monaco, del resto, disse, si ricordava proprio ora che Joana, che lui non conosceva, ma che tutti quelli seduti a quel tavolo conoscevano perfettamente, si era impiccata la settimana scorsa a Kilb ed era stata sepolta proprio quel pomeriggio (cosa che, come io penso, aveva sentito dire dagli Auersberger), *questa Joana, comunque, io l'ho vista una volta, quando ha tenuto proprio al*

> *Burgtheater una conferenza sulla sua cosiddetta arte del movimento.* (BER 1990: 137f)

Beispiel 5

[Der Ich-Erzähler berichtet über seine frühere Beziehung zu Jeannie Billroth, der er seine Einführung in die Literatur und die literarische Wiener Szene verdankte]

deutsch:

> Hunderte Nachmittage, in welchen ihr Ernstl in seinem sogenannten *Chemischen Institut* gearbeitet hat, habe ich bei ihr verbracht, hinter zugezogenen Vorhängen ihr die großen Werke der großen Schriftsteller des Zwanzigsten Jahrhunderts vorlesend oder ihr zuhörend, wenn sie mir diese großen Werke des Zwanzigsten Jahrhunderts vorgelesen hat, dachte ich jetzt. (BER 1988:218)

italienisch:

> Centinaia dei miei pomeriggi, mentre il suo Ernstl lavorava nel suo cosiddetto *Istituto di Chimica,* li ho passati da lei, al riparo delle tende tirate, leggendo ad alta voce per lei le grandi opere dei grandi scrittori del ventesimo secolo e ascoltandola quando era lei a leggere per me ad alta voce quelle grandi opere dei grandi scrittori del ventesimo secolo, pensavo adesso. (BER 1990:153)

In den angeführten Beispielen werden mit bewußter Willkür mittels Kursivdruck teils wichtige, teils unwichtig scheinende Wörter hervorgehoben. Diese nicht immer nachvollziehbare Akt der Hervorhebung erweckt ein Gefühl des Widersinns beim Leser und läßt die ironisierende Betrachtungsweise spürbar werden, mit der sich der Autor von seinem Werk und der dargestellte Handlung distanziert.

Genau diese unterschwellige Ironie, das komische Element, wofür dieses und andere Werke von Bernhard berühmt sind[110], sollte in der Übersetzung zur Gänze gewahrt werden; das in der sigmatischen Dimension wirksame Mittel der Kursivschrift muß also konsequent auch in der Übersetzung übernommen werden. Wie bereits oben erwähnt ist den beiden Übersetzerinnen die vielschichtige Bedeutung von Bernhards auffälligem Schreibverhalten durchaus aufgefallen und sie haben diese nahezu vollständig übernommen. Bei dem zweiten registrierten kleinen Fehler in der Schreibweise in Beispiel 3 – „*diesen hintergründigen Ibsen*"/„questo *Ibsen enigmatico*"– kann es sich daher ebenso um einen Druck- oder Nachlässigkeitsfehler handeln.

8.1.2 Wortneuprägungen

Ein weiteres im sigmatischen Bereich anzusiedelnde Phänomen bei Bernhard ist seine Art, mehrere Wörter zusammenzuschreiben und damit Wortneuschöpfungen[111] (hauptsächlich Nominalkomposita) zu kreieren, welche im Italienischen als solche nicht existieren. Ein deutsches Nominalkompositum kann im Italienischen zumeist nur durch mehrere Wörter oder gar Teilsätze wiedergegeben werden; vorwiegend werden sie durch ein Präpositionalgefüge – vor allem mit „di"[112] – ersetzt.

---

[110] Vgl. Han 1987.
[111] Zur Wortneubildung in deutschen literarischen Texten vgl. u.a. Erben (^{2}1986:52) *Einführung in die deutsche Wortbildungslehre*. Er spricht darin die literatursprachlichen Abweichungen an und stellt fest: „Selbstverständlich, aber nicht unwichtig ist, daß selbst eine unerwartete Zusammensetzung zweier Wörter, die semantisch wenig zueinander zu passen scheinen, stilistisch wirksam sein und geradezu eine zentrale ‚thematische' und spannungweckende Funktion haben kann".
[112] Vgl. Bosco Coletsos (1997:84): „In italiano possiamo invece avere un'unica parola (cavolfiore / Blumenkohl, grattacielo / Wolkenkratzer), una giustapposizione asindetica (treni merci / Güterzug, uomo rana / Froschmann), ma più spesso i termini sono uniti per mezzo di preposizioni con o senza articolo determinativo, in particolare *di* per complemento di specificazione o di materia, *a* di mezzo, *da* o *per* di scopo [...]".

Beispiel 6

[Situation wie in 8.1.1 Beispiel 2]

deutsch:

> Ich erinnerte mich im Ohrensessel, daß ich mich von Ekel geschüttelt umdrehte Richtung Stephansplatz, als die beiden in dem Abbruchhaus auf dem Schwedenplatz verschwunden waren, tatsächlich hatte ich meine Abscheu gegenüber den beiden so weit getrieben, daß ich mich, um zu übergeben, an die Wand vor dem *Aida*kaffeehaus gedreht hatte; aber da schaute ich in einen der *Aida*kaffeehausspiegel und sah direkt in mein eigenes verkommenes Gesicht und sah meinen eigenen verkommenen Körper und es ekelte mich vor mir selbst viel mehr, als mich vor dem Auersberger und seiner Begleiterin geekelt hatte [...]. (BER 1988:25f)

italienisch:

> Mi ritornava in mente, ora nella bergère, che quel giorno, quando quei due scomparvero nell'androne della casa fatiscente dello Schwedenplatz, io girai i tacchi in direzione dello Stephansplatz scosso da conati di vomito, essendo il mio ribrezzo di fronte a quei due giunto a un punto tale che fui costretto a girarmi verso il muro del Caffè *Aida* per vomitare; così facendo però finii per guardare in uno degli specchi del Caffè *Aida* nel quale vidi il mio volto disfatto e anche il mio corpo disfatto e così provai davanti a me stesso una nausea ancora più grande di quella che avevo provato davanti all'Auersberger e alla sua accompagnatrice, [...]. (BER 1990:21)

Neben der sigmatischen Dimension, im Rahmen derer die rein optische Zusammengehörigkeit der verwendeten Zeichen zur Wirkung kommt, hat dieses Stilmittel der Wortneuprägung auch eine <u>semantische</u> und eine <u>pragmatische</u> Funktion.

Bernhards Wortschöpfung „Aidakaffeehausspiegel" ist nicht nur die Summe der Begriffe Kaffeehaus + Aida + Spiegel, sondern es soll hier wahrscheinlich angesprochen werden, daß das „Aida" seine charakteristische Atmosphäre unter anderem durch bestimmte Einrichtungsgegenstände erhält. So wird einerseits das Bild eines typischen Wiener Kaffeehauses evoziert, die dergestalt beim Leser hervorgerufene *scene* wird aber gleichzeitig durch die sigmatisch-syntaktische Kombination ironisch verzerrt. Dieser Eindruck einer liebevollen Ironisierung (Bernhard mochte es, in einem Wiener Kaffeehaus zu sitzen und Zeitung zu lesen) der Wiener Kaffeehausszene kann durch die italienische Übersetzung „specchi del Caffè Aida" nicht erzeugt werden. Auf pragmatischer Ebene würden hier allerdings auch dann Defizite entstehen, wenn es die sprachlichen Strukturunterschiede nicht gäbe; die meisten italienischen Leser dürften nämlich die gemütliche Atmosphäre eines Wiener Kaffeehauses nicht kennen und würden mit „Caffè" die klassische italienische Stehbar verbinden.

Die weiteren Beispiele zeigen besonders den komischen Effekt, den Bernhards unübliche Konstruktionen auf den Leser ausüben.

Beispiel 7

[Der Ich-Erzähler sinniert über die familiären Hintergründe des Ehepaars Auersberger nach]

deutsch:

> Die Gentzgassenwohnung ist eine Drittestockwohnung, sieben oder acht Zimmer, vollgestopft mit josefinischen und biedermeierlichen Möbeln, machen sie aus; in ihr hatten die Eltern der Auersberger gewohnt; ihr Vater war ein mehr oder weniger schwachsinniger Arzt, der aus Graz stammte, der hier in der Gentzgasse seine Ordination hatte, ohne jemals ir-

gendeine medizinische Karriere zu machen, die Mutter der Auersberger war eine Steiermärkerin, eine unförmige Frau, ein pausbäckiges <u>Kleinlandadelsgeschöpf,</u> das infolge einer ihr von ihrem Mann verordneten Influenzatherapie schon mit vierzig sämtliche Haare für immer verloren hat und sich deshalb schon sehr früh aus allem Gesellschaftlichen zurückgezogen hat. (BER 1988:34f)

italienisch:

L'appartamento della Gentzgasse si trova al terzo piano ed è un appartamento di sette o otto stanze tutte piene di mobili dell'epoca giuseppina e Biedermeier in cui hanno vissuto i genitori della Auersberger; il padre di lei era un medico con poco cervello originario di Graz, che qui, nella Gentzgasse, aveva anche il suo ambulatorio e che tuttavia non è mai riuscito a fare come medico la benché minima carriera, mentre la madre della Auersberger, originaria della Stiria, era una donna informe, una <u>paffuta figlia della piccola nobiltà terriera</u> che in seguito a una terapia contro l'influenza prescrittale dal marito, già all'età di quarant'anni aveva perso per sempre tutti i capelli, ragione per cui si era precocemente astenuta da ogni tipo di vita sociale. (BER 1990:27f)

Beispiel 8

[Situation wie oben]

deutsch:

Die Eheleute Auersberger hatten, wohl in dem perversen Bewußtsein, gesellschaftlich minderbemittelt zu sein, *die* Auersberger, weil sie nur ein Ablegerkind eines mehr oder weniger doch lächerlichen steiermärkischen Gebirgsadelgeschlechtes ist, *der* Auersberger selbst, weil seine Mutter eine Feldbacher Fleischergehilfentochter, sein Vater ein kleiner Gemeindebediensteter gewesen war, immer das Gefühl gehabt, sich gesellschaftlich in die Höhe stemmen zu müssen, was schließlich ihre ganze Anstrengungskraft erforderte und was ihnen bei geschärfterem Blick auch jederzeit anzumerken gewesen war, wie ich auf dem Ohrensessel dachte, daß nämlich die Auersberger fortwährend und auf lebenslänglich, aus ihrer Herkunft genauso immer herauswollte, wie ihr Mann, der Auersberger, aus der seinigen, wie die Auersberger aus dem steiermärkischen Idylleadel, so ihr Mann aus dem Gemeindebedienstetenschicksal seines Vaters, aus dem Fleischhauergehilfentief seiner Mutter, was aber immer nur einen urkomischen Eindruck machen konnte auf die sehende und denkende Umgebung. (BER 1988:144)

italienisch:

Essendo perversamente coscienti di una certa manchevolezza sul piano sociale, basata, per quanto riguarda *lei*, la Auersberger sul suo essere l'ultimo rampollo di una famiglia della campagna stiriana dalle origini nobiliari incerte e comunque ridicole, e per quanto riguarda *lui*, l'Auersberger basata sul fatto che la madre, una vivandiera, era figlia di un garzone di macellaio e il padre era un semplice impiegato comunale, i coniugi Auersberger avevano sempre avuto la sensazione di doversi innalzare socialmente, cosa che in verità ha richiesto tutte le loro energie e che un occhio acuto poteva scorgere ancora oggi in loro, come pensavo nella bergère, dato che la Auersberger aveva continuato per tutta la sua vita a volersi emancipare dalle proprie origini, così come il marito, l'Auersberger, dalle sue origini, e infatti, come la Auersberger voleva emanciparsi dalla sua idilliaca nobiltà stiriana, così il marito voleva emanciparsi dal destino di impiegato comunale del padre e dalla <u>bassa condizione di garzone di macellaio</u> del nonno materno, ciò che faceva su chiunque, nel loro ambiente, li guardasse o si fermasse a riflettere sul loro conto, un'impressione di irresistibile comicità. (BER 1990: 102)

Beispiel 9

[Der berühmte Burgschauspieler, zu dessen Ehren das Abendessen veranstaltet wurde, ergeht sich in Selbstdarstellung und hebt seine schauspielerischen Leistungen hervor]

deutsch:

Aber selbst diese mißglückte Wildente ist noch um vieles besser, als alle andern Wildenten, die ich jemals gesehen habe, und ich habe alle Wildenten, die in den letzten Jahrzehnten aufgeführt worden sind, gesehen. Ich habe die Wildente seinerzeit in Berlin gesehen, die erste <u>Nachkriegswildente</u>, sagte der Burgschauspieler, in der Freien Volksbühne, aber auch die Wildente im Schillertheater. (BER 1988:199f)

italienisch:

Anche questa malriuscita Anitra selvatica è comunque di gran lunga migliore di tutte le altre Anitre selvatiche che mi è capitato di vedere, e io ho visto tutte le Anitre selvatiche che sono state messe in scena negli ultimi decenni. Ho visto a suo tempo l'Anitra selvatica a Berlino, <u>la prima Anitra selvatica del dopoguerra</u>, disse l'attore del Burg, alla Freie Volks-

bühne, ma poi ho visto anche l'Anitra selvatica
allo Schillertheater. (BER 1990:140f)

Wie aus den angeführten Beispielen ersichtlich, geht bei diesen Bernhard-Komposita auf Grund sprachspezifischer Strukturunterschiede der italienischen und deutschen Sprache in der Übersetzung ein Stilmittel verloren, das für Bernhards Werke charakteristisch ist und ihm selbst auch ein besonderes Anliegen war. Davon zeugt, daß Wortneuprägungen von ihm nicht nur absichtlich eingesetzt, sondern sogar ausdrücklich thematisiert wurden:

Beispiel 10

[Der Ich-Erzähler äußert sich zur Funktion, die junge Schriftsteller im Hause Auersberger zu erfüllen hatten: Unter dem Motto, ihre Kunst zu fördern, dienten sie dem Ehepaar in Wirklichkeit zu dessen persönlicher Unterhaltung]

deutsch:

> *Der Auersberger, der geile Schriftstellerverschlinger,* dachte ich jetzt und ich hätte über diese meine Wortschöpfung im Augenblick auflachen können, wäre ich nicht zu müde gewesen. (BER 1988:269)

italienisch:

> *Auersberger, il lubrico divoratore di scrittori,* pensavo adesso, e in quel momento, se non fossi stato troppo stanco, sarei magari scoppiato a ridere per questa mia creazione linguistica. (BER 1990:187)

Bernhard läßt also den Ich-Erzähler über seine sprachschöpferischen Fähigkeiten reflektieren und spricht explizit die komische Wirkung an, die damit erzielt wird. Obwohl die Übersetzerinnen vermutlich die bestmögliche Lösung für diese Textpassage gefunden haben – der analoge deutsche Phraseologismus „Romane verschlingen" existiert auch im Italienischen: „esssere un divoratore di romanzi" –, kommt die Komik abgeschwächter zum Ausdruck, und die Stelle entbehrt zudem der Logik, da die Wortfolge „divoratore di scrittori" nicht unbedingt eine besonders extravagante sprachliche Kreation darstellt.

Noch ein letztes Beispiel soll Bernhards grenzenlose Phantasie bei der Erfindung von neuen Wörtern und Wortkombinationen aufzeigen.

Beispiel 11

[Szene beim Essen]

deutsch:

> [...] der Burgschauspieler [...] sagte, daß er Fogosch immer sehr gern gegessen habe, am liebsten den Plattenseefogosch, den echten Plattenseefogosch und die Auersberger sagte, ihn tatsächlich unterbrechend in seiner Ekdalstudie, daß sie natürlich nur einen echten Plattenseefogosch auftischen werde, was für einen Fogosch auch sonst. (BER1988:181)

italienisch:

> [...] l'attore del Burg [...] disse di aver sempre amato molto la luccioperca, *soprattutto la luccioperca del lago Balaton, la vera luccioperca del lago Balaton,* e la Auersberger disse allora, interrompendo in effetti la sua dissertazione su Ekdal, che lei naturalmente avrebbe portato in tavola solo una vera luccioperca del lago Balaton, nessun'altra luccioperca poteva infatti essere presa in considerazione. (BER 1990:128)

Die Wortverbindung „Plattenseefogosch", die im Deutschen unweigerlich Heiterkeit hervorruft[113], erscheint im Italienischen ganz neutral als „la luccioperca del lago di Balaton". Es bietet sich allerdings auch kaum eine andere Lösung; die Übersetzerinnen gleichen das aus, indem sie an anderen Stellen komische Effekte noch steigern (vgl. das Beispiel „*il compositore nella scia di Webern*"). Die von Bernhard bewußt und rekurrent gesetzten Szenen der Komik bedeuten für den Übersetzer jedenfalls eine ständige Herausforderung. Das nur andeutend ironische, hintergründige Wort „Ekdalstudie" hätte dennoch im Italienischen eine bessere Möglichkeit zugelassen, zum Beispiel „studi sul Ekdal".

Zusammenfassend werden im Falle der Wortneuprägungen von Bernhard nicht nur der sigmatische Aspekt der vereinigt dargestellten Zeichen, sondern auch semantische und pragmatische Aspekte, wie das Element der Ironisierung, der Eindruck des Komischen, für den italienischen Zieltextleser weniger leicht nachvollziehbar.

8.1.3 Der ungegliederte Blocksatz

Ein weiteres typisches Merkmal bei Bernhard, das einem sofort bei Aufschlagen des Buches auffällt, ist die Form des durchgehenden Blocksatzes. Diese besondere Anordnung der Zeichen beschränkt sich natürlich nicht auf die äußerliche Wahrnehmbarkeit, sondern vereinigt neben der <u>sigmatischen</u> Dimension noch weitere sprachliche Aspekte.

Beispiel 12

[Anstatt ein eigenes Textbeispiel anzuführen verweise ich auf sämtliche Beispiele der vorliegenden Arbeit, welche Bernhards Werk formal wiedergeben sowie auf die Primärquellen]

---

[113] Hier wird in Analogie zu Fachausdrücken aus der Ichthyologie wie zum Beispiel „Bachforelle" ein regional, nämlich ostösterreichisch gefärbter Ausdruck mit einer geographischen Herkunftsbezeichnung verbunden, was natürlich noch lange keinen ichthyologischen Fachterminus ergibt.

Semantisch gesehen ist ausgehend vom Blocksatz ohne Untergliederung eine Beziehung zur Handlungsstruktur herstellbar: Die sigmatische Gestaltung weist darauf hin, daß es sich bei diesem Roman um einen einzigen Monolog handelt. Monologe stehen in der Literatur für eine gewisse Monotonie der Handlung, und der Blocksatz ist der graphische Ausdruck dafür.

Dieser spezifische Monolog in *Holzfällen* übt eine ganz besondere Wirkung auf den Leser aus. Man hat das Gefühl, hier redet einer wie gehetzt, sich keine Pause gönnend, einer, der kaum Zeit hat, Atem zu holen; die Typographie gibt den Eindruck eines nicht enden wollenden Redestroms wieder.

Der auf syntaktischer Ebene wirksame Faktor innerhalb der sigmatischen Dimension, wo es nämlich um die systematische Einordnung von Zeichen in ein System geht (Unterteilung eines Textes in diverse, numerisch festgelegte Kapitel usw.), zeigt sich in der Gliederung bzw. – wie im Falle des hier untersuchten Romans – der beabsichtigten Nicht-Gliederung des Textes.

8.1.4 Die Prosodie des Werkes

Abschließend wird der in sigmatischer Hinsicht wichtigste Kohärenzfaktor in *Holzfällen* untersucht. Ein literarischen Texten zwar grundsätzlich eigenes, bei Bernhard aber besonders auffälliges Charakteristikum ist die Prosodie seiner Werke. Unter Prosodie versteht man die Gesamtheit der lautlichen Eigenschaften eines Textes, also Lautfolge, Rhythmus, die gesamte Musikalität eines Textes[114].

Auf sigmatischer Ebene werden jene Faktoren wirksam, die zur eigenwilligen Prosodie des Romans *Holzfällen* beitragen: Es sind dies Bernhards lange Sätze, die Aufeinanderfolge kurzer Sätze (Parataxen), Syntaxbrüche und Wiederholungen.

---

[114] Im *Lexikon der Sprachwissenschaft* (1990:618) wird Prosodie folgendermaßen definiert: „Gesamtheit sprachlicher Eigenschaften wie Akzent, Intonation, Quantität, Sprechpausen. [...]. Zur P. zählt auch die Untersuchung von Sprechgeschwindigkeit, Rhythmus und Sprechpausen."

Zu den langen Sätzen siehe die im Subkapitel zur syntaktischen Dimension (8.4) angeführten Beispiele, zu den o.a. weiteren Faktoren kann exemplarisch folgendes Beispiel angeführt werden:

Beispiel 13

[Als der Roman beginnt, seinem Fokus zuzustreben – das Essen ist beendet, die Gäste begeben sich in das Musikzimmer, wo sich eine gereizte Diskussion zwischen dem Burgschauspieler und der Schriftstellerin Jeannie Billroth zu entwickeln beginnt – , werden die Sätze kürzer, um schließlich, am Höhepunkt des Geschehens, in einer kurzen Aufeinanderfolge von Propositionen zu gipfeln]

deutsch:

> *In den Wald gehen, tief in den Wald hinein,* sagte der Burgschauspieler, *sich gänzlich dem Wald überlassen,* das ist es immer gewesen, der Gedanke, nichts anderes, als selbst Natur zu sein. *Wald, Hochwald, Holzfällen, das ist es immer gewesen,* sagte er plötzlich aufgebracht und wollte endgültig gehen. (BER 1988:302).

italienisch:

> *Camminare nel bosco, addentrarsi profondamente nel bosco,* disse l'attore del Burg, *affidarsi completamente al bosco,* questo era sempre stato il suo pensiero, farsi natura, nient'altro che natura. *Bosco, bosco ad alto fusto; a colpi d'ascia, è sempre stato così,* disse a un tratto infuriatissimo, e con la ferma intenzione di andar via. (BER 1990:209).

Auf sigmatischer Ebene stellt man –insbesondere wenn der Text laut gelesen wird – fest, daß durch die schnelle Aufeinanderfolge von kurzen Sätzen sowie die Syntaxbrüche und vor allem auf Grund des Wiederholungselements ein hämmernder

Rhythmus entsteht, der das im Titel bereits angeführte Thema *Holzfällen* lautlich untermalt.

Die untersuchten Faktoren haben aber neben der sigmatischen auch eine semantische, eine pragmatische und eine syntaktische Dimension. In der Tat erzielt Bernhard mit seiner Art der Satzgestaltung eine prosodische Wirkung, die vielschichtig interpretierbar ist und mehrfach analysiert wurde.

<u>Semantisch</u> betrachtet steht die besondere Klanggestalt des Textes in direktem Zusammenhang mit dem Inhalt des Romans. Was hier sigmatisch verarbeitet wird, ist das Thema „Holzfällen" als Symbol für Natur, einfaches Leben, Leben in und mit der Natur. Das zweite sigmatisch aufbereitete Thema ist allgemein ein zentrales Thema bei Bernhard, nämlich die Musik, wie bereits in Kapitel 7 angesprochen wurde.

Musik spielte immer eine große Rolle in Bernhards Leben und in seinem Werk.[115] In dem hier analysierten Roman könnte man beinahe schon von einer Überschreitung der Kunstform des Schreibens sprechen: Der wechselnde Gebrauch von langen und kurzen Sätzen erinnert an die Komposition von Musikstücken, deren verbreitete Struktur – zumindest in der sogenannten klassischen Musik[116] – eine Variation von Andante und Allegro ist (siehe Seite 99). Ebenfalls aus der Musikkomposition stammt die Technik der variierten Form von Wiederholungen, wobei sich Bernhard der Wiederaufnahme von einzelnen Wörtern, Satzteilen oder auch ganzen Sätzen bedient (zur Rekurrenz vgl. das Kapitel 8.2.1 zur semantischen Dimension der Sprache).

---

[115] Vgl. die Dissertation von Peter Bader (1995) zur Figur des Musikkünstlers bei Bernhard, worin alle Werke des Schriftstellers analysiert werden, die das Thema „Musik" aufgreifen.

[116] Unter „klassischer Musik" versteht man allgemein die ernste Musik zum Unterschied von Unterhaltungsmusik und verbindet damit auch die Forderung nach bestimmten ästhetischen Normen. Im Brockhaus-Rieman-Musiklexikon steht: „Vom Klassischen in der Musik wird hauptsächlich in dreifacher Bedeutung gesprochen: [...] als Allgemeinbegriff (im Sinne eines korrekten mus[ikalischen] Satzes), als Stilbegriff (der die Wiener Kl[assik] sowie alle früheren als musterhaft-korrekt erachteten Musikstile umfaßt) und als Epochenbegriff, der nach Beethovens Tod entsteht, den Allgemein- und Stilbegriff in sich aufhebt und in dem, vor allem im Hinlick auf Mozart, musikalisch Klassisches und musikalisch Schönes zusammenfallen. [...] Sofern zwischen klassischer und moderner Musik ein Gegensatz empfunden wird, verschieben sich die Grenzen mit fortschreitender Zeit. Schon in den 1930er Jahren wurde Strawinsky als Klassiker bezeichnet. [...] Auch in der musikwissenschaftlichen Literatur wird die Musik etwa Weberns heute zunehmend als klassisch angesprochen [...]" (1978:650). Hier wird der Ausdruck als Stilbegriff verwendet und bezeichnet damit die Form der Wiener Klassik (ca. 1780 bis 1820), das ist die sogenannte „Sonatensatzform" (vgl. ib.:667).

In <u>pragmatischer</u> Hinsicht bietet die Prosodie des Romans *Holzfällen* ein breites Forschungsfeld, das allerdings in den Bereich der Musikwissenschaften gehört; die vorliegende Arbeit muß sich leider auf die wenigen Aussagen von Literaturwissenschaftlern beschränken, die sich auch für die musikalische Seite von Bernhards Werk interessiert haben. Jedenfalls scheinen sich für Kenner von Ravels *Bolero* rhythmische Analogien im Text zu ergeben. Es wird sich kaum um einen Zufall handeln, daß die in diesem Buch als einzige positiv dargestellte Figur der Joana gerade den *Bolero* besonders liebt. So schreibt Ingrid Petrasch in ihrer Dissertation über Bernhard:

> [...] in Holzfällen ist dem Text mit dem Bolero eine musikalische Folie zugrundegelegt, die [...] auf dem Variations- und Rekurrenzprinzip basiert. Charakteristisch für den Bolero ist darüber hinaus eine kontinuierliche Ostinaten-Steigerung. (1987:274)

Tatsächlich wird bei diesem Musikstück ein Thema bei nahezu gleichbleibender Tonart schon fast manisch wiederholt: genau achtzehnmal, wobei die thematische Wiederaufnahme jedes Mal durch ein neues Soloinstrument erfolgt (vgl. dazu die Definition der Fuge in Fußnote 93). Dieses Spiel mit der Wiederholung findet im *Bolero* mit Hilfe verschiedener Instrumente statt, in *Holzfällen* zieht Bernhard analoge syntaktische und lexikalische Mittel heran (siehe Kapitel 8.2 und 8.4). Parallel zum Anschwellen des Orchesters durch die hinzukommenden Instrumente steigert sich der Rhythmus bis hin zum Ende durch einen Paukenschlag. Diese Struktur des Crescendo mit abruptem Ende spiegelt sich in der zunehmenden Erregung mit eklatantem Höhepunkt (siehe Seite 98) wider.

Diese pragmatischen Erkenntnisprozesse sind sowohl für den Leser des Originaltextes als auch für den Leser des Zieltextes individuell verschieden, da sie abhängig vom jeweiligen „Weltwissen" – in diesem Fall der musikalischen Bildung – sind; für den Übersetzer ist die Recherche und Einbeziehung des sogenannten makrokontextuellen Hintergrunds auf jeden Fall absolut obligatorisch.

In der <u>Syntaktik</u>, der höchstreflektierten Dimension der Sprache, in die alle genannten Dimensionen einfließen, schließt sich der Kreis: Mit seiner besonderen Art der Satzgestaltung setzt Bernhard syntaktische Mittel zur Erzeugung der prosodischen Wirkung ein. Das unterstreicht ebenfalls Petrasch, wenn sie schreibt, daß „die an einigen Stellen besonders ausgearbeitete rhythmische Gestaltung der Syntax den musikalischen Charakter des Textes betont" (1987:272). Bernhard selbst hat das übrigens in einem Interview mit Jean-Louis de Rambures für „Le Monde" bestätigt, dessen deutsche Übersetzung in der *FAZ* vom 24.02.1983 abgedruckt wurde:

> Wie ich meine Bücher schreibe? Es ist eine Frage des Rhythmus und hat viel mit Musik zu tun. Ja, was ich schreibe, kann man nur verstehen, wenn man sich klarmacht, daß zuallererst die musikalische Komponente zählt und daß erst an zweiter Stelle das kommt, was ich erzähle. Wenn das erste einmal da ist, kann ich anfangen, Dinge und Ereignisse zu beschreiben. Das Problem liegt im Wie. Leider haben die Kritiker in Deutschland kein Ohr für die Musik, die für den Schriftsteller so wesentlich ist. Mir verschafft das musikalische Element eine ebenso große Befriedigung, wie wenn ich Cello spiele, ja eine noch größere, da zum Vergnügen an der Musik noch das an dem Gedanken hinzukommt, den man ausdrücken will.

Die Tatsache, daß die Übersetzerinnen die sigmatischen Faktoren konsequent übernommen haben, bedeutet, daß sie sich der weitreichenden Bedeutung der beschriebenen Kunstmittel bewußt waren, womit die semantische, pragmatische und syntaktische Ebene auch im italienischen Text zur Geltung kommt.

8. 2 Die semantische Dimension

8.2.1 Die Rekurrenz von Einzellexemen und Formen der Wiederaufnahme

<u>Auf semantischer Ebene</u> begegnen uns zahlreiche Wörter und idiomatische Wendungen, denen auf Grund ihrer Rekurrenz Topikfunktion zukommt, wie „naturgemäß", „künstlerisch", „Wildente", „Burgschauspieler" usw. Die meisten dieser Wörter sind nicht nur als solche rekurrent, sondern sie treten auch in Form von Wortvariationen, Alliterationen und in der Wiederkehr von Wörtern, die zum selben Bedeutungs- oder Erfahrungsbereich gehören, auf und bilden sogenannte Isotopieketten im Text. Die Isotopieketten, aus welchen die in *Holzfällen. Eine Erregung* verarbeiteten Themen erschließbar sind, können in diesem Rahmen zahlenmäßig und inhaltlich nicht alle

Textbeispiele *137*

näher beschrieben werden, für die Analyse semantischer Kohärenzmerkmale seien hier nur einige Beispiele rekurrenter Ausdrücke exemplarisch angeführt.

Beispiel 14

[Ziemlich am Beginn des Romans schildert der Ich-Erzähler zum wiederholten Male die Szene, die zur Einladung bei Auersbergers führte]

deutsch:

> Wenn ich nur ein paar Tage länger in ihrem Haus in Maria Zaal geblieben wäre, <u>dachte ich auf dem Ohrensessel</u>, es hätte meinen sicheren Tod bedeutet. Sie hätten dich ausgequetscht, <u>dachte ich auf dem Ohrensessel</u>, und weggeworfen. Du triffst deine grauenhaften Zerstörer und Umbringer auf dem Graben und bist einen Augenblick sentimental und läßt dich in die Gentzgasse einladen und gehst auch noch hin, <u>dachte ich auf dem Ohrensessel</u>. Und daß es besser gewesen wäre, dachte ich wieder, meinen Pascal oder meinen Gogol oder meinen Montaigne zu lesen und den Satie oder den Schönberg selbst auf dem alten, verstimmten Klavier zu spielen. Du läufst auf den Graben, um frische Luft einzuatmen und dich wiederzubeleben und läufst gerade in die Hände deiner ehemaligen Zerstörer und Vernichter. Und du sagst ihnen auch noch, wie du dich freust auf ihren Abend, auf ihr *künstlerisches Abendessen*, das doch nur abgeschmackt sein kann, wie alle Abende, wie alle Abendessen bei ihnen, an die du dich erinnerst. Nur ein charakterloser Dummkopf kann eine solche Einladung annehmen, <u>dachte ich auf dem Ohrensessel</u>. Dreißig Jahre ist es her, daß sie dich in die Falle gelockt haben und daß du in ihre Falle hineingegangen bist, <u>dachte ich auf dem Ohrensessel</u>. Dreißig Jahre ist es her, daß sie dich tagtäglich ernied-

rigt und daß du dich ihnen auf gemeine Weise unterworfen hast, <u>dachte ich auf dem Ohrensessel</u>, dreißig Jahre, daß du dich ihnen mehr oder weniger auf die *niederträchtigste* Weise verkauft hast. Dreißig Jahre, daß du ihnen den Narren gemacht hast, <u>dachte ich auf dem Ohrensessel</u>. (BER 1988:20f)

italienisch:

Se io fossi rimasto solo un paio di giorni ancora nella loro casa di Maria Zaal, <u>pensavo nella bergère</u>, la mia morte sarebbe stata sicura. Ti hanno spremuto, <u>pensavo nella bergère</u>, per poi gettarti via. E tu li incontri al Graben, quei tuoi orribili distruttori e assassini, e per un attimo diventi sentimentale e ti fai invitare nella Gentzgasse e ci vai perfino, nella Gentzgasse, <u>pensavo nella bergère</u>. Sarebbe stato meglio, pensavo di nuovo, leggere il mio Pascal o il mio Gogol' o il mio Montaigne, o suonare Satie o lo stesso Schönberg sul mio vecchio pianoforte scordato. Vai a passeggio al Graben per respirare aria buona e riprendere le forze, e finisci in balìa di coloro che un tempo ti hanno distrutto e annientato. E come se non bastasse, arrivi a dirgli che ti fa un gran piacere l'idea della loro serata, della loro *cena artistica,* che pure non potrà essere altro che una serata di pessimo gusto, come tutte le serate, come tutte le cene in casa loro di cui conservi un ricordo. Solo un debole e un cretino può accettare un simile invito, <u>pensavo nella bergère</u>. Sono passati trent'anni da quando hanno cercato di attirarti nella loro trappola e tu in questa trappola ci sei cascato, <u>pensavo nella bergère</u>. Sono passati trent'anni da quando ti hanno umiliato, giorno dopo giorno, e tu hai accettato di sottometterti a loro nella maniera più miserabile, <u>pensavo nella bergère</u>, trent'anni da

quando ti sei più o meno *venduto* a loro nella
maniera più meschina. Trent'anni da quando ti
sei trasformato nel loro buffone, <u>pensavo nella
bergère</u>. (BER 1990:18f)

Auf den angeführten zwei Seiten des Romans tritt die Phrase „dachte ich auf dem Ohrensessel" – die praktisch auf jeder Buchseite mindestens einmal vorkommt, 235 Mal im Gesamttext – sieben Mal auf. In der entsprechenden Textpassage der italienischen Übersetzung kommt der Satz „pensavo nella bergère" ebenfalls sieben Mal vor, das Merkmal der Rekurrenz ist damit kohärent übernommen. Dies ist auf semantischer Ebene wichtig, denn damit definiert der Autor eindeutig die Position seines Hauptdarstellers: Der Ich-Erzähler sitzt etwas abseits von der Gesellschaft auf einem Ohrensessel, im Halbdunkel (BER 1990:40), sozusagen auf einem Beobachterposten, und kann damit aus sicherer Distanz die Personen und Ereignisse beschreiben bzw. rekapitulieren; er verläßt diesen Posten, seinen Ohrensessel, nur zum Essen und setzt sich gleich anschließend wieder in ein Fauteuil ins Musikzimmer. Damit bleibt er immer ein Außenstehender, der nicht direkt in die Handlung eingreift.

Ein zweiter Faktor von inhaltlicher Bedeutung ist das durch den verwendeten Ausdruck implizierte Thema „Hören", welches in Bernhards Gesamtwerk häufig vorkommt. Peter Bader (1995:194-218) hat in seiner Dissertation zur Figur des Musikkünstlers bei Bernhard eine ausführliche Untersuchung zur Rolle des Hörsinns und der Hörkunst in dessen Werken gemacht; er ist dabei zu dem Schluß gekommen, daß für Bernhard dem „Hören" als dem höchsten aller Wahrnehmungssinne die Funktion des philosophischen Begreifens von Zusammenhängen zukommt; zugleich ist der Hörsinn Inbegriff für Musikalität und Präzision. In Bernhards Werk wird also nach Bader das Gehör als Metapher für ein überdurchschnittliches philosophisch-naturwissenschaftliches Wahrnehmungsvermögen verwendet, das zur Lösung philosophischer Fragen der Wahrheitsfindung heranzuziehen ist. (ib.:213)

In der italienischen Version geht diese konnotative Bedeutung des „Ohrensessels" völlig verloren; der Ausdruck wurde mit Hilfe eines französischen Lehnwortes, "bergère", übersetzt, was nicht kohärent erscheint, vor allem zumal es auch im Italienischen die Wendung „poltrona a orecchioni" gibt.

Die Wiederholungstechnik, wofür der vorliegende Fall nur ein Beispiel von vielen ist, gehört zu Bernhards bevorzugten Stilmitteln und hat natürlich auch eine sigmatische Seite. Sprache – im Sinne von Heinrichs – ist das Mittel, das Material, dessen sich der Künstler zur Selbstdarstellung bedient. So stellt der Autor seine Kritik an der Gesellschaft, an den sozialen und insbesondere künstlerischen Normen und Konventionen durch einen Verstoß gegen die im deutschen Sprachgebrauch üblichen stilistischen Normen bildlich dar: Die nach der deutschen Stillehre verpönte Wortwiederholung[117] wird bis ins Groteske übersteigert. So erreicht er die in der Literatur repräsentierte, illokutive Einheit von Inhalt und Form (vgl. das Zitat von Strelka in Kapitel 3.3.2), und zwar durch seinen subjektiven Ausdruck zur Bezeichnung der in seiner fiktiven Welt dargestellten Sachverhalte und Personen. Die italienische Version erzielt hier ganz denselben, wenn nicht noch besseren Effekt, da die italienische Stillehre den Wortwiederholungen noch negativer gegenübersteht als die deutsche.

Bei der Analyse der pragmatischen Dimension zeigt sich, daß die wiederholte Wendung „dachte ich auf dem Ohrensessel" eine zweifache Wirkung auf den Leser ausübt. Einerseits erscheint der Hauptdarsteller, wie schon vorhin erwähnt, isoliert von den übrigen Anwesenden. Die Isolation von Künstlern, die sich entweder in der Abkapselung von der Gesellschaft oder als ein Zustand der Isoliertheit inmitten von Menschen äußern kann, ist ein wiederholt auftretendes Thema in Bernhards Gesamtwerk (vgl. Bader 1995). Dieser Eindruck des Abseits-Sitzens bleibt in der italienischen Version erhalten, nicht aber der zweite, von dem Wort „Ohrensessel" hervorgerufene Effekt, nämlich die distanzierte, ironisierend-komische Haltung des Autors zum sprachlichen Ausdruckshandeln an sich. Bernhard benutzt in diesem und auch in seinen anderen Werken zahlreiche Verfahren, um seine sprachkritische Position darzustellen (vgl. Petrasch 1987:276-316). Eines davon ist die „versatzstückhafte" (ib.:289) Wiederholung von Redewendungen oder umgangssprachlichen idiomatischen Wendungen. Damit erzeugt Bernhard nicht nur Komik, sondern zwingt den Leser zugleich

---

[117] Vgl. Sanders (1990), Sowinski (1991) u.a.

über die phrasenhafte Verwendung bzw. die eigentliche Bedeutung idiomatischer Ausdrücke zu reflektieren. In diesem Fall erinnert die ungewöhnliche Wendung „auf dem Ohrensessel" (entgegen der in Zusammenhang mit Sessel üblicherweise gebrauchten Präposition „in") an die Redewendung „auf den Ohren sitzen". Eine ironisierende oder zumindest zur Reflexion anhaltende Ausdrucksmöglichkeit wäre auch in der italienischen Sprache gegeben, zum Beispiel in einer Wendung wie „pensavo sulla poltrona a orecchioni" anstelle von „[...] nella bergère".

Zur syntaktischen Seite dieses Wortbeispiels und seiner Übersetzung sei lediglich nochmals auf die im Italienischen übliche Auflösung der deutschen Nominalkomposita durch eine präpositionale Wendung, meist mit „di" oder „a" verwiesen (vgl. Kapitel 8.1.2).

Beim nächsten Beispiel handelt es sich nicht mehr um einfache Rekurrenz eines Ausdrucks, sondern um die Wiederaufnahme eines Namens und der bezeichneten Personen in verschiedenen Formen und mit diversen Attributen. Es geht um das Ehepaar bzw. Herrn und Frau „Auersberger".

Beispiel 15

[Der Name bzw. die mit unterschiedlichen Ausdrücken benannten Träger des Namens werden außerhalb ihres Kontexts wiedergegeben nach ihrem sukzessiven Erscheinen im Handlungsverlauf unter Angabe der Seitenzahl]

deutsch:

die Eheleute Auersberger – die Auersberger – die auersbergerischen Eheleute (7)
die Auersbergerischen (12)
ihr Mann, der Komponist in der Webern-Nachfolge, wie gesagt wird (14)
deine grauenhaften Zerstörer und Umbringer (20)
mein Freund, der Komponist in der Webern-Nachfolge, wie die Experten immer gesagt haben (23)
der Auersberger, den ich einmal einen *Novalis der Töne* genannt habe, ein erstklassiger Klavierspieler (38)

der Auersberger in der sogenannten Webernnachfolge, ein lächerlicher Mensch (38)
mit diesen Unmenschen (77)
der künstlerische Auersberger (90)
Kunstgesindel (92)
Provinzkünstler (94)
unser rastloser Webern-Nachfolger, [...] unser vielgereister trippelnder Auersberger, unser rastloser Webern- und Grafenkopist, unser Snob- und Geckmusikschreiber aus der Steiermark (96)
Der Auersberger, den ich [...] als beinahe tonlosen Komponisten bezeichnen muß (96f)
ein *unerträglicher epigonaler* Webern (97)
ein [...] Schwächeanfall der Musikgeschichte, ein armseliger talentierter Spießbürger (97)
lebende Kunstleichname (99)
der Emporkömmling (119)
der Auersberger, [...] der dümmste aller sogenannten Kronenkraxler (146)
perfide Gesellschaftsonanisten, stumpfsinnig gewordener Gesellschafts-Kopist als Webern-Nachfolger (153)
die auersbergerische Ausplünderungskur (170)
der durch Trunksucht infantile Auersberger (247)
Der Auersberger, der geile Schriftstellerverschlinger (269)
ich dachte [...], daß ich dem auersbergerischen Alptraum davon laufe (320)

italienisch:

i coniugi Auersberger, gli Auersberger, i coniugi Auersberger (9)
gli Auersberger (13)
suo marito, il compositore nella scia di Webern, come si suol dire (14)
il mio amico compositore nella scia di Webern, come gli esperti lo hanno sempre definito (20)
quei tuoi orribili distruttori e assassini (18)
l'Auersberger, che una volta ho soprannominato *Novalis delle note*, un pianista di prim'ordine (29)
l'Auersberger, un compositore nella scia di Webern, per così dire, è un essere ridicolo (30)
quegli esseri mostruosi (56)
l'artistico Auersberger (65)
marmaglia artistica (66)
artisti di provincia (67)

il nostro infaticabile compositore epigono di Webern, [...] il nostro trotterellante viaggiatore Auersberger, il nostro infaticabile imitatore di Webern e di Grafen, il nostro bellimbusto, il nostro pretenziosissimo scrittore di musica originario della Stiria (69)
Auersberger che io [...] non posso fare a meno di definire un compositore *quasi senza note* (69)
un' *insopportabile imitazione di Webern,* un momento di debolezza all'interno della storia della musica, un misero borghesuccio con un certo talento (70)
cadaveri artistici (71)
quel parvenu dell'Auersberger (85)
l'Auersberger, [...] il più stupido di tutti cosiddetti *arrampicatori dinastici* (103)
perfidi onanisti mondani, un imitatore mondano, un miserabile epigono di Webern (109)
la cura del saccheggio Auersberger (120)
il marito, che l'alcol aveva reso simile a un bambino (172)
Auersberger, il lubrico divoratore di scrittori (187)
pensavo che stavo fuggendo dall'incubo Auersberger (221)

<u>Sigmatisch</u> betrachtet ist der in mehreren Variationen wiederholte Name Auersberger – insgesamt kommt er sowohl im deutschen als auch im italienischen Text ca. 500 mal vor – eine lautliche Angleichung an „Lampersberg". Maja und Gerhard Lampersberg waren Bernhards Förderer in den späten fünfziger Jahren (vgl. Kapitel 7). Die Namen sind in der italienischen Übersetzung getreu beibehalten und können daher in ihrer klanglichen Ähnlichkeit erkannt werden, vorausgesetzt, der italienische Leser ist ein Österreich-Kenner und entweder mit der damaligen Kulturszene sehr vertraut oder durch die Medien über die Skandalgeschichte bei Erscheinen des Romans in Österreich informiert.

Die <u>semantische</u> Analyse ergibt die inhaltlichen Beziehungen, die zwischen den beiden Namen Auersberger und Lampersberg bestehen könnten, deutlich verstärkt noch durch die Bezeichnung des Wohnsitzes: Das Maria Zaal im Roman ist sicher nicht nur eine lautliche Analogie zum Sitz der erwähnten Eheleute Lampersberg in Maria Saal in Kärnten. Wenn man nun die mit diesen Namen verbundenen Attribute und situativen Umstände betrachtet, erhält man den Eindruck, daß hier gewisse Personen aus Wiener Kreisen lächerlich gemacht werden sollen. Der Ausdruck „Komponist in der Webern-Nachfolge" entlarvt seinen Träger als zweitklassigen

Künstler, der es nicht als eigenständiger Musikschaffender zu etwas gebracht hat, sondern maximal als Nachahmer zu bewerten ist. Das kommt in der italienischen Variante durch die Benutzung des Wortes „scia" anstatt des neutralen „successore" beinahe noch besser zur Geltung als im Deutschen (vgl. die Redewendung „mettersi sulla scia di qualcuno", wörtlich „in jemandes Fußstapfen treten"). Die Literaturkritik geht in der Interpretation dieser Geschichte noch weiter und vermutet in dem Angriff auf den vom Ehepaar Auersberger verkörperten Wiener Künstlerkreis einen Angriff auf die österreichische Kulturszene generell. Bei Betrachtung der in Zusammenhang mit dem „Webern-Nachfolger" gebrauchten Attribute oder Attributsätze läßt sich diese These durchaus untermauern: Der Ausdruck wird meist durch Zusätze wie „sogenannter" oder „wie die Experten sagen" relativiert, das bedeutet, daß nicht nur die Personen Auersberger selbst negativ dargestellt werden, sondern auch das Kunstverständnis jener in Zweifel gezogen wird, die ihn als „Webern-Nachfolger" bezeichnen. Die Negativkritik an einem Künstler und damit stellvertretend an der gesamten österreichischen Kunst- und Kulturszene wird durch die durchwegs gelungene Übertragung auch in der italienischen Übersetzung eindeutig verständlich. Die Kritik erscheint allerdings sprachlich weniger grob verpackt, da die italienischen Ausdrücke in der Hochsprache, manchmal gar in der sogenannten literarischen Sprache angesiedelt sind (zum Beispiel „lubrico" anstatt „lascivo").

Deutlich ist aus genannten Wortkombinationen in Verbindung mit den Eigennamen ersichtlich – sowohl im Original als auch in der italienischen Übersetzung –, daß seine Träger der Musikkunst zuzuordnen sind – Frau Auersberger ist Sängerin, Herr Auersberger Komponist und Klavierspieler –, womit in diesem Roman unter anderem hervorgehoben wird, welch große Bedeutung der Musik als Kunstform bei Bernhard zukommt (vgl. Kapitel 8.1.4). Auf die musikalische Biographie Bernhards wurde schon in Kapitel 7 hingewiesen. Zur Figur des Herrn Auersberger ist noch zu ergänzen, daß er als sogenannter „Musikkünstler" in diesem Roman sinnbildlich für eine gescheiterte Existenz steht, was durch die Beschreibung seiner Trunksucht kundgetan wird. Bader beschäftigt sich in seiner Dissertation mit dem Thema des Scheiterns bei Bernhard und ortet dabei einen „engen Zusammenhang zwischen Perfektionsstreben [dem Charakteristikum eines Musikers, Anm. d.Verf.] und Scheitern" (1995:253). Dies ist natürlich eine Frage der Interpretation und trifft als solche den deutschen wie den italienischen Leser gleichermaßen.

Untersucht man die angeführten Beispiele hinsichtlich ihrer <u>pragmatischen Dimension,</u> erweist sich der Autor als wahrhaft grandioser Komiker, der bei seinem Leser häufig nicht unterdrückbare Lacheffekte auslöst. Bei der Zeichnung der Figur des Auersberger tritt Bernhards Ironie, die stellenweise geradezu in bösartige Satire ausartet, besonders deutlich hervor. Durch die ständige Wiederholung der Wendung „Komponist in der Webern-Nachfolge" – also der Hervorhebung, daß der Auersberger eben kein originaler Komponist ist – wird dieser zunehmend der Lächerlichkeit preisgegeben. Die Übersetzerinnen haben die Ironie dieser Beifügung erkannt und mit ihrer gelungenen Übertragung, die in kohärenter Rekurrenz vorkommt, die Komik, wie mehrfach festgestellt, noch gesteigert. Dadurch wird hier sehr geschickt kompensiert, wo an anderen Stellen etwas verlorengeht, denn die bereits angesprochene, speziell auf Wortkomposita zurückzuführende Komik (siehe Kapitel 8.1.2), ist nicht direkt ins Italienische übertragbar. Die Stelle, in der die satirische Präsentation des Auersberger auf die Spitze getrieben wird: „[...] unser rastloser Webern-Nachfolger [...], unser Snob- und Geckmusikschreiber aus der Steiermark" (BER 1984:96) klingt in der italienischen Auflösung in Adjektive und Substantive ziemlich schwerfällig und verliert daher an Komik. Die neutralen Wörter „arrampicatori dinastici" wirken ebenfalls nicht so satirisch wie „Kronenkraxler", obwohl es hier durchaus die Möglichkeit gegeben hätte, eine präpositionale Wendung zu schaffen, die das Bild von auf Kronen kletternden Menschen wiedergibt, wie zum Beispiel „arrampicatori di corone". Dafür zwingt die ungeheuer komische Vorstellung des „fast tonlosen Komponisten" – „il compositore quasi senza note" sowohl den deutschen wie den italienischen Leser zum Lachen.

Die <u>syntaktische</u> Analyse ergibt, daß auf Grund der Strukturunterschiede der italienischen und deutschen Sprache einige rekurrente und damit bedeutungstragende Ausdrücke verändert werden mußten. So kann man zum Beispiel im Italienischen kein Deadjektivum bilden wie „Auersbergerische", was von den Übersetzerinnen durchwegs mit „i coniugi Auersberger" oder „gli Auersberger" wiedergegeben werden mußte. Durch Kompensation an anderen Stellen gelang es jedoch, die Gesamtkomposition nicht zu zerstören.

In den folgenden Beispielen stehen der Burgschauspieler und das Burgtheater im Zentrum der Untersuchungen sowie weitere Begriffe, zu denen und zwischen denen ein Bedeutungszusammenhang besteht, die also gemeinsam eine Isotopiekette bilden (Theater – Schauspieler – Natur – Berghütte etc.).

Beispiel 16

[Die zum Abendessen bei Auersberger geladenen Gäste warten ungeduldig auf das Eintreffen des Burgschauspielers, welcher der Ehrengast des Abends ist und ohne den mit dem Essen nicht begonnen werden kann]

deutsch:

> Schauspieler habe ich insgeheim immer gehaßt und die Burgschauspieler haben immer meinen ganz besonderen Haß auf sich gezogen, abgesehen von diesen ganz großen, wie die Wessely und die Gold, die ich zeitlebens innig geliebt habe, und der an diesem Abend von den auersbergerischen Eheleuten in die Gentzgasse eingeladene Burgschauspieler ist sicher einer der widerwärtigsten, die mir jemals begegnet sind. Als gebürtiger Tiroler, der sich im Laufe dreier Jahrzehnte mit *Grillparzer in die Herzen der Wiener gespielt hat*, wie ich einmal über ihn gelesen habe, verkörpert er für mich ein Musterbeispiel von Antikünstler überhaupt, dachte ich auf dem Ohrensessel, ist er der Prototyp des durch und durch phantasielosen und also völlig geistlosen Poltermimem, wie er auf dem Burgtheater und also in Österreich überhaupt immer beliebt gewesen ist, einer dieser grauenvollen Pathetiker, wie sie auf dem Burgtheater allabendlich scharenweise über jede dort aufge-

führte Dichtung mit ihrem pervers-provinziellen Händerringen und ihren brutalen Sprechkeulen herfallen und sie zertrümmern und vernichten. [...] selbst der große Shakespeare fällt da, wo man sich einbildet, die gesamte Theaterkunst in die Ewigkeit hinein gepachtet zu haben, den Burgtheaterschlächtern zum Opfer. (BER 1988:29f)

italienisch:

In cuor mio gli attori io li ho sempre odiati, e gli attori del Burgtheater si sono sempre attirati un odio speciale da parte mia, tutti eccetto i grandissimi come la Wessely e la Gold, che ho invece amato dal più profondo del cuore e per tutta la vita, e l'attore del Burg che era stato invitato a quella serata nella Gentzgasse dai coniugi Auersberger è di sicuro uno degli attori più disgustosi che mi sia capitato di incontrare in vita mia. Quest'uomo, di origine tirolese, che nel corso di tre decenni ha *toccato il cuore dei viennesi recitando Grillparzer,* come qualcuno ha scritto su di lui, era per me l'incarnazione esemplare dell'antiartista, pensavo nella bergère, quell'uomo era per me il prototipo del commediante esagerato, privo assolutamente di fantasia e per conseguenza privo del tutto di spirito, uno che al Burgtheater, e dunque in Austria, è sempre stato venerato, uno di queg1i orribili e patetici personaggi che tutte le sere si avventano al Burgtheater su ogni sorta di opera poetica scritta per il teatro, e quest'opera la fanno a pezzi, la distruggono con il loro perverso e provinciale gesticolare, e con la brutalità del loro linguaggio da trogloditi. [...] perfino il grande Shakespeare è vittima dei macellai del Burgtheater, proprio qui, dove tutti si credono depositari per l'eternità di tutta quanta l'arte teatrale. (1990:24f)

Beispiel 17

[Der Burgschauspieler berichtet den Anwesenden von seiner Erkenntnis, daß ein Aufenthalt in der Natur, besonders in der Tiroler Bergwelt, ihn in die richtige Verfassung für die optimale Vorbereitung seiner Theaterrollen brächte]

deutsch:

> Der Ekdal war immer meine Wunschrolle, sagte er, aber ich hatte den Ekdal nie richtig verstanden. Erst als ich in der Berghütte mich auf nichts anderes als auf den Ekdal konzentrierte, begriff ich, was dieser Ekdal ist, überhaupt, was die *Wildente* ist. *Überhaupt, was Ibsen ist*, rief er aus. Die Berghütte sei es gewesen, die ihm das Ekdallicht habe aufgehen lassen, da, in der Berghütte, ist mir das Licht aufgegangen, sagte der Burgschauspieler und lehnte sich zurück [...]. (BER1988:181)

italienisch:

> Ekdal è il ruolo che ho sempre desiderato, disse, ma non l'avevo mai capito veramente. Solo là nella baita, quando mi concentrai solamente su Ekdal, sono arrivato a comprendere che cos'è questo Ekdal, che cos'è, in generale, l'*Anitra selvatica. Che cos'è, in generale, Ibsen*, esclamò. La baita è ciò che mi ha dischiuso *la luce di Ekdal, là nella baita si è fatta luce per me,* disse l'attore del Burg, [...]. (BER 1990:128)

Beispiel 18

[In dem immer heftiger werdenden Streitgespräch des Burgschauspielers mit Jeannie Billroth über die Literatur und Schauspielerei ist dieser auf dem Gipfel seiner Erregung angelangt]

deutsch:

> Er [...] sagte zu dem total besoffenen, im Fauteuil eingeschlafenen Auersberger, daß es überhaupt ein Unglück sei, geboren zu sein, *aber als ein solcher Mensch, wie der Herr Auersberg geboren worden zu sein*, sei das größte. In die Natur hineingehen und in dieser Natur ein- und ausatmen und in dieser Natur nichts als tatsächlich und für immer Zuhause zu sein, das empfände er als das höchste Glück. (BER 1988:302)

italienisch:

> L'attore si girò prima verso di me senza dir nulla, poi verso l'Auersberger dicendo a quell'Auersberger, addormentato nella poltrona e ubriaco fradicio, che nascere è in assoluto una iattura, *ma nascere per diventare una persona come il signor Auersberg* era davvero la più grande delle iatture. Addentrarsi nella natura e in essa inspirare ed espirare l'aria e sentirsi in effetti e per sempre a casa propria in mezzo alla natura, questo lui sentiva come la massima felicità, disse. (BER1990:209)

Der Ausdruck „Burgschauspieler" kommt in *Holzfällen. Eine Erregung* insgesamt ca. 300 Mal vor, dazu kommen Wiederaufnahmen mit unterschiedlichen Wendungen, wie zum Beispiel der Schauspieler, der grandiose Schauspieler, der bedeutendste Schauspieler überhaupt, der erste aller lebenden Schauspieler, Musterbeispiel von Antikünstler, geistloser Poltermime, Burgtheaterschlächter. Das Thema der Schauspielkunst wird sogar noch öfter wiederaufgenommen, und zwar in der Person der Joana, „einer Schauspielerin oder Ballerina" (1988:50) und mit der sogenannten Technik des „name-droppings", wobei Bernhard Namen wie Wessely, Gold fallen läßt. Ebenso häufig wird das Burgtheater erwähnt (56 Mal in reiner Form), wiederum in verschiedenen Variationen, und weitere Wörter, die mit Kunst und Künstlichkeit bzw. Natur (naturgemäß, Berghütte, Wald, Hochwald, Holzfällen) zu tun haben. Dies ist daher als zentrales Thema in diesem Roman erkennbar und wird in der italienischen Übersetzung in derselben Frequenz und getreu wiedergegeben. Eine tiefergehende Interpretation dieses semantischen Begriffsfeldes kann nur unter Zuhilfenahme des übrigen literarischen Werkes Bernhards versucht werden. Das Bild des Waldes als Inbegriff von Natur fungiert in seinem Gesamtwerk als Leitmotiv[118] und wird in seiner Gegenüberstellung zur Künstlichkeit zum Paradigma für Sein und Schein bzw. Leben und Tod.[119] Der Burgschauspieler, zunächst als Inkarnation der Künstlichkeit ablehnend dargestellt, erfährt eine Umkehr der Bewertung seiner Figur gegen Romanende, wo er in der Natur einen Ausweg aus seiner unbefriedigenden Lebenssituation zu finden glaubt.

Es fällt in der Tat auf, daß dieser Schauspieler zu Beginn mit unverhohlenem Sarkasmus geschildert wird und selbst harte Worte nicht fehlen: „einer jener geistlosen Brüller" (siehe Beispiel 20) wird mit „uno di quegli urlatori dissennati" gut wiedergegeben. Später, als sich der Schauspieler zur Natürlichkeit bekennt, empfindet ihn der Protagonist und Erzähler sympathischer („er hat sich von der widerlichen Figur, [sic] zum philosophierenden Menschen gemacht" BER 1984:307) und entsprechend gewählter wird auch der sprachliche Ausdruck.

In semantischer Hinsicht ist der Themenkreis in der italienischen Übersetzung in derselben Rekurrenz kohärent wiedergegeben und kann vom italienischen Zieltextleser genauso interpretiert werden wie vom deutschen. Das Paradigma auf Leben und Tod, die Grundfrage der menschlichen Existenz, kann sowohl vom deutschen als auch vom italienischen Leser nur über Bernhards Gesamtwerk und seinen kulturellen Hintergrund erschlossen werden.

In <u>sigmatischer und pragmatischer</u> Hinsicht hingegen ergeben sich bei den exemplarisch angeführten Beispielen Übersetzungsprobleme, die durchaus nicht leicht

---

[118] Vgl. dazu weitere Werke Bernhards, wie *Frost, Verstörung, Korrektur* etc.
[119] Vgl. dazu Pail (1988: 54f): „In Holzfällen wird die ‚Natur' in der Perspektivität des Erzählers der ‚Künstlichkeit' gegenübergestellt. Die strukturale Antithetik des Textes fußt auf dem jeweiligen Verhältnis der Menschen zum Tod. In der Künstlichkeit, im ‚Großstadtleben', erfolgt die Verdrängung des Todes. Der Ich-Erzähler empfindet den Friedhof auf dem Lande, in Kilb, ‚als das Natürlichste von der Welt' (107), der Tod wird als etwas Selbstverständliches akzeptiert".

zu bewältigen sind. Die zahlreichen Nominalkomposita im deutschen Text – wichtige Träger von Ironie und Satire – mußten, wie erwähnt, im Italienischen aufgelöst werden, was eine teilweisen Verlust ihrer komischen Wirkung zur Folge hat: So werden aus den „Burgtheaterschlächtern" „macellai del Burgtheater" und das kann anders auch gar nicht wiedergegeben werden.

Ebenfalls sigmatische und dazu <u>syntaktische</u> Übersetzungsprobleme scheinen die in Textbeispiel 18 angeführten Stellen bereitet zu haben, die nicht unbedingt eine ideale Lösung erfahren, obwohl hier keine unüberwindlichen sprachlichen Barrieren entgegenstehen. Die klangliche Analogie von „Unglück/Glück" ist im Italienischen mit „iattura/felicità" nicht gegeben; dabei würde ein ähnliches Begriffspaar existieren, nämlich „infortunio/fortuna". Darüber hinaus ist die Form der Wiederaufnahme für den Teilsatz „[...] sei das größte" nicht kohärent: Der Leser muß bei dieser Textpassage in der deutschen Originalfassung unter Umständen noch einmal zurück und wieder vorgehen, um zu verstehen, worauf sich „das größte" bezieht, das heißt, die Gegenüberstellung Glück/Unglück wirkt noch nachhaltiger. In der italienischen Version wird die Interpretation bzw. Referenz vorweggenommen, obgleich man die Stelle genauso offen lassen hätte können, zum Beispiel mit einem einfachen „era il massimo".

8.3 Die pragmatische Dimension

<u>Auf pragmatischer Ebene</u> ergeben sich die produktivsten Beispiele zur Erforschung jener Merkmale, die auf die Berücksichtigung des beschriebenen globalen Kohärenzaspekts in der Übersetzung hindeuten.

8.3.1 Die Referenz

Ein auf pragmatischer Ebene wirksames Phänomen in literarischen Texten – und wesentliches Kohärenzmerkmal, wie wir in Kapitel 6 gesehen haben, – ist die Referenz, der in diesem Buch ein besonderer Stellenwert zukommt.

Bernhards Roman *Holzfällen. Eine Erregung* ist ein sogenannter Schlüsselroman, das heißt, die dargestellte fiktive Welt läßt durchaus konkrete Bezüge zu realen Personen oder Gegebenheiten zu. Diese enge Beziehung zwischen Fiktion und Wirklichkeit wird vom Autor geradezu suggeriert: Schon durch den Untertitel „Eine Erregung" wird dem Leser angekündigt, daß er es hier nicht mit einem rationalen, sondern einem stark emotionalen Umgang mit der dargestellten Wirklichkeit, dem Beobachteten, zu tun hat, und er wird verführt, den Fiktionalitätscharakter des Erzählten zu verkennen.

In der Tat wurde dieses Werk Bernhards als Abrechnung mit früheren Freunden und Förderern aufgefaßt, von denen sich der Autor später ausgenutzt fühlte bzw. denen gegenüber er zum Zeitpunkt der Niederschrift ein Gefühl der Verachtung anstatt der ursprünglichen Bewunderung zu hegen schien. Jedenfalls wurde die Erzählung als aggressiv-destruktive Personen- und Gesellschaftskritik verstanden und löste entsprechende Reaktionen aus (vgl. Kapitel 7).

Konkret handelt es sich zum Beispiel bei den Hauptfiguren des Romans, den „Eheleuten Auersberger", angeblich um die bereits anläßlich Beispiel 15 erwähnten Maja und Gerhard Lampersberg, jenem Ehepaar, das die künstlerische Karriere des jungen Bernhard vorantrieb und zu jener Zeit eine maßgebliche Rolle in der Wiener Künstlerszene spielte. In ihrer Wiener Stadtwohnung ebenso wie auf dem „Tonhof", ihrem Landsitz in Maria Saal in Kärnten, fanden zahlreiche künstlerische Veranstaltungen statt. Maria Fialik (1992:11) schreibt dazu:

> Die Literaten H.C. Artmann, Gerhard Fritsch, Gerhard Rühm, Konrad Bayer, Christine Lavant, Gert Jonke, Wolfgang Bauer und viele andere zählten zu den Gästen. So auch der Teppichkünstler Fritz Riedl und die Choreographin Joana Thul, der Thomas Bernhard in *Holzfällen* ein ungewöhnliches Denkmal setzt.

Beispiel 19

[Der Erzähler läßt vor seinen Augen die seinerzeitige – für ihn katastrophale – Beziehung zum Ehepaar Auersberger wieder aufleben]

deutsch:

>Die Eheleute <u>Auersberger</u> haben deine Existenz, ja dein Leben zerstört, sie haben dich in diesen entsetzlichen Geistes- und Körperzustand Anfang der Fünfzigerjahre hineingetrieben, in deine Existenzkatastrophe, in die äußerste Ausweglosigkeit, die dich letzten Endes damals sogar nach Steinhof gebracht hat und du gehst hin. Hättest du ihnen nicht im entscheidenden Moment den Rücken gekehrt, wärst du von ihnen vernichtet gewesen, dachte ich. Sie hätten dich zuerst zerstört und dann vernichtet, wenn du ihnen nicht im entscheidenden und im allerletzten Moment davongelaufen wärst. Wenn ich nur ein paar Tage länger in ihrem Haus in <u>Maria Zaal</u> geblieben wäre, dachte ich auf dem Ohrensessel, es hätte meinen sicheren Tod bedeutet. (BER 1988:20)

italienisch:

>I coniugi <u>Auersberger</u> hanno distrutto la tua esistenza, la tua vita intera, all'inizio degli Anni Cinquanta ti hanno precipitato in una condizione fisica e spirituale terrificante, nella tua catastrofe esistenziale, nella estrema disperazione che allora ti ha portato addirittura allo Steinhof, e tu ciò nonostante vai da loro. Se tu non gli avessi voltato le spalle nel momento decisivo, loro, pensavo, ti avrebbero distrutto. Ti avrebbero prima distrutto e poi annientato completamente se tu non fossi fuggito da loro nel momento decisivo ed estremo. Se io fossi rimasto solo un paio di giorni ancora nella loro

> casa di Maria Zaal, pensavo nella bergère, la
> mia morte sarebbe stata sicura. (BER 1990:18)

Gleichfalls könnten Relationen zwischen einer weiteren Hauptfigur des Romans und einer bekannten Persönlichkeit aus der Theaterwelt festgestellt werden: Der ‚Burgschauspieler', dessen Schauspielkunst genauso wie dessen persönliches Verhalten bei Bernhard eine äußerst ironische, um nicht zu sagen lächerliche Darstellung erfahren, hat unverkennbare Züge des österreichischen Schauspielers Walther Reyer:

Beispiel 20

[Szene wie in Beispiel 16]

deutsch:

> Tatsächlich habe ich den erwarteten Schauspieler einmal vor vielen Jahren auf dem Burgtheater in einer dieser ekelhaften englischen Gesellschaftspossen gesehen, in welchen die Dummheit nur dadurch erträglich ist, weil sie englisch und nicht deutsch oder österreichisch ist und die auf dem Burgtheater im letzten Vierteljahrhundert immer wieder mit entsetzlicher Regelmäßigkeit gespielt werden, weil sich das Burgtheater in diesem letzten Vierteljahrhundert vor allem auf die englische Dummheit spezialisiert und das Wiener Burgtheaterpublikum an diese Spezialisierung gewöhnt hat und er ist mir tatsächlich als Burgschauspieler in Erinnerung, als ein Schauspieler also, ein sogenannter Wiener Publikumsliebling und Burgtheatergeck, der in Grinzing oder in Hietzing eine Villa hat und auf dem Burgtheater jener österreichischen theatralischen Dummheit den Narren macht, die nun schon seit einem Vierteljahrhundert auf dem Burgtheater zuhause ist, als einer jener geistlosen Brüller, die aus der

sogenannten Burg in diesem letzten Vierteljahrhundert unter Mitwirkung aller an ihr engagierten Direktoren eine theatralische Dichtervernichtungs- und Schreianstalt der absoluten Gehirnlosigkeit gemacht haben. (BER 1988: 27f)

italienisch:

In effetti, molti anni fa mi è capitato, quell'attore tanto atteso, di vederlo recitare al Burgtheater in una di quelle stomachevoli farse di costume inglesi la cui stupidità è sopportabile solo per il fatto che si tratta di una stupidità inglese e non tedesca o austriaca, e che in questi ultimi venticinque anni vengono di continuo, con atroce regolarità, messe in scena al Burgtheater, dato che in questi ultimi venticinque anni il Burgtheater si è specializzato soprattutto nella stupidità inglese e ha abituato il suo pubblico, il pubblico del Burgtheater di Vienna, a questa particolare specialità, e in effetti quell'attore io lo ricordo come <u>attore del Burg</u>, come un vero e proprio attore dunque, un cosiddetto beniamino del pubblico viennese, un damerino del Burgtheater che possiede una villa a Grinzing o a Hietzing e che al Burgtheater è il giullare di quella idiozia teatrale austriaca che, già da anni, al Burgtheater è di casa, lo ricordo come uno di quegli urlatori dissennati che del cosiddetto Burg, in questi venticinque anni, hanno fatto, con la complicità di tutti i direttori che sono stati via via ingaggiati, un ente teatrale destinato all'annichilimento dell'autore e alle vociferazioni più scervellate. (BER 1990:23)

Weitere Ähnlichkeiten mit tatsächlich existierenden Personen und Örtlichkeiten sind nachweisbar: Nach Peter Turrini, der ebenso wie Bernhard längere Zeit auf dem „Tonhof" gelebt hat, „gibt es Einzelheiten, beispielsweise die Besitzverhältnisse in Maria

Saal, bestimmte optische und äußerliche Erscheinungsformen, die einfach hundertprozentig stimmen" (zit.n. Fialik 1992:10f); die Schriftstellerin Jeannie Ebner sah sich in der Figur der Jeannie Billroth karikiert. Es ist also kein Wunder, daß das Erscheinen dieses Romans (1984) in Österreich einen Skandal auslöste und die Gemüter der hiesigen Kunst- und Literaturwelt erregte (vgl. Kapitel 7).

Bei Betrachtung der sigmatischen Seite der markierten Textstellen wird nachweisbar, daß eine Ähnlichkeit mit den genannten realen Personen durch die lautliche Angleichung bewußt hervorgerufen werden sollte (siehe auch Kapitel 8.2.1). Durch die Übernahme der Namensbezeichnungen in der italienischen Übersetzung – Auersberger, Maria Zaal, Burgschauspieler – kann im Zieltext im Falle der wiederholt erwähnten Möglichkeit eines analogen Vorwissens der Ausgangs- und Zieltextleser derselbe Effekt entstehen.

Wenn wir den semantischen Aspekt des Referenzbeispiels näher untersuchen, wird deutlich, daß Bernhard in diesem wie auch in anderen seiner Werke Österreichs Kleinbürgerlichkeit an den Pranger stellt (zur Problematik der Textinterpretation und -rezeption als para-, dia-, und idiokulturell geprägten Akt verweise ich auf die Kapitel 2.2 und 4). Es erhebt sich dabei die von der Literaturkritik unterschiedlich beurteilte Frage, ob Bernhard nur gegen das spezifisch österreichische oder vielmehr gegen das menschliche Kleinbürgertum im allgemeinen zu Felde zieht. In diesem Falle würde die Referenz auf die außersprachliche Wirklichkeit (nämlich die real gemeinten Personen) keine tragende Rolle spielen, wichtig wäre nur, daß die ironisierende Darstellung der Personen und ihre Verhaltensformen in der italienischen Fassung genauso deutlich zutage tritt wie im Original. Dann nämlich wirkt das Buch in der Übersetzung gleich amüsant wie das Original: Kleinbürgerliches Verhalten gibt in vielen Kulturen der zivilisierten Welt immer wieder Stoff für literarische Bearbeitungen, man denke nur – um beim deutsch-italienischen Sprachenpaar zu bleiben – an Umberto Ecos satirisches Buch *Il secondo diario minimo* (1992) (deutsch: *Wie man mit einem Lachs verreist und andere nützliche Ratschläge*), einer unterhaltsamen Beschreibung von aktuellen italienischen (oder internationalen?) Verhaltensformen.

Es stellt sich das Problem der <u>pragmatischen</u> Wirkung, die sich aus dem beschriebenen Verhältnis von Realität und Fiktion für den Zieltextleser ergibt. Löst die suggerierte Intention des Autors beim italienischen Leser dieselben Vorstellungen aus wie beim deutschen Leser? Es ist anzunehmen, daß die Wirkung für einen mit der österreichischen Kunst- und Literaturszene nicht vertrauten deutschsprachigen Leser zu vergleichen ist mit der Wirkung, die das Buch auf einen durchschnittlichen italienischen Leser ausüben kann. Man darf aber nicht vergessen, daß zum Beispiel im oberitalienischen Raum bei durchaus nicht kleinen Bevölkerungskreisen ein historisch bedingtes Interesse an Österreich besteht und Österreichs politisches wie kulturelles Leben in den Medien verfolgt werden kann. Das heißt, einem an Österreich bzw. der österreichischen Literaturszene interessierten Italiener wäre der Literaturskandal nicht entgangen (siehe auch Seite 143). Auf jeden Fall hätte ein Übersetzer die Möglichkeit, eventuell beim italienischen Zieltextleser zu erwartende Kenntnisdefizite der österreichischen Kulturszene durch einen im Anhang angeführten Kurzbericht, eventuelle Stellungnahmen aus der österreichischen Presse usw., auszugleichen. Die Übersetzerinnen haben von einem derartigen Kommentar abgesehen, dennoch scheint der pragmatische Aspekt der Referenzerschließung für die Leser der Ausgangs- wie der Zielkultur gleichermaßen gegeben.

Das ironische oder satirische Moment in Bernhards Werken, die wiederholt angesprochene Komik, setzt er schließlich auch mit <u>syntaktischen</u> Mitteln um, womit die Kopräsenz der sprachlichen Vielschichtigkeiten nach Heinrichs und ihre Bedeutung für literarische Texte deutlich wird. Wie schon die Ausführungen in den vorangegangenen Kapiteln zeigen, kann Komik mit diversen Mitteln erzeugt werden: Kontrastbildung, Überraschungseffekte, groteske Überzeichnung u.ä. [120]. Bernhard ist ein Meister in der Erzeugung komischer Effekte und bringt, wie mehrfach angemerkt (siehe Kapitel 8.1.2 und 8.2.1), den Leser besonders mit seinen Nominalkomposita zum Lachen. Wie in Kapitel 5.1 ausgeführt, dienen Wortneuprägungen in der Literatur zur Darstellung neuer Aspekte von bekannten Tatsachen bzw. Wirklichkeits-

---

[120] Zur Darstellung des Komischen in der Literatur vgl. die Definitionen von Ironie und Komik nach Henckmann/Lotter in Fußnote 109 und siehe auch Fußnote 108.

ausschnitten, ein künstlerisches Mittel, dessen sich Bernhard in besonderem Maße bedient. Er fügt kontrastierende, in der angeführten Kombination absolut ungewohnte, Worte in einen Ausdruck zusammen und erzielt dadurch eine komische bzw. satirisch-verzerrende Wirkung: „Burgtheatergeck", „Dichtervernichtungs- und Schreianstalt". Dieses syntaktische Mittel der Bildung von Nominalkomposita fehlt, wie schon im Kapitel über Bernhards Wortneuprägungen (8.1.2) festgestellt, der italienischen Sprache gänzlich. Die Übersetzerinnen haben allerdings die satirische Bedeutung dieser Wortverbindungen durchaus erkannt und in dem ausgewählten Beispiel versucht, mittels eines Präpositionalgefüges wenigstens die Idee des Nominalkompositums wiederzugeben („damerino del Burgtheater"), dies aber nicht in der Bildung eines ähnlichen Wortgefüges, wie zum Beispiel „ente di strilloni e di annichilimento di autori" für „Dichtervernichtungs- und Schreianstalt" konsequent weitergeführt. Die Stelle wird mit „un ente teatrale destinato all'annichilimento dell'autore e alle vociferazioni più scervellate" übersetzt, einer sehr schwerfälligen Konstruktion, in der nicht nur das Element der Komik, sondern auch der Rhythmus zerstört ist. Dafür wird anderenorts mit Mitteln der Zielsprache kompensiert, wie zum Beispiel der pronominalen Wiederaufnahme: Die Passage: „[...] mi è capitato, quell'attore tanto atteso, di vederlo recitare al Burgtheater [...]" wirkt in der Lexik wie im Rhythmus noch „Bernhardscher" als die Originalstelle.

 Resümierend bleibt festgestellt, daß das rekurrente Merkmal der spezifischen, für Bernhard typischen, idiomatischen Nominalkomposita keine kohärente Bearbeitung in der Übersetzung erfährt, da nicht versucht wurde, eine strukturelle Form der Auflösung durchgehend und rekurrent beizubehalten.

8.3.2 Die Inferenz

Ein weiteres für die pragmatische Dimension literarischer Texte charakteristisches Phänomen sei anhand der folgenden Textbeispiele untersucht, und zwar das Phänomen der Inferenz[121]:

Bereits auf den ersten Seiten von Bernhards Roman kommen zwei Wörter wiederholt vor, die auf das am Höhepunkt der Handlung dann direkt angesprochene Thema des Buches schließen lassen. Es handelt sich um die beiden Ausdrücke „künstlerisch" und „naturgemäß". Das über den gesamten Roman hin in hämmernder Wiederholung verwendete Wort „naturgemäß" anstatt des im deutschen Sprachgebrauch üblicheren „natürlich" weist im Zusammenhang mit dem ebenfalls in häufigen, durchaus unüblichen Verbindungen gebrauchten Wort „künstlerisch"[122] auf den bereits angesprochenen Problemkreis Kunst – Künstlichkeit / Natur – Wahrhaftigkeit, Rolle der Kunst, Rolle des Künstlers bei Bernhard (vgl. Kapitel 8.2) hin. In <u>pragmatischer</u> Hinsicht wird dem Leser durch die verwirrende – weil eher unübliche Ausdrucksweise – suggeriert, über die Bedeutung der einzelnen Worte zu reflektieren bzw. die Themenfelder zu erschließen. In der italienischen Übersetzung wird das Wort „naturgemäß" mit verschiedenen Wendungen wiedergegeben und zwar sieben Mal mit „com'è ovvio", 40 Mal mit „naturalmente". Bei dem Ausdruck „com'è ovvio" fehlt das vom Autor betonte konnotative Element der Anspielung auf die Natur; das neutrale „naturalmente" entspricht dem italienischen Normgebrauch. Hier entsteht also einerseits ein Kohärenzdefizit durch die Wiedergabe des deutschen „naturgemäß" mit unterschiedlichen Wörtern sowie andererseits durch die Lexik selbst. Dadurch werden die Interpretationsmöglichkeiten für den italienischen Zieltextempfänger grundsätzlich reduziert: Sowohl „naturalmente" als auch „ovvio" lassen die Möglichkeit der Er-

---

[121] Gemäß der Definition im *Lexikon der Sprachwissenschaft* bezeichnet Inferenz „[...] Ergänzung oder Erweiterung der semantischen Repräsentation eines Textes durch dessen Implikationen und Präsuppositionen, also durch unausgesprochene, aber zum Textverständnis notwendige Inhalte [..]" (Bußmann 1990:335).

[122] „künstlerisches Abendessen", „künstlerischer Verkehr" (1984:7,8), „künstlerischer Auersberger", „künstlerische Welt", „künstlerisches Leben" (ib.:90) etc.

schließung des angegebenen Themenkreises (Inferenzbildung) für den italienischen Leser nicht in gleichem Maße zu wie für den deutschsprachigen Leser.

Neben diesem pragmatischen Aspekt läßt sich beim angeführten Textbeispiel im Originaltext auch die <u>sigmatische</u>, die <u>semantische</u> und die <u>syntaktische</u> Dimension gut nachvollziehen. Der klangliche Anlaut auf „Natur" ist sowohl beim deutschen („naturgemäß") wie beim hauptsächlich verwendeten italienischen Ausdruck („naturalmente") gegeben (nicht aber bei „ovvio"). Das charakteristische „naturgemäß" ist eines von Bernhards Lieblingswörtern, wie aus seinem Gesamtwerk zu entnehmen ist. Es läßt in semantischer Hinsicht darauf schließen, daß das Beschriebene (ein Sachverhalt o.ä.) die Folge von etwas durch die Natur Vorgegebenen sei; in seiner syntaktischen Lautfolge ist dieses von Bernhard geliebte Wort schwerfälliger als das einfache „natürlich". Eine kohärente italienische Wiedergabe, bei der sowohl die komplexere syntaktische Form als auch die semantische Komponente durch Heraushebung und damit gleichzeitiger Betonung des Wortes „naturale" erhalten bliebe, wäre meines Erachtens durch Varianten wie „per naturale conseguenza" oder „com'è naturale" gegeben.

Eine weitere Möglichkeit zur Bildung von Inferenz bieten elliptische Formulierungen[123]. Ein Beispiel dafür wird in der folgenden – unter anderem Aspekt bereits in Beispiel 13 analysierten – Textpassage untersucht, wobei in diesem Fall nur eine, nämlich die syntaktische Dimension des Inferenzphänomens aufgezeigt werden soll:

Beispiel 21

[Nach einem heftigen Disput mit Jeannie Billroth, die ihn auf geschmackloseste Weise nach der Sinnhaftigkeit seines Tuns befragt, beschreibt der Burgschauspieler das Wesen des Künstlers]

---

[123] Vgl. dazu die Def. der Ellipse im *Linguistischen Wörterbuch* (Lewandowski 1994:251ff). Nach Beaugrande/Dressler ist die Ellipse „die Wiederholung von Struktur und Inhalt bei Auslassung einiger Oberflächenelemente" (1981:51).

deutsch:

> *In den Wald gehen, tief in den Wald hinein*, sagte der Burgschauspieler, *sich gänzlich dem Wald überlassen*, das ist es immer gewesen, der Gedanke, nichts anderes als selbst Natur zu sein. (BER 1988:302).

italienisch:

> *Camminare nel bosco, addentrarsi profondamente nel bosco*, disse l'attore del Burg, *affidarsi completamente al bosco*, questo era sempre stato il suo pensiero, farsi natura, nient'altro che natura. (BER 1990: 209).

Syntaktisch besteht diese am Romanfokus befindliche Textstelle aus einem deiktischen Element, von dem eine Reihe kurzer, aufeinanderfolgender Ellipsen abhängen, die das Satzrhema bezeichnen. Nach Beaugrande/Dressler (1981 Kapitel IV:32-37) ist die Ellipse an und für sich ein Kohäsionsmittel. Da sie zu einer gewissen Diskontinuität in der Oberflächenstruktur des Textes führt, wird der Prozeß der Problemlösung erschwert, der „einem Diskurs Kohäsion und Kohärenz auferlegt" (ib.:1981:73), d.h. daß der Einsatz elliptischer Ausdrücke an den Leser eine erhöhte Forderung zu Interpretation bzw. Inferenzbildung stellt und damit gemäß Ingardens (1960) literaturwissenschaftlichen Thesen ein bezeichnendes Merkmal literarischer Texte darstellt.

Tatsächlich läßt die Formulierung „das ist es immer gewesen" offen, was genau mit „es" gemeint ist und „der Gedanke" steht in keinem syntaktischen Zusammenhang, wodurch der Leser gezwungen ist, über das natürliche Subjekt und das Gemeinte zu reflektieren. Die entsprechende Textstelle in der italienischen Übersetzung hingegen nimmt „il suo pensiero" thematisch in die Deixis mit hinein und ersetzt damit das Subjekt der deutschen Version „es" durch „pensiero" (Gedanke) in der italienischen Version; damit ist dem Leser des italienischen Zieltextes weniger Freiraum zur Interpretation gegeben.

8.3.3 Die intendierte Funktion des Autors

Zu den bestimmenden Faktoren auf pragmatischer Ebene gehören unter anderem auch, wie in Kapitel 6 aufgezeigt, die Intentionen des Autors, und zwar die fiktiven wie die wahren. Die Mittel, deren sich der Autor dieses Romans bedient, um die – dem Leser mit seiner fiktionalen Geschichte suggerierte – Intention wiederum zu relativieren, sind Ironie und Satire.

Das ironisch-satirische Moment bei Bernhard wurde schon wiederholt thematisiert, ich möchte hier nur exemplarisch eine Testpassage zitieren, die zu den komischsten in diesem Roman zählt, und untersuchen, wie die italienischen Übersetzerinnen mit den komischen Effekten umgegangen sind:

Beispiel 22

[In ihrem Streitgespräch werden Jeannie Billroth und der Burgschauspieler zunehmend aggressiver und der Schauspieler selbst wie auch Frau Auersberger versuchen, die drohende Eskalation noch einmal abzuwenden]

deutsch:

> Das sei bedauerlich, meinte die Jeannie Billroth, denn wenn der Burgschauspieler die Kindermannschen Ausführungen über Edgar (von Strindberg) und Ekdal (von Ibsen) gelesen hätte, bevor er den Ekdal zu probieren angefangen habe, hätte er sich *sehr viel Unangenehmes*, die Erarbeitung der *Wildente* betreffend, erspart, und der Auersberger, der schon die ganze Zeit auf der Lauer gesessen war, um auch einmal etwas zu sagen, sagte plötzlich: *und den wochenlangen Aufenthalt auf der Berghütte!* worauf der Burgschauspieler selbst aufeinmal ein anderes Thema wünschte, denn er sagte, daß er auf dem Weg in die Gentzgasse einen seiner Handschuhe verloren habe. Wäre er nicht schon zu spät in die Gentzgasse unterwegs gewesen,

er wäre umgekehrt, um den verlorenen Handschuh zu suchen. So aber habe er nicht umkehren können, um die Auersbergerischen nicht noch mehr *auf die Folter zu spannen*. Die Leute wüßten gar nicht, in was sie sich einlassen, so er, wenn sie ihn zum Abendessen einladen. Eine solche Einladung ist leicht ausgesprochen, aber was sie bedeutet, erfahren die Gastgeber erst, wenn sie merken, daß der Eingeladene um halbeins noch immer nicht aufgetreten ist. *Ja, die Schauspielerei hat es in sich*, sagte der Burgschauspieler so, als wäre das einer jener Sätze, die er immer wieder sagt, wenn er in Verlegenheit ist. Die Auersberger, die einen zweiten Fogoschgang an den Tisch hatte bringen lassen, meinte daß es doch bedauerlich sei, daß der Burgschauspieler auf dem Weg in die Gentzgasse einen seiner Handschuhe verloren habe, *einen* Handschuh verlieren, meinte sie, sei doch genauso schlimm, wie alle beide, denn ein einziger Handschuh sei wertlos. Ja, meinten alle am Tisch, alle hätten sie schon einmal einen Handschuh verloren und das gleiche gedacht. Möglicherweise habe aber der Finder des Handschuhs diesen abgegeben. *Ja, wo denn abgegeben?* fragte der Auersberger seine Frau und war auch schon in ein Gelächter ausgebrochen, das gleich auch alle andern zu einem eigenen Gelächter herausgefordert hatte und sie lachten über die auersbergerische Frage an seine Frau, wer denn wo diesen verlorenen Handschuh abgegeben habe oder noch abgeben könnte und darauf berichtete tatsächlich jeder an dem Tisch Sitzende seine Handschuhgeschichte, denn jeder am Tisch hatte schon einmal einen seiner Handschuhe verloren und den Verlust eines seiner Handschuhe genauso schmerzlich empfunden, wie den Verlust von einem ganzen Handschuhpaar. Im übrigen hätten sie alle ihren verlorenen Handschuh nie mehr gefunden, keiner dieser verlorenen Einzelhandschuhe sei jemals wieder abgegeben worden, meinten sie. Ach, wenn es nur ein Paar Handschuhe sind, meinte die Auersberger und erzählte noch eine eigene Handschuhgeschichte. Sie sei, vor etwa zwanzig Jahren, in der Toilette des Josefstädter Theaters gewesen und habe dort ihre schwarzen Abendhandschuhe liegen gelassen. *Beide Abendhandschuhe*, meinte sie und blickte in die Runde. *Der Zerrissene sei gespielt worden, übrigens eines der besten Nestroystücke*, wie sie meinte. In der Pause habe sie ihre Abendhandschuhe in der Toilette liegen gelassen und nach Ende der Vorstellung sei sie rasch in die Toilette gegangen in der Annahme, ihre Abendhandschuhe lägen noch auf dem Toilettentisch. *In der Josefstadt habe ich natürlich mit Sicherheit glauben dürfen*, sagte sie, *daß meine Handschuhe noch da sind. Aber sie waren weg.* Die Toilettenfrau wußte nichts von liegengebliebenen Handschuhen, sagte die Auersberger. Und stellen Sie sich vor, sagte sie, zwei Wochen nach diesem *Zerrissenen* sind mir meine Abendhandschuhe zugeschickt worden. Anonym, sagte sie, sich für einen Augenblick in ihren Empiresessel zurücklehnend, anonym und mit einem kleinen Kärtchen, auf dem geschrieben stand, *herzliche Grüße*. (BER 1988:189ff)

italienisch:

Questo era un vero peccato, disse Jeannie Billroth, perché se l'attore del Burg avesse letto il saggio di Kindermann su Edgar (di Strindberg) e su Ekdal (di Ibsen) prima di incominciare a provare il suo Ekdal, certo si sarebbe risparmiato *molte noie* nello studio dell'*Anitra selvatica,* e allora l'Auersberger, che per tutto quel tempo era rimasto in spasmodica attesa di poter dire qualche cosa anche lui, all'improvviso sbottò: *E per di più star nella baita per settimane intere!* al che l'attore del Burg fu preso a un tratto dal desiderio di cambiare argomento, perché disse che venendo nella Gentzgasse aveva perso un guanto. Se non fosse stato così in ritardo per la cena nella Gentzgasse, sarebbe anche tornato indietro a cercarlo, quel guanto che aveva perso. Data la situazione, però, non era potuto tornare indietro, non aveva voluto *tenere sulle spine i* coniugi Auersberger per più tempo ancora. La gente non sapeva affatto in che cosa finiva per impegolarsi, così disse lui, ogni volta che lo invitava a cena. È facile pronunciare un simile invito, ma che cosa significa davvero gli ospiti lo capiscono soltanto quando si accorgono che l'invitato a mezzanotte e mezzo non si è ancora fatto vedere. Già, *così è la vita del teatro,* disse l'attore del Burg, e sembrava una frase di quelle che si tirano fuori quando la situazione diventa imbarazzante. La Auersberger, che aveva fatto fare alla cameriera un altro giro con la luccioperca, disse che era un vero peccato che l'attore del Burg avesse perso uno dei suoi guanti venendo nella Gentzgasse, perdere un guanto non era meno grave che perderne due, dal momento che un guanto solo non serve a nulla. Sì, pensarono tutti gli ospiti che sedevano a tavola, a tutti era capitato una volta di perdere un guanto solo e di fare poi la medesima riflessione. C'è però la possibilità che qualcuno trovi il guanto e lo restituisca. *Sì, e a chi lo restituisce?* domandò l'Auersberger alla moglie mentre già era scoppiato in una risata che aveva trascinato al riso tutti i presenti, i quali ridevano della domanda di Auersberger alla moglie su dove questa persona dovesse o potesse ancora andare per restituire il guanto perduto, mentre poi ognuno di quelli che sedevano a quel tavolo raccontò *la propria personale* storia di guanti; perché in effetti a ognuno di quelli che erano seduti a quel tavolo era successo di perdere un guanto e di aver trovato la perdita di un solo guanto altrettanto dolorosa quanto la perdita di una coppia di guanti. Tra l'altro, tutti i guanti che avevano perduto non li avevano più ritrovati, nessuno di quei guanti solitari era stato restituito, dissero. Già, a proposito di un paio di guanti, disse la Auersberger, e si mise a raccontare la sua personale storia di guanti. Circa vent'anni prima era andata nella toilette del teatro di Josefstadt dove aveva dimenticato i suoi guanti neri da sera. *Tutti e due i guanti da sera*, disse, e si guardò intorno. Era di scena *Il dilaniato*, disse, *che tra l'altro è uno dei testi migliori di Nestroy*. Era stato durante l'intervallo che aveva dimenticato i suoi guanti da sera nella toilette e, a spettacolo finito, era tornata di corsa nella toilette supponendo che i suoi guanti si trovassero ancora sulla mensola della toilette. *Trattandosi del teatro di Josefstadt*, disse, *era assolutamente comprensibile che io fossi sicura di ritrovare lì i miei guanti. E invece non c'erano più.* La signora addetta alla toilette non sapeva niente di quei guanti dimenticati, disse la Auersberger. E figuratevi, disse, che due settimane dopo la rappresentazione di quel *Dilaniato* i miei guanti da sera mi sono stati restituiti. Da un anonimo, disse, e si appoggiò per un attimo allo schienale della poltroncina stile Impero, da un anonimo che li spedì con un cartoncino su cui scrisse: *Cordiali saluti*. (BER 1990: 133ff)

Die Szene, in deren Zentrum die „Handschuhgeschichte" steht, muß in ihrer Gesamtlänge zitiert werden, um die hier eingesetzten Mittel zur Erzeugung von Komik zur Gänze sichtbar zu machen. Komik kann, wie bereits erwähnt (Seite 157), mit äußerst zahlreichen und sehr unterschiedlichen Methoden hergestellt werden. Rainer

Kohlmayer (1993: 345-383) unterscheidet in seinem Beitrag „Sprachkomik bei Wilde und seinen deutschen Übersetzern" zwischen Situationskomik, Figurenkomik und Sprachkomik. Fritz Paul nimmt Kohlmayers Ansatz aus übersetzungswissenschaftlicher Perspektive auf und geht auf die besondere Problematik der Sprachkomik für Übersetzer ein; allerdings dominieren in seiner Darstellung der Übersetzungsschwierigkeiten hinsichtlich der Sprachkomik die Kulturspezifika, so daß die Problematik der besonderen Idiomatik eines Schriftstellers nicht angesprochen wird (welche bei Bernhard und seinen Nominalkomposita eine zentrale Rolle spielt):

> In der ästhetischen und intellektuellen Hierarchie komischer Phänomene gehört die Sprachkomik wohl zur Spitzengruppe, da sie hohe Artistik mit Subtilität verbindet. Sie ist jedoch in ihrer Bindung an eine bestimmte Sprache nahezu immer ganz besonders von einer nationalen Kultur bestimmt [...]. Damit steht sie in einem deutlichen Gegensatz zu allen Erscheinungsweisen sogenannter basaler oder freier Komik, dem Agieren eines Clowns oder Narren etwa oder dem tolpatschigen Verhalten eines Kindes, Erscheinungsweisen, über die viele, wenn nicht gar alle Menschen lachen können, und die am ehesten in die Nähe anthropologischer komischer Universalien zu rücken sind. (Paul 1993:295)

Bernhard vereint in der angeführten Textpassage alle drei zitierten Arten der Komik, womit er einen gesteigerten Effekt erzielt. Die Situationskomik entsteht durch den abrupten Wechsel des Gesprächsthemas von einem hochgeistigen zu einem völlig banalen Inhalt. Auch sprachlich schlägt sich der Themenwechsel nieder, wobei der Übergang von hochintellektueller zu geistloser Unterhaltung den italienischen Übersetzerinnen beinahe noch besser gelungen ist, als vom Ausgangstext vorgegeben: Der Kontrast zwischen dem Entgang eines „saggio di Kindermann" und dem Verlust eines Handschuhs wirkt durch die, im Italienischen mögliche Betonung durch ein enklitisches und in der Folge wieder aufgenommenes Personalpronomen[124] – „cercarlo, quel guanto che aveva perso" – noch drastischer, zumal dieser Satz stilistisch auch noch in der Umgangssprache angesiedelt ist. Der im Gegensatz dazu stehende, hochsprachliche Ausdruck „fare poi la medesima riflessione" hinterläßt

---

[124] „I pronomi personali atoni si usano in funzione di complemento oggetto diretto. [...] posti dopo il verbo diventano [...] enclitici. [...] di norma non si può usare contemporaneamente con la stessa funzione logica il pronome [...] e il nome cui esso si riferisce. [...] Però, nella lingua parlata e nella lingua scritta di livello medio, le costruzioni con il [...] pronome più il nome sono talvolta accettabili, soprattutto se consentono di conseguire una maggior vivacità espressiva." (Sensini 1997:198-201)

ebenfalls einen komischeren Effekt als die Originalversion „das gleiche gedacht"; die sonst vorwiegend in Zusammenhang mit Todesereignissen gebrauchten Worte „schmerzlich empfinden" bzw. „trovare la perdita dolorosa" führen schließlich in beiden Sprachen zu einem unvermeidlichen Lacheffekt. Betroffene dieser komischen Situation sind aber nicht nur die Hauptakteure, sondern der Autor spannt den Bogen weiter zu allgemeiner Gesellschaftskritik (*alle* lachten und *jeder* erzählte *seine* Handschuhgeschichte) bis hin zu einer Sprengung des fiktionalen Rahmens: Der Leser denkt an dieser Stelle unwillkürlich an eigene, ähnlich banale Verhaltensformen zu ähnlichen gesellschaftlichen Anlässen und macht sich daher selbst lächerlich (Figurenkomik). Diese selbstverständlich rein subjektive und individuelle Interpretation der Szene steht sowohl dem deutschen wie dem italienischen Leser offen. Einen leichten Verlust der komischen Wirkung betreiben die Übersetzerinnen allerdings mit der auch an anderen Stellen festgestellten Methode der semantischen Auffüllung. Die Phrase „zwei Wochen nach diesem *Zerrissenen*" wird mit „due settimane dopo la rappresentazione di quel *Dilaniato*" wiedergegeben; das Einfügen des Begriffes „rappresentazione" erfolgt nicht auf Grund einer zwingenden sprachlichen Struktur, ist also ein unnötiger Akt, der jedoch die Komik der Passage zerstört.

Im Gesamtkontext wird aber, wie gesagt, durch den gezielten Einsatz stärkerer Effekte zum Ausgleich von Nivellierungen das italienische Textstück mit derselben Komik dargeboten wie das deutsche Original.

Es erhebt sich daher grundsätzlich die Frage, ob die pragmatische intentionale Beziehung, die der Autor zum Leser herstellt, für den deutschsprachigen und den italienischsprachigen Konsumenten dieselbe ist. Auf diesen Aspekt soll abschließend kurz eingegangen werden, während auf eine detaillierte Beschreibung der sigmatischen, semantischen und syntaktischen Aspekte bei diesem Beispiel ganz verzichtet wird.

Gerhard Pail weist in seinem Aufsatz daraufhin, daß Bernhard die – zumindest ihm unterstellte – intendierte Funktion der Gesellschaftssatire mit Hilfe der Komik wieder aufhebt und die wirkliche, nicht durch die fiktionale Erzählung suggerierte

Intention des Autors letztlich ein Bekennen seiner Selbsttherapie durch Schreiben wäre:

> Das Mißverstehen des Erzählten als aggressiv-destruktive Personen- und Gesellschaftskritik bedeutet [...] die Teilhabe an einem Kommunikationsspiel, das erst durch eine Rezeption, die dem Autor auf die Gesellschaft gerichtete Aggression und Destruktion unterstellt, zustande kommen kann. Die darauf erfolgte Reaktion des Autors – er untersagte die Auslieferung aller seiner Suhrkamp-Bücher nach Österreich bis 75 Jahre nach seinem Tod [...] – zeigt seine Partizipation an diesem Spiel, das aber mit dem eigentlichen Text und dessen Aussage nur mehr indirekt zu tun hatte. Unter den Tisch fiel dabei in der öffentlichen Diskussion jene Rezeptionsvariante des Textes, die ihn auch als individuell notwendige subjektive Problematik des Umgangs mit Wirklichkeit bzw. als individuelle Auseinandersetzung im Sinne einer persönlichen Weiterentwicklung verstanden werden läßt. Dieser implizite Therapiecharakter des Textes zeigt aber eine andere Funktionsbestimmung solcher Literatur, die nicht nur auf Kritik eines sozialen Umfelds zu reduzieren ist. (Pail 1993:53)

In der Tat scheint Bernhard in seiner feindlichen, oft destruktiven Haltung gegenüber dem irdischen Dasein durch Schreiben versöhnlicher gestimmt zu werden, wie folgendes Beispiel belegt:

Beispiel 23

[Romanende: Der Ich-Erzähler verläßt als Letzter die Gesellschaft; beschämt über seine Teilnahme an dem verhaßten künstlerischen Ereignis läuft er fluchtartig die Treppen hinunter und dann ziellos durch die Stadt, bis er schließlich erkennt, daß er dieses Erlebnis nur aufarbeiten kann, indem er es niederschreibt.]

deutsch:

> [...] ich lief und lief und dachte, daß ich, wie allem Fürchterlichen, auch diesem fürchterlichen sogenannten *künstlerischen Abendessen* in der Gentzgasse entkommen bin und daß ich über dieses sogenannte *künstlerische Abendessen* in der Gentzgasse schreiben werde, ohne zu wissen, was, ganz einfach *etwas* darüber schreiben werde und ich lief und lief und dachte, ich werde *sofort* über dieses sogenannte *künstlerische Abendessen* in der Gentzgasse

schreiben, egal was, nur *gleich* und *sofort* über dieses *künstlerische Abendessen* in der Gentzgasse schreiben, *sofort*, dachte ich, *gleich* immer wieder, durch die Innere Stadt laufend, *gleich* und *sofort* und *gleich* und *gleich*, bevor es zu spät ist. (BER 1988:321)

italienisch:

correvo, correvo, e pensavo che così come sono riuscito a mettermi in salvo da molte altre atrocità, anche da questa atroce cosiddetta *cena artistica* nella Gentzgasse sono riuscito a mettermi in salvo, e su questa cosiddetta *cena artistica* nella Gentzgasse io scriverò, pensavo, senza sapere che cosa, semplicemente ci scriverò sopra *qualcosa, e* correvo, correvo, e pensavo, scriverò *subito* su questa cosiddetta *cena artistica* nella Gentzgasse, non importa che cosa, solo *subito*, pensavo, *immediatamente* scriverò qualcosa su questa *cena artistica nella Gentzgasse, subito*, pensavo, *immediatamente*, continuavo a pensare, e intanto attraversavo di corsa il centro della città, *subito e immediatamente e subito e subito*, prima che sia troppo tardi. (BER 1990:222)

Diese Textstelle, die sowohl in sigmatischer als auch in semantischer und syntaktischer Hinsicht kohärent ins Italienische übertragen wurde, bietet dem italienischen Leser dieselbe pragmatische Möglichkeit, die wahren und fiktionalen Intentionen des Autors zu erkennen.

8.4 Die syntaktische Dimension

In diesem Abschnitt sollen Textbeispiele untersucht werden, die auf Grund ihrer rekurrierenden syntaktischen Besonderheiten auffällig sind. Dabei werden nicht nur die syntaktischen Strukturen an sich verglichen, sondern es sollen auch die sigmatischen, semantischen und pragmatischen Aspekte von Bernhards syntaktischen Strukturen beleuchtet werden.

8.4.1 Die langen Sätze

Eine Besonderheit auf syntaktischer Ebene ist die überdurchschnittliche Satzlänge bei Thomas Bernhard. Seine Sätze sind zu Beginn des Romans häufig eine halbe oder beinahe eine ganze Seite lang.

Beispiel 24

[Romaneingang wie in Beispiel 2: Der Erzähler schildert, wie es zur Begegnung mit dem Ehepaar Auersberger und der verhängnisvollen Einladung zum Abendessen kam.

deutsch:

> Zwanzig Jahre lang bin ich den Eheleuten Auersberger aus dem Weg gegangen, zwanzig Jahre habe ich sie nicht ein einziges Mal getroffen und ausgerechnet jetzt habe ich ihnen auf dem Graben begegnen müssen, dachte ich; daß es tatsächlich eine verheerende Dummheit gewesen ist, gerade an diesem Tag auf den Graben zu gehen und auch noch, wie es meine Gewohnheit geworden ist allerdings seit ich aus London nach Wien zurückgekommen bin, auf dem Graben mehrere Male hin und her zu gehen, wo ich es mir hätte ausrechnen können, daß ich die Auersberger einmal treffen muß, und nicht nur die Auersberger, sondern auch alle anderen von mir in den letzten Jahrzehnten gemiedenen Leute, mit welchen ich in den Fünfzigerjahren einen intensiven, wie die Auersberger zu sagen pflegten, intensiven *künstlerischen Verkehr* gehabt habe; den ich aber

schon vor einem Vierteljahrhundert aufgegeben habe, also genau zu dem Zeitpunkt, in welchem ich von den Auersberger weg nach London gegangen bin, weil ich mit allen diesen Wiener Leuten von damals gebrochen habe, wie gesagt wird, sie nicht mehr sehen und mit ihnen absolut nichts mehr zu tun haben wollte. (BER1988:8f)

italienisch:

Per vent'anni ho evitato i coniugi Auersberger, per vent'anni non li ho incontrati nemmeno una volta, e proprio adesso dovevo imbattermi in loro al Graben, pensavo; che era stata davvero una funesta idiozia andare al Graben oggi, in questo giorno, e per di più, <u>pensavo</u>, cosa che a dire il vero è diventata mia abitudine da quando ho lasciato Londra e son tornato a Vienna, camminare a lungo su e giù per il Graben, dove dovevo immaginarlo che prima o poi avrei finito *inevitabilmente* per incontrare gli Auersberger, e non solo gli Auersberger, ma anche tutte le altre persone che negli ultimi decenni ho ripudiato e con le quali ho avuto, negli Anni Cinquanta, quello che gli Auersberger solevano definire un intenso *commercio artistico;* <u>questo commercio</u>, comunque, io l'ho interrotto ormai da un quarto di secolo, da quando, cioè, sono fuggito dagli Auersberger per stabilirmi a Londra, e ho rotto i ponti, come si suol dire, con tutta la gente della Vienna di allora che non volevo più vedere e con la quale non volevo avere più niente a che fare. (BER:1990:10)

Beispiel 25

[Dieselbe Szene im Ohrensessel wie oben beschrieben]

deutsch:

[...........................] Ich habe es in den letzten Wochen immer als Geistes- und Körperberuhigung empfunden, die Kärntnerstraße und den Graben entlang und also den Graben und die Kärntnerstraße hin und wieder zurück zu gehen; meinem Kopf hat dieses Hinundhergehen genauso gut getan, wie meinem Körper; als ob ich in letzter Zeit dieses Hinundhergehen auf dem Graben und auf der Kärntnerstraße wie nichts notwendig gehabt hätte, lief ich *tagtäglich* in den letzten Wochen die Kärntnerstraße und den Graben hinauf und wieder herunter; auf der Kärntnerstraße und auf dem Graben war ich aufeinmal, offen gesagt, nach monatelanger Geistes- und Körperschwäche, wieder in Gang und zu mir gekommen; es erfrischte mich, wenn ich die Kärntnerstraße hinauflief und den Graben und wieder zurück; *nur dieses Hinundherlaufen*, habe ich dabei immer gedacht, und es ist doch mehr gewesen; nur dieses Hinunherlaufen, sagte ich mir immer wieder, und es hat mich tatsächlich wieder denken und tatsächlich wieder philosophieren, mich wieder mit Philosophie und mit Literatur beschäftigen lassen, die in mir schon so lange Zeit unterdrückt, ja abgetötet gewesen waren. (BER 1988:10f)

italienisch:

Nelle ultime settimane ho sempre avuto la sensazione che percorrere il Graben e la Kärntnerstrasse, e dunque camminare avanti e indietro lungo il Graben e la Kärntnerstrasse, avesse l'effetto di placarmi nel corpo e nello spirito; alla mia mente questo continuo andirivieni ha fatto bene non meno che al mio corpo; e così, come se quell'andare su e giù per il Graben e la Kärntnerstrasse mi fosse diventato negli ultimi tempi più necessario di ogni altra cosa al mondo, nelle ultime settimane io andavo *quotidianamente* su e giù per il Graben e la Kärntnerstrasse. Tutt'a un tratto, dopo mesi e mesi di debilitazione fisica e spirituale, al Graben e nella Kärntnerstrasse, diciamolo apertamente, avevo ripreso la mia forma, ero tornato a essere padrone di me stesso; andare su e giù per il Graben e la Kärntnerstrasse e poi tornare di nuovo sui miei passi mi dava un senso di ristoro. *È soltanto un andare su e giù,* ho pensato ogni volta in quei momenti, e tuttavia è stato anche qualcosa di più; è soltanto un andare su e giù, continuavo a ripetermi, eppure è proprio ciò che in effetti mi ha fatto riprendere a pensare e a filosofare, è ciò che mi ha permesso di tornare a occuparmi di filosofia e di letteratura, cose che in me erano ormai da lungo tempo represse, addirittura uccise. (BER 1990:11)

Die Syntax der beiden Textbeispiele im Original besteht aus komplexen Satzgefügen: In Beispiel 24 etwa ein nachgestellter Hauptsatz mit dem Finitum in Spitzenstellung „dachte ich", davon abhängig mehrere Objektsätze, von denen ihrerseits weitere Nebensätze abhängen. Die Kohäsionsformen sind dabei nicht immer mit den deutschen Grammatikregeln konform: Es kommen elliptische Strukturen vor und Wiederaufnahme durch Relativpronomen nach einem Strichpunkt. Diese Struktur könnte auch in der italienischen Sprache beibehalten werden und würde auf dieselbe Weise von den grammatischen Normen abweichen. Weiters erinnern die Sätze mit ihrer verschachtelten Struktur, den zahlreichen Wiederholungen (Graben, gehen) und der gelegentlichen Sprengung grammatikalischer Regeln an die Ausdrucksweise der gesprochenen Sprache. Dieser lebensnahe Wortschwall evoziert affektive Eindrücke beim Leser; es handelt sich hier um eine emotionale Szenenschilderung seitens des Autors, die in der italienischen Fassung – nicht zuletzt wegen der sonst sehr gewählten Lexik von Bernhard, die von den Übersetzerinnen auf entsprechender stilistischer Ebene übertragen wird – auf Grund der flüssigeren Syntax leicht verblaßt.

Wenn wir die Syntax der beiden ausgewählten Beispiele auf sigmatische Aspekte hin untersuchen, so fällt zum einen die fließende Form des Blocksatzes auf (vgl. Kapitel 8.1.3), zum anderen insbesondere die Interpunktion. Durch Strichpunkt oder Beistrichsetzung werden die langen Sätze unterbrochen, und es entsteht der für diese Erzählung typische „abgehackte" Rhythmus, der für die Prosodie des Werkes bestimmend ist, wie aus dem Titel des Romans – *Holzfällen* – deutlich hervorgeht. In Beispiel 25 stehen 13 Beistrichen und 6 Strichpunkten des deutschen Originals 14 Beistriche, 4 Strichpunkte und 2 Punkte in der italienischen Version gegenüber. Durch die Setzung von zwei Punkten wird der lange Satz in drei Sätze aufgelöst und damit vorzeitig beendet, so daß der Eindruck eines zwar abgehackten aber scheinbar nicht enden wollenden Redeflusses zerstört wird.

Der Versuch, die semantische Seite von Bernhards Syntaktik zu beleuchten, ist natürlich eine Frage der Interpretation, die durch die Bezugnahme auf die umfangreiche Sekundärliteratur zu Bernhards Werken jedoch auch intersubjektiv nachvollziehbar wird.[125]

Bernhards Prosa ist ein gutes Beispiel für die Korrespondenz von Inhalt und Form in der Literatur. Rekurrierendes Thema in seinen Werken ist die in der Literatur zumeist gestellte Frage nach dem Sinn der menschlichen Existenz (vgl. Kapitel 8.2), und auf der Suche nach einer Antwort entlarvt Bernhard die tödliche Verkettung von Sinn und Unsinn, von Wahrheit und Lüge, von Wirklichkeit und Fiktion, der sich der Mensch ausgesetzt sieht. Die endlos aufeinanderfolgende Kette von Wörtern und Sätzen bezeichnet einen Ausweg aus der fatalen Spirale; die Struktur des Textes scheint eine Widerspiegelung des menschlichen Lebens zu sein, aber während der Mensch in Bernhards fiktionalen Texten rettungslos seiner Zerstörung entgegengeht, wird seine Existenz durch das Geschriebene dokumentiert und hat Bestand. Im Schreiben gewinnt daher für Bernhard das Leben seinen Sinn, wie die wiederholten Anspielungen auf den Sprachphilosophen Wittgenstein belegen, der ebenfalls dem

---

[125] Siehe dazu die Werksangaben zu Thomas Bernhard im Literaturverzeichnis.

Wort, der Sprache eine existentielle Bedeutung beimaß. So bildet der Wortfluß in Bernhards Erzählungen eine Analogie zum Fluß des Lebens, das weitergeht. Das Thema der existentiellen Bedeutung der Sprache bzw. – im erweiterten Verständnis – der Kultur in ihren verschiedenen Ausdrucksformen wiederholt sich in vielen seiner Werke (vgl. *Verstörung, Frost, Das Kalkwerk, Ungenach* etc.). So schreibt Gargani:

> Ripercorrendo questo destino di frasi, che costituiscono gli unici eventi che propriamente accadono nei suoi testi, Bernhard ritorna sulle orme dell'esistenza propria e degli altri uomini, ed é proprio in questo musicale ricadere continuo di una frase su un'altra frase che Bernhard dà voce al più potente strazio e alla più struggente commozione che si levano dal destino degli uomini. (Gargani 1990:XIII)

Diese Metapher (Redefluß analog zum Lebensfluß) könnte auch in der italienischen Übersetzung durch Beibehaltung einer sich über eine Seite hinziehenden syntaktischen Einheit erhalten und vom italienischen Zieltextleser auf dieselbe Weise interpretiert werden wie vom Ausgangstextleser. In Beispiel 25 aber wird, wie festgestellt, der originale lange Satz in der italienischen Version nicht erhalten.

Berücksichtigt man bei der Analyse des Werkes schließlich die pragmatische Dimension und bezieht auch die Biographie des Schriftstellers Bernhard mit ein, so erhält das Kunstmittel „langatmiger" Sätze eine besondere Bedeutung: Höller schreibt, in Bernhards Werken wäre „die Krankheit als Metapher zum entscheidenden Element seines poetischen Systems geworden" (1993:129), das heißt, die langen Monologe wären die künstlerische Reaktion des Schriftstellers auf seine krankheitsbedingte Kurzatmigkeit, eine Kompensation sozusagen.[126] Diese Information kann aus Bernhards Biographie bzw. der Kenntnis seiner autobiographischen Werke entnommen werden; eine Information, die für den Übersetzer natürlich wichtig ist, damit er die Bedeutung der langen Sätze erkennen und übernehmen kann. Ob die Information allerdings auch dem Zieltextleser erschließbar ist, hängt von dessen Hintergrundwissen ab: Bernhards Gesundheitszustand kann dem deutschsprachigen Zieltextleser ebenso unbekannt sein wie dem Leser der italienischen Übersetzung.

---

[126] Zur Person des Autors, insbesondere seiner lebensgefährlichen Lungenkrankheit, vgl. u.a. Höller (1993:128ff).

Um die Charakteristik von Bernhards langen Sätzen in all ihren Dimensionen, nämlich der sigmatischen, der semantischen, der pragmatischen und der syntaktischen, dem Zieltextleser im selben Umfang zu vermitteln wie dem Ausgangstextleser – Defizite des jeweiligen Hintergrundwissens sind, wie oben angeführt, für beide gleichermaßen vorstellbar –, müßte die Satzstruktur konsequent beibehalten werden, was bei den ausgewählten Beispielen nicht immer der Fall ist.

8.4.2 Kurze Sätze und Syntaxbrüche

Beispiel 26:

[Szene wie in Beispiel 17]

deutsch:

>Über tausendachthundert Meter hoch gelegene Hütte, sagte er. Fern aller Zivilisation. *Kein elektrisches Licht. Kein Gas. Keine Konsumwelt!* (BER 1988:182)

italienisch:

>Una baita a più di mille metri d'altezza, disse, lontano da ogni traccia di civiltà. *Niente luce elettrica. Niente gas. Niente consumismo!* (BER 1990:128)

Beispiel 27

[Der Burgschauspieler berichtet von der nächsten Rolle, die er nach dem so erfolgreichen Ibsen-Stück spielen werde]

deutsch:

>Englisches Konversationsstück, aber kein Oscar Wilde, sagte er, neinnein. Auch kein Shaw. Na-

türlich nicht. *Zeitgenössisches!* rief er aus, *Zeitgenössisches!* Zum Lachen, aber tiefgründig! Theatermilieu übrigens. (BER1988:205)

italienisch:

Teatro inglese di intrattenimento, ma non Oscar Wilde, disse lui, no, per carità. E nemmeno Shaw. Certo che no. *Un contemporaneo!* esclamò, *Un contemporaneo!* Un testo che fa ridere, ma al tempo stesso un testo profondo! Ambientato nel mondo teatrale, fra l'altro. (BER 1990:144)

Beispiel 28

[Nach mehrstündigem Warten seitens der Gäste trifft der Burgschauspieler endlich ein und erzählt während des hastig aufgetragenen Essens von seinem Erfolg in der Rolle des Ekdal in Ibsens *Wildente*]

deutsch:

Der Ekdal, sagte er und löffelte die Suppe, der Ekdal ist schon jahrzehntelang *meine Wunschrolle* gewesen, und er sagte, wieder Suppe löffelnd, und zwar alle zwei Wörter einen Löffel Suppe nehmend, also er sagte *der Ekdal* und löffelte Suppe und sagte *war schon* und löffelte Suppe und *immer meine* und löffelte Suppe und sagte *Lieblingsrolle gewesen* und löffelte Suppe und er hatte auch noch zwischen zwei Suppenlöffeln *seit Jahr-* und dann wieder nach zwei Suppenlöffeln *zehnten* gesagt und das Wort *Wunschrolle* genauso, als redete er von einer Mehlspeise, denke ich. (BER 1988:177).

italienisch:

Ekdal, disse lui, prendendo un cucchiaio di zuppa, Ekdal è stato *il ruolo che ho desiderato*

> per decine di anni, e poi, prendendone un altro cucchiaio e, insomma, ingoiando un cucchiaio di zuppa ogni due parole, *Ekdal,* disse, e giù un cucchiaio di zuppa, *è stato,* e giù un altro cucchiaio di zuppa, *da sempre,* e di nuovo un cucchiaio di zuppa, *il mio ruolo preferito,* e seguitò col cucchiaio a mangiare la zuppa, e ancora, dopo due cucchiai di zuppa, *da decine,* disse, poi prese ancora due cucchiai di zuppa, *di anni,* seguitò, e l'espressione *ruolo che ho desiderato* la disse proprio come se stesse parlando di una leccornia, penso. (BER 1990:125)

Bei der Beurteilung der Sigmatik an den Beispielen 26 bis 28 fällt der hämmernde Rhythmus auf, der durch die gleichzeitige, mehrfache Wiederholung von Worten oder Teilsätzen an die musikalische Tonart der Fuge erinnert (vgl. auch Kapitel 7.3 und 8.1). In der italienischen Version wird der Rhythmus im wesentlichen beibehalten, nur die Ergänzung „lontano da ogni traccia di civiltà" wäre nicht notwendig gewesen, ein einfaches „lontano dalla civiltà" würde zwar semantisch minimal an Wert verlieren („fern aller Zivilisation" ist inhaltlich mit der Wendung „keine Spur von Zivilisation" in der italienischen Übersetzung natürlich richtig wiedergegeben), dafür wäre sowohl in der Tonfolge wie im Rhythmus stärkere Übereinstimmung gegeben, und auf die besondere Musikalität von Bernhards Sprache und ihre Bedeutung für dessen Gesamtwerk wurde ja bereits mehrfach hingewiesen.

Semantisch interessant, vor allem bei den Beispielen 26 und 27, ist die Verschmelzung von Inhalt und Form. Hier werden zwei zur selben Isotopieebene gehörende Inhalte – nämlich die Berghütte, d.h. die Natur, in Gegenüberstellung zum Theater, welches das Begriffsfeld Kunst/Künstlichkeit/Künstler bezeichnet – in einer analogen syntaktischen Struktur sprachlich verarbeitet: Einem kurzen elliptischen Satz bestehend aus sechs Wörtern folgen – nach Zwischenschaltung von „sagte er" – ein weiterer noch kürzerer elliptischer Satz und schließlich einige Einzelwörter mit Rufzeichen. Diese Struktur finden wir im italienischen Text in derselben Form wieder, womit die Verwendung der Sprache als in Form gegossener Inhalt nachvollziehbar ist.

Ein weiterer semantischer Aspekt, der durch die inkohärente Satzfolge bzw. den Bruch mit der logischen Syntax signalisiert wird, ist ein Eindruck von Absurdität, der den Leser befällt. Betrachtet man Bernhards Prosa wie Höller (siehe oben) als Widerspiegelung des menschlichen Daseins, so gewinnt der absurde Sprachgebrauch, der sich übrigens nicht nur in der Syntax äußert (vgl. die sprachkritischen Verfahrensweisen bei Petrasch 1987), die Bedeutung der Absurdität des menschlichen Daseins, das scheinbar jeder Ordnung und Logik entbehrt.

<u>Pragmatisch</u> gesehen zwingt Bernhards auffallende und in deutlichem Kontrast (lang – kurz) zueinanderstehende Syntax den Leser zu nachhaltiger Reflexion einerseits über die Erwartungen, die der Autor an den Leser stellt, zum Beispiel hinsichtlich seines Bildungsgrades, besonders auch seiner musikalischen Bildung, und andererseits über seine Intentionen: In Beispiel 28 wird eine tragende Figur des Romans, der Burgschauspieler, mit hinreißender Ironie geschildert.

<u>Syntaktisch</u> betrachtet wird in Beispiel 28 die originale Wort- und Silbenfolge in der italienischen Version nicht genau beibehalten. Die deutschen Nominalkomposita „Lieblingsrolle" und „Wunschrolle" mußten natürlich aufgelöst werden, aber mit Hilfe der italienischen Präpositionalkonstruktionen hätte man Bernhards sprachliche Verarbeitung der Szene, die bildlich darstellt, wie der Schauspieler alle zwei Wörter jeweils einen Löffel Suppe nimmt, entsprechend wiedergeben können: „[...] *il mio* ancora un cucchiaio di zuppa *ruolo preferito* [...]". Die Stelle wo Bernhard die komische Situation auf die Spitze treibt, wo er nämlich schildert, wie der Schauspieler sogar ein Kompositum zugunsten eines Löffels Suppe auflöst („seit Jahr-zehnten") verliert in der Wendung „da decine di anni" ebenfalls etwas an Komik, obwohl sich durchaus eine andere Lösung finden ließe, wie zum Beispiel: „[...] disse tra due cucchiai di zuppa *da de-* e poi dopo altri due cucchiai *cenni* [...]".

Diese Stelle erfährt also keine kohärente Lösung im Sinne des Autors, wodurch Bernhards geniale Sprachbeherrschung und der Witz dieses Textstücks in der italienischen Übersetzung eine leichte Minderung erfahren.

Zusammenfassend kann jedenfalls festgestellt werden, daß sowohl Satzlänge als auch Satzart von den Übersetzerinnen ziemlich konsequent übernommen werden. Bernhards charakteristische Syntax ist an den meisten Stellen hinsichtlich ihrer sigmatischen, semantischen, pragmatischen und syntaktischen Bedeutung gewahrt, d.h. daß sich für die syntaktische Dimension im Zieltext ein ebenso kohärentes Bild präsentiert wie im Ausgangstext.

Auf syntaktischer Ebene gäbe es natürlich zahllose Faktoren zu untersuchen, die sich für einen Kohärenzvergleich eignen würden, und in dessen Mittelpunkt nicht Fehler der Übersetzerinnen, sondern Sprach- und Kulturunterschiede eines Sprachenpaars stehen: unterschiedliche Genera im Italienischen und Deutschen, unterschiedliche Tempusformen, unterschiedlicher Gebrauch von Modalpartikeln, Pronomen und vieles mehr. Ziel der vorliegenden Arbeit ist aber nicht eine Textanalyse im Sinne der kontrastiven Linguistik, sondern nur die exemplarische Analyse einiger Fallbeispiele zur Illustration der aufgestellte These. Es wird daher zusätzlich zu Art und Länge der Satzgestaltung noch ein abschließendes Beispiel zu den Möglichkeiten der Wiederaufnahme ausgewählt und untersucht.

Beispiel 29

[Der Ich-Erzähler beobachtet Frau Auersberger, die verzweifelt bemüht ist, den Gästen das Warten auf das Abendessen bzw. das Eintreffen des Burgschauspielers etwas erträglicher zu machen]

deutsch:

> Sie hatte das gelbe Kleid an, das ich schon kannte, möglicherweise hatte sie dieses gelbe Kleid *für mich* angezogen, dachte ich, denn ich hatte ihr vor dreißig Jahren immer Komplimente gemacht wegen dieses Kleides, das mir damals so außerordentlich gefallen hatte an ihr, während es mir jetzt überhaupt nicht mehr gefiel, im Gegenteil, tatsächlich geschmacklos vorgekommen ist, das jetzt einen schwarzen

Samtkragen hatte, anstatt eines roten vor dreißig Jahren. (BER 1988:22f)

italienisch:

Indossava un vestito giallo che io già conoscevo, probabilmente l'aveva indossato *per me,* pensavo, perché trent'anni fa le facevo sempre i complimenti per quel vestito giallo che allora mi piaceva in modo straordinario mentre adesso non mi piaceva assolutamente più, anzi quel vestito, che aveva ora un colletto di velluto nero al posto del colletto di velluto rosso di trent'anni fa, mi sembrava in effetti un vestito di pessimo gusto. (BER 1990:19)

Die italienische Sprache bedient sich grundsätzlich nicht so komplexer Satzgefüge wie die deutsche. Für die Wiederaufnahme durch Relativsätze gibt es im Italienischen die typischen Partizipial- und Gerundialkonstruktionen, welche eine transparentere Syntax erlauben, während im Deutschen von einem Hauptsatz zahlreiche Nebensätze abhängen können. Wohl um die Gefahr zu vermeiden, Bernhards Sprache könne im Italienischen dem Vorwurf der Schwerfälligkeit ausgesetzt werden, anstatt Bewunderung für ihre Eleganz hervorzurufen, haben die Übersetzerinnen in Beispiel 29 die Satzkonstruktion etwas aufgelöst. Im Deutschen hängen vom zweiten Hauptsatz ein Kausalsatz, anschließend ein Relativsatz, davon abhängig zwei Adversativkonstruktionen und schließlich ein weiterer Relativsatz ab. In der italienischen Übersetzung folgt dem Adversativsatz, eingeleitet durch „mentre", eine Konstruktion mit einem weiteren Hauptsatz „quel vestito [...] mi sembrava in effetti un vestito di pessimo gusto" und nur einem abhängigen Relativsatz; durch diese Auflösung wird der Teilsatz „[...] tatsächlich geschmacklos vorgekommen ist [...]" zum Hauptsatz und durch die Endstellung zum Satzrhema. Das italienische Relativpronomen „che" für die deutschen „der, die, das" erschwert natürlich durch sein neutrales Genus die Herstellung von Relationen im Satz bzw. zwischen den Sätzen.

<u>Sigmatisch</u> wird durch die beschriebenen Veränderungen am Satz der Rhythmus verändert, <u>semantisch</u> gesehen wird das Rhema geändert, und in <u>pragmatischer Hinsicht</u> wird durch die Flüssigkeit der Rede in der italienischen Version Bernhards unterschwellige Ironie nicht transparent: Die Schwerfälligkeit seiner Konstruktion läßt Rückschlüsse auf die beschriebene Person zu.

8.5 Zusammenfassung

Zusammenfassend läßt sich sagen, daß für die Übersetzung literarischer Texte die Analyse von Kohärenzfaktoren auf mehreren Ebenen durchaus zielführend erscheint. Zum einen treten spezifische Sprach- und Kulturunterschiede zwischen Ausgangs- und Zieltext zutage und sind damit von sogenannten „Übersetzungsfehlern" deutlich abzugrenzen. Zum anderen wird das Bewußtsein des Übersetzers bei der Beachtung der spezifischen makro- und mikrokontextuellen Charakteristika eines Autors geschärft. Für den Zieltextleser letztendlich wird die Erschließung des originalen literarischen Werkes und seines Schöpfers durch die konsequente Wiedergabe der auftretenden Kohärenzfaktoren zumindest ermöglicht. Dabei sind die – nicht in aufwendigen Recherchen, sondern nach dem Rekurrenzprinzip – festgestellten charakteristischen Textmerkmale in einem ebenfalls einfachen Verfahren in Ausgangs- und Zieltext gegenüberzustellen: Es genügt, exemplarische Beispiele in den beschriebenen vier Dimensionen der Sprache zu betrachten und zu vergleichen, um die Geschlossenheit, die Form und Gehalt vereinende Ganzheit der Texte werten zu können. Hätten die Übersetzerinnen von Bernhards Roman *Holzfällen* eine Analyse der Kohärenzmerkmale auf sigmatischer, semantischer, pragmatischer und syntaktischer Ebene in allen Dimensionen versucht, wären in der an sich sehr gelungenen italienischen Version auch jene Kohärenzdefizite vermeidbar gewesen, die bei den Untersuchungen festgestellt und anhand weniger Beispiele angeführt wurden. Das läßt den Schluß zu, daß es für zahlreiche Gebrauchstextsorten ausreichend sein mag, deren jeweilige Funktion und Textsortenkonventionen zu analysieren und in der

Übersetzung zu berücksichtigen. Für die praktische Übersetzung von Literatur ebenso wie für die wissenschaftliche Evaluierung des literarischen Übersetzungsprodukts dagegen scheint die Analyse von Kohärenzmerkmalen eine sinnvolle Strategie darzustellen.

9 Conclusio und Ausblick

Ausgehend vom derzeitigen Forschungsstand auf dem Gebiet der literarischen Übersetzung wurde in den einleitenden Kapiteln der vorliegenden Arbeit versucht, ein diachrones und synchrones Bild der diesbezüglichen wissenschaftlichen Ergebnisse zu zeichnen, wobei sich Vielfalt, Diskontinuität und Uneinheitlichkeit als wesentliches Charakteristikum des Forschungsgegenstandes nachweisen ließen. Eine Situation, die nicht nur aus didaktischer Sicht unbefriedigend erscheint, sondern angesichts des vielfach von Übersetzungen bestimmten Büchermarktes auch für Literaturkritiker und Rezensenten kein geeignetes Instrumentarium zur Verfügung stellt. Was in dem breiten Spektrum theoretischer und empirischer Forschungsansätze zu fehlen scheint, ist eine intersubjektiv nachvollziehbare und praktisch anwendbare Methodik sowohl zur Verfassung als auch zur Beurteilung literarischer Übersetzungen. Die Erarbeitung wissenschaftlich fundierter Kriterien für Redaktion und Kritik der Literaturübersetzung ist schon lange ein Anliegen der Übersetzungswissenschaft und auf die Bedeutung diesbezüglicher Forschungen wurde in mehreren Kapiteln der Arbeit hingewiesen. Nach grundsätzlichen Überlegungen über die Ursache der vorhandenen Defizite konzentriert sich die Arbeit auf konstruktive Vorschläge zu deren Behebung. Das Ziel war die Entwicklung eines Analysemodells für literarische Texte im Hinblick auf ihre Übersetzung. Der Ausblick besteht in der Hoffnung, daß die aus der angewandten Forschung gewonnenen Erkenntnisse in eine Theorie professionellen übersetzerischen Handelns im Bereich der Literatur münden könnten.

Für die Überprüfung der praktischen Anwendbarkeit des entwickelten Konzepts erschien es sinnvoll, das Analysemodell anhand eines Übersetzungsvergleiches vorzustellen. Die Vorzüge des Übersetzungsvergleiches wurden in den einleitenden Kapiteln belegt: Es wurde auf bewährte Einsatzmöglichkeiten in der Didaktik hingewiesen, der Bedarf bzw. der mehrfach geäußerte Wunsch nach einem professionellen Bewertungsmaßstab seitens der Übersetzungs- und vor allem der Literaturkritik erhoben und schließlich der Gewinn für die kontrastive Sprach- und Kulturwissenschaft dargestellt.

Nach einer angemessenen Charakterisierung literarischer Texte als einer besonderen Textklasse wurde versucht, das Wesen eines literarischen Kunstwerkes zu erfassen, und zwar im Anschluß an Gadamer und Strelka als „ein in sich geschlossenes Ganzes". Im weiteren wurde auf Grund der wissenschaftlich etablierten Meinung, daß die zahlreichen literarischen Genres unterschiedlicher Strategien oder Handlungsarten bei der Übersetzung bedürfen[127], die Untersuchung auf die Übersetzung von Prosa beschränkt.

Zur Klärung der für die Arbeit zentralen Begriffe der *Literatur* und *Literaturübersetzung* wurde auf deren grundsätzliche soziokulturelle Funktion hingewiesen und aus der hier eingenommenen übersetzungswissenschaftlich relevanten Perspektive die Bedeutung der Übersetzung als Interaktionsmedium in unserem transkulturellen kommunikativen System hervorgehoben. Der in diesem Zusammenhang skizzierte Kulturbegriff orientiert sich an Heinrichs, dessen Kultursystematik dem Übersetzer das Werkzeug für einen übersetzungsrelevanten Kulturvergleich und damit eine wertvolle Hilfe zur Optimierung seines übersetzerischen Handelns bietet.

In weiterer Folge wurde die Rolle der Sprache als Medium zur Hervorbringung und zum Transfer von Kultur angesprochen und vor einem sprachphilosophischen Hintergrund untersucht, der gleichfalls auf Heinrichs bzw. seiner Sprachtheorie basiert.

Heinrichs' Vorstellung von der Sprache als *Sinnmedium* mündet in ein Mehrebenenmodell, das die Sprache als ein System von vier sich gegenseitig einschließenden und gleichzeitig bedingenden Dimensionen darstellt. Die vier Sprachdimensionen nach Heinrichs – Sigmatik, Semantik, Pragmatik und Syntaktik – wurden ausführlich erläutert und dienten als Grundlage für das im Rahmen des Übersetzungsvergleichs entwickelte Analysemodell.

Im vorgestellten Konzept wurde davon ausgegangen, daß Kohärenz das Wesensmerkmal eines literarischen Kunstwerkes ist. Dabei wurde Kohärenz – nach einer kritischen Auseinandersetzung mit den verschiedenen Begriffsbestimmungen – definiert als das, was ein „Kunstwerk als etwas Geschlossenes und gleichzeitig zu

---

[127] Vgl. die Theorien zur Opernübersetzung, zur Übersetzung von Lyrik, Kinderbüchern etc.

Erschließendes" (6.2.) ausmacht, konkret ein Zusammenspiel von sigmatischen, semantischen, pragmatischen und syntaktischen Dimensionen nach dem Vorbild von Heinrichs. Diese Kohärenz, die sich dem Leser erschließen muß, birgt für den Übersetzer die Verpflichtung mit sich, im von ihm produzierten Zieltext ein Höchstmaß an Kohärenz wiederherzustellen. Als Vergleichsparameter für die Evaluierung der literarischen Übersetzung ergab sich daher das dargebotene Kohärenzbild bzw. die Summe aller kohärenzstiftenden Faktoren in Ausgangs- und Zieltext. Ziel der Analyse der verwendeten Textkorpora war festzustellen, ob Kohärenzabweichungen auf sprachliche, kulturelle oder andere Bedingungen zurückzuführen sind; die entsprechende Untersuchungsbasis bildete die beschriebene Sprach- und Kulturtheorie nach Heinrichs.

Zur Klärung von Sprach- und Kulturspezifika des analysierten Romans *Holzfällen. Eine Erregung* von Thomas Bernhard wurden Person, Leben und Werk des Autors im Kontext seiner kulturellen, nationalen und internationalen Bedeutung und Wirkung beschrieben. Dabei wurde die Rezeption von Bernhards Werk in Italien etwas eingehender untersucht und ergab die für den Übersetzer wichtige Aussage, daß zwar der Autor Thomas Bernhard und sein Werk gewürdigt werden, die Übersetzer bzw. der Umstand, daß es sich um übersetzte Literatur handelt, meist unbeachtet bleiben.

Im Hauptteil der Arbeit wurden einige Textbeispiele (insgesamt 29) exemplarisch angeführt und gemäß den entwickelten Analysekriterien, nämlich rekurrenten Merkmalen im sigmatischen, semantischen, pragmatischen und syntaktischen Bereich – laut den 4 Dimensionen der Sprache nach Heinrichs –, untersucht.

Dabei konnte festgestellt werden, daß viele Abweichungen auf sprachliche oder kulturelle Unterschiede zurückzuführen sind, allerdings auch Unachtsamkeiten der Übersetzerinnen vorkommen, die bei sorgfältiger Anwendung des vorgestellten Analysemodells möglicherweise vermeidbar gewesen wären.

Abschließend sei daher auf die Notwendigkeit einer umfassenden mikro- und makrokontextuellen Analyse eines literarischen Kunstwerkes vor seiner Übersetzung hingewiesen und die Hoffnung geäußert, daß das in der vorliegenden Arbeit präsentierte Modell praktisch anwendbar erscheint und tatsächlich sowohl in weiteren empirischen Untersuchungen als auch in der Übersetzungsdidaktik seinen Einsatz findet. Ebenso erscheint es möglich, aus dem Konzept sowie den gewonnenen Erkenntnissen eine empirisch unabhängige Theorie für die Übersetzung von literarischen Prosatexten zu erstellen.

10. LITERATURVERZEICHNIS

10.1 Primärliteratur

BER   BERNHARD, Thomas (1988) *Holzfällen. Eine Erregung.* Frankfurt a.M.: Suhrkamp.

BER   BERNHARD, Thomas (1990) *A colpi d'ascia. Una irritazione. – Holzfällen. Eine Erregung* [übers. v. Agnese Grieco und Renata Colorni]. Milano: Adelphi.

10.2 Weitere Werke von Thomas Bernhard

Es werden nur jene Titel angeführt, aus denen zitiert wird.

BERNHARD, Thomas (1963) *Frost.* Frankfurt a. M.: Insel.

BERNHARD, Thomas (1975) *Korrektur.* Frankfurt a. M.: Suhrkamp.

BERNHARD, Thomas (1975) *Die Ursache. Eine Andeutung.* Salzburg: Residenz.

BERNHARD, Thomas (1979) *Der Weltverbesserer.* Frankfurt a. M.: Suhrkamp.

BERNHARD, Thomas ((1984) *Der Theatermacher.* Frankfurt a. M.: Suhrkamp.

10.3 Sekundärliteratur zu Thomas Bernhard

Bader, Peter (1995) *Die Figur des „Musikkünstlers" und der Themenkreis „Werkidee" – „Perfektion" – „Isolation" – „Scheitern" bei Thomas Bernhard.* Innsbruck: Dissertation.

Dürhammer, Ilija/Janke, Pia (eds.) (1999) *Der „Heimatdichter" Thomas Bernhard.* Wien: Holzhausen.

Fialik, Maria (1992) *Der Charismatiker. Thomas Bernhard und die Freunde von einst.* Wien: Löcker.

Fleischmann, Krista (1991) *Thomas Bernhard. Eine Begegnung.* Wien: Österreichische Staatsdruckerei.

Gargani, Aldo Giorgio (1990) *La frase infinita. Thomas Bernhard e la cultura austriaca*. Roma/Bari: Laterza.

Han, Ruixiang (1987) *Der komische Aspekt in Thomas Bernhards Romanen*. Universität Salzburg: Dissertation.

Hirsbrunner, Theo (1989) *Maurice Ravel. Sein Leben, sein Werk*. Laaber: Laaber.

Höller, Hans (1993) *Thomas Bernhard*. Reinbek bei Hamburg: Rowohlt (Rowohlts Monographien 504).

Huber, Martin (1999) „Von Lissabon aus empfinde ich Österreich noch elementarer scheußlich. Ein Umweg zur Frage der Österreich-Gebundenheit des Bernhardschen Werks", in: Dürhammer, Ilija/Janke, Pia (eds.) *Der „Heimatdichter" Thomas Bernhard*. Wien: Holzhausen, 105-114.

Pail, Gerhard (1988) „Perspektivität in Thomas Bernhards *Holzfällen*", in: *Modern Austrian Literature. Special Thomas Bernhard issue*. 21.3/4, 51-68.

Petrasch, Ingrid (1987) *Die Konstitution von Wirklichkeit in der Prosa von Thomas Bernhard*. Frankfurt a.M.: Lang.

Reich-Ranicki, Marcel (1990) *Thomas Bernhard. Aufsätze und Reden*. Zürich: Ammann.

10.4 Zeitungsartikel etc. zu Thomas Bernhard und seinem Werk[128]

Bertini, Maurizia (1995*) „Ist es eine Komödie? Ist es eine Tragödie?" Analisi della comicità nel teatro di Thomas Bernhard*. http://158.102.48.66/mondo/maurizia/cap-8b.htm (Stand 09.23.1998): Dissertation.

Chiusano, Italo A. „Il latte di Bernhard". In: *La Repubblica* 23.03.1991.

Citati, Pietro „Odio e ritmo / le ossessioni di Bernhard". In: *La Repubblica* 20.12.1996.

Fertonani, Roberto „Il testamento di Bernhard". In: *L'Unità* 30.12.1996.

Forte, Luigi „Bernhard la gioia di distruggere". In: *Tuttolibri (Supplemento di La Stampa)* 02.01.1997.

---

[128] Die mit* gekennzeichneten Quellen wurden dankenswerterweise vom Innsbrucker Zeitungsarchiv, Abt. für Literaturkritik und Rezeptionsforschung, Institut für Germanistik, Leopold-Franzens-Universität Innsbruck, zur Verfügung gestellt.

Gandini (1995) zit.n. Bertini Maurizia „*Ist es eine Komödie? Ist es eine Tragödie?"
Analisi della comicità nel teatro di Thomas Bernhard*. (Dissertation) http://158.102.48.66/mondo/maurizia/cap-8b.htm [Stand 09.23.1998].

*Gesetzeslücke für den Testamentbruch. In: *Standard* 16.04.1998.

*„G'schichten aus der Wiener Welt". In: *Zeitmagazin*, Nr.3, 11.01.1985.

Guldan, Irma „Eroe, pazzo e ribelle. Umorismo tragico di uno straniero in patria". In: *Brescia Oggi* 01.07.1994.

*„Die Heimat war Anlaß für ständige Erregung". In: *Kurier* 17.02.1989.

Heldenplatz. Eine Dokumentation. (Burgtheater Wien ed.) 13.01.1989.

*„Ich behaupte nicht, mit der Welt gehe es schlechter". In: *Frankfurter Allgemeine Zeitung* 24.02.1983. [übersetzt aus dem Französischen von Andres Müry]

*„Ich mein', das Leben hat lauter Nachteile". In: *Die ganze Woche* 02.03.1989.

Maj, Barnaba „Con Bernhard prigioniero della montagna incantata". In: *Il Resto del Carlino* 30.01.1992.

Mancinelli, Laura „In equilibrio sul mondo diviso a metà". In: *La Stampa* 09.01.1982.

*„Neuer Eklat um ‚Holzfällen' in Österreich. Thomas Bernhard verbietet den Verkauf seiner Bücher". In: *Neue Zürcher Zeitung*, Nr. 263, 11/12.11.1984.

Ruchat, Anna. Brief vom 07.12.1992.

*„Die Tatsachen sind immer erschreckende". In: *Die Warte*, Nr. 6, 11.02.1999.

*„Thomas Bernhards Testament". In: *Süddeutsche Zeitung*, Nr. 41, 18/19.02.1989.

Zampa, Giorgio „Quella voce inimitabile". In: *Il Giornale* 07.02.1988.

10.5 Sekundärliteratur zur Literatur-, Sprach- und Translationswissenschaft

Albrecht, Jörn (1998) *Literarische Übersetzung. Geschichte, Theorie, kulturelle Wirkung*. Darmstadt: Wissenschaftliche Buchgesellschaft.

Ammann, Margret (1990) „Anmerkungen zu einer Theorie der Übersetzungskritik und ihrer praktischen Anwendung", in: *TextconText* 5, 209-250.

Ammann Margret/Hans J. Vermeer (1991) „Der andere Text. Ein Beitrag zur Übersetzungskritik", in *TextconText* 6, 251-260.

Apel, Friedmair (1983) *Literarische Übersetzung.* Stuttgart: J.B. Metzlersche Verlagsbuchhandlung.

Arend-Schwarz, Elisabeth (1992) „Übersetzungsgeschichte als Rezeptionsgeschichte: Carlo Goldonis Werk im deutschen Sprachraum", in: Pöckl, Wolfgang (ed.) (1992) *Literarische Übersetzung. Formen und Möglichkeiten ihrer Wirkung in neuerer Zeit. Beiträge zur gleichnamigen Sektion des XXII Romanistentages in Bamberg (23.-25 September 1991).* Bonn: Romanistischer Verlag, 123-154 (Abhandlungen zur Sprache und Literatur 53).

Austin, John L. (1972) *Zur Theorie der Sprechakte* [orig. *How to do things with words*, 1962]. Stuttgart: Reclam.

Baier, Lothar (1989) „Der unterbrochene Dialog?", in: Baumann, Christiane/Lerch, Gisela (eds.) *Extreme Gegenwart. Französische Literatur der 80er Jahre.* Bremen: Manholt, 1-18.

Baumann, Klaus-Dieter (1992) *Integrative Fachtextlinguistik.* Tübingen: Gunter Narr (Forum für Fachsprachenforschung 18).

Beaugrande, Robert de/Dressler Wolfgang (1981) *Einführung in die Textlinguistik.* Tübingen: Niemeyer.

Bellert, Irina (1974) „Über eine Bedingung für die Kohärenz von Texten", in: Kallmeyer, Werner et.al. (eds.) (1974) *Lektürekolleg zur Textlinguistik. Band 2: Reader.* Königstein/Ts: Athenäum, 213-245 (Athenäum-Taschenbücher 2051).

Benjamin, Walter (1923) „Die Aufgabe des Übersetzers", zit.n. Störig, Hans-Joachim (ed.) (1963) *Das Problem des Übersetzens.* Darmstadt: Wissenschaftliche Buchgesellschaft, 182-195.

Bosco Coletsos, Sandra (ed.) (1997) *Italiano e tedesco: un confronto. Appunti morfosintattici, lessicali e fonetici.* Alessandria: Edizioni dell'Orso (Lingue straniere e università 3).

Bowker, Lynne/Kenny, Dorothy/Pearson, Jennifer (eds.) (1998) *Bibliography of Translation Studies* [Periodical].

Cicero, Marcus Tullius (Theodor Nüßlein ed.) (1998) *De inventione. – Über die Auffindung des Stoffes. De optimo genere oratorum. – Über die beste Gattung von Rednern. Lateinisch – deutsch* [übers. v. Theodor Nüßlein]. Düsseldorf/Zürich: Artemis & Winkler (Sammlung Tusculum).

Correia, Renato (1989) „The Translator and Contemporary Theories of Translation", in *TextconText* 4, 60-71.

Dimter, Matthias (1981) *Textklassenkonzepte heutiger Alltagssprache. Kommunikationssituation, Textfunktion und Textinhalt als Kategorien alltagssprachlicher Textklassifikation.* Tübingen: Max Niemeyer (Germanistische Linguistik 32).

Dijk, Teun A. van (1980) *Textwissenschaft. Eine interdisziplinäre Einführung* [übers.v. Christoph Sauer]. Tübingen: Niemeyer.

Eco, Umberto (1990) *Lector in fabula. Die Mitarbeit der Interpretation in erzählenden Texten.* München: Deutsch Taschenbuch Verlag.

Erben, Johannes (^{2}1983) *Einführung in die deutsche Wortbildungslehre.* Berlin: Erich Schmidt (Grundlagen der Germanistik 17).

Flad, Bärbel (1996) „Kritik und Markt französischer Literatur aus Sicht eines Publikumverlages", in: Nies, Fritz et al. (eds.) *Literaturimport und Literaturkritik: das Beispiel Frankreich.* Tübingen: Narr, 38-47 (Transfer 9).

Frank, Armin Paul (1987) „Einleitung" in: Brigitte Schultze (ed.) *Die literarische Übersetzung. Fallstudien zu ihrer Kulturgeschichte.* Berlin: Erich Schmidt, IX-XVII (Göttinger Beiträge zur internationalen Übersetzungsforschung 1).

Frank, Armin Paul (1988) „Rückblick und Ausblick" in: Harald Kittel/Armin Paul Frank (eds.) *Die literarische Übersetzung. Stand und Perspektiven ihrer Erforschung.* Berlin, Erich Schmidt, 180-206 (Göttinger Beiträge zur internationalen Übersetzungsforschung 2).

Gadamer, Hans-Georg (1977) *Die Aktualität des Schönen. Kunst als Spiel, Symbol und Fest.* Stuttgart: Reclam.

Gebhardt, Peter (1997) „Literaturkritik", in: *Fischer Lexikon Literatur* (1996). Frankfurt a. M.: Fischer Taschenbuch, 1080-1117.

Gerzymisch-Arbogast, Heidrun (1994) *Übersetzungswissenschaftliches Propädeutikum.* Tübingen/Basel: Francke.

Gläser, Rosemarie (1990) *Fachtextsorten im Englischen.* Tübingen: Narr (Forum zur Fachsprachenforschung 13).

Halliday, M.A.K./Hasan, R. (1976) *Cohesion in English.* London: Longman.

Hansen, Klaus P. (^{2}2000) *Kultur und Kulturwissenschaft. Eine Einführung.* Tübingen/Basel: A. Francke.

Heinemann, Wolfgang/Viehweger, Dieter (1991) *Textlinguistik. Eine Einführung.* Tübingen: Max Niemeyer.

Heinrichs, Johannes (1980) *Reflexionstheoretische Semiotik. 1. Teil: Handlungstheorie.* Bonn: Bouvier.

Heinrichs, Johannes (1981) *Reflexionstheoretische Semiotik. 2. Teil: Sprachtheorie.* Philosophische Grammatik der semiotischen Dimensionen. Bonn: Bouvier.

Heinrichs, Johannes (1998) *Entwurf systemischer Kulturtheorie. Handlung als Prinzip der Moderne.* Wien: Donau Universität Krems (workshop.kultur. wissenschaften 2).

Hermans, Theo (ed.) (1985) *The Manipulation of Literature. Studies in Literary Translation.* London/Sydney: Croom Helm.

Hermans, Theo (1998) „Descriptive Translation Studies" [übers. v. Klaus Kaindl] in: Mary Snell-Hornby et.al. (eds.) *Handbuch Translation.* Tübingen: Stauffenburg, 96-100.

Hinrichsen, Irene (1978) *Der Romancier als Übersetzer. Annemarie und Heinrich Bölls Übertragungen englischsprachiger Erzählprosa. Ein Beitrag zur Übersetzungskritik.* Bonn: Bouvier (Schriftenreihe Literaturwissenschaft 7).

Hobbs, J.R. (1983) „Why is discourse coherent?", in: F. Neubauer (ed.) *Coherence in natural language textes.* Hamburg: Buske, 29-70.

Hobbs, J.R./Agar, M.H. (1985) *The Coherence of Incoherent Discourse.* Stanford, California: o.V.

Holmes, James S. (^{2}1994) *Translated! Papers on Literay Translation and Translation Studies.* Amsterdam/Atlanta: Rodopi (Approaches to translation studies 7).

Holz-Mänttäri, Justa (1984) *Translatorisches Handeln. Theorie und Methode.* Helsinki: Suomalainen Tiedeakatemia (Annales Academiae Scientiarum Fennicae B226).

Holzner Hedwig (1994) *Sprachliche Charakterisierung der Protagonisten mittels Austriazismen und Umgangssprache in Christine Nöstlingers Kinderbuch „Konrad oder das Kind aus der Konservenbüchse" und ihre Wiedergabe in der französischen Übersetzung.* Innsbruck: Dissertation.

Hönig, Hans G. (1995) *Konstruktives Übersetzen.* Tübingen: Stauffenburg (Studien zur Translation 1).

Humboldt, Wilhelm von (1816) „Einleitung zu ‚Agamemnon'", zit.n. Störig, Hans Joachim (ed.) (1963) *Das Problem des Übersetzens.* Darmstadt: Wissenschaftliche Buchgesellschaft, 71-96.

Ingarden, Roman (1960) *Das literarische Kunstwerk.* Tübingen: Niemeyer.

Jakobson, Roman (^{2}1966) „On Linguistic Aspects of Translation" in: Brower, Reuben A. *On Translation.* New York: Oxford Unversity Press, 232-239.

Iser, Wofgang (1976) *Der Akt des Lesens. Theorie ästhetischer Wirkung.* München: Fink (UTB 636).

Jauss, Hans Robert (^{9}1989) *Literaturgeschichte als Provokation.* Frankfurt a. M.: Suhrkamp.

Kade, Otto (1968) *Zufall und Gesetzmäßigkeit in der Übersetzung*. Leipzig: Enzyklopädie (Beiheft zur Zeitschrift Fremdsprachen).

Kallmeyer, Werner et.al. (eds.) (1974) *Lektürekolleg zur Textlinguistik. Band 2: Reader*. Königstein/Ts: Athenäum (Athenäum-Taschenbücher 2051).

Kallmeyer, Werner et.al. (eds.) (^{3}1980) *Lektürekolleg zur Textlinguistik. Band 1: Einführung*. Königstein/Ts: Athenäum (Athenäum-Taschenbücher 2050).

Kammann, Petra (1996) „Grenzgänger zwischen den Sprachräumen", in: Nies, Fritz et al. (eds.) (1996) *Literaturimport und Literaturkritik: das Beispiel Frankreich*. Tübingen: Narr, 9-19 (Transfer 9).

Kloepfer, Rolf (1967) *Theorie der literarischen Übersetzung*. München: Wilhelm Fink (Freiburger Schriften zur Romanischen Philologie 12).

Kohlmayer, Rainer (1993) „Sprachkomik bei Wilde und seinen deutschen Übersetzern. Normalisierung, Konfliktdämpfung und Selbstzensur in den frühen Komödienübersetzungen", in: Paul, Fritz/Ranke, Wolfgang/Schultze, Brigitte (eds.) (1993) *Europäische Komödie im übersetzerischen Transfer*. Tübingen: Gunter Narr, 345-383 (Forum Modernes Theater 11).

Koller, Werner (^{4}1992) *Einführung in die Übersetzungswissenschaft*. Heidelberg/Wiesbaden: Quelle & Meyer (UTB 819).

Kuhn, Irene (1996) „Der Übersetzer: Stiefkind der Kritik?", in: Nies, Fritz et al. (eds.) *Literaturimport und Literaturkritik: das Beispiel Frankreich*. Tübingen: Narr, 68-78 (Transfer 9).

Kupsch-Losereit, Sigrid (1995) „Übersetzen als transkultureller Verstehens- und Kommunikationsvorgang: andere Kulturen, andere Äußerungen" in: Salnikow, Nikolai (ed.) *Sprachtransfer, Kulturtransfer. Text, Kontext und Translation*. Frankfurt a. M./Wien [u.a.]: Lang, 1-15 (FASK Reihe A, Abhandlungen und Sammelbände 19).

Kürschner, Wilfried (ed.) (1994) *Linguisten-Handbuch: biographische und bibliographische Daten deutschsprachiger Sprachwissenschaftlerinnen und Sprachwissenschaftler der Gegenwart*. Tübingen: Narr.

Kußmaul, Paul (ed.) (1980) *Sprechakttheorie. Ein Reader* [übers. v. Paul Kußmaul]. Wiesbaden: Akademische Verlagsgesellschaft Athenaion (Schwerpunkt Linguistik und Kommunikationswissenschaft 17).

Lakoff, George (1987) *Women, Fire and Dangerous Things. What Categories Reveal about the Mind*. Chikago/London: The University of Chikago Press.

Levý, Jirí (1969) *Die literarische Übersetzung. Theorie einer Kunstgattung*. Frankfurt/Bonn: Athenäum.

Luther, Martin (1530) „Sendbrief vom Dolmetschen" zit.n. Störig, Hans-Joachim (ed.) (1963) *Das Problem des Übersetzens*. Darmstadt: Wissenschaftliche Buchgesellschaft, 14-32.

Lux, Friedemann (1981) *Text, Situation, Textsorte. Probleme der Textsortenanalyse, dargestellt am Beispiel der britischen Registerlinguistik; mit einem Ausblick auf eine adäquate Textsortentheorie*. Tübingen: Narr (Tübinger Beiträge zur Linguistik 172).

Markstein, Elisabeth (1995) „Die literarische Übersetzung", in: *Lebende Sprachen* 35.3, 97-101.

Markstein, Elisabeth (1998) „Realia" in: Snell-Hornby et. al. (eds.) *Handbuch Translation*. Tübingen: Stauffenburg, 288-291 (Stauffenburg-Handbücher).

Morgenthaler, Erwin (1980) *Kommunikationsorientierte Textgrammatik. Ein Versuch, die kommunikative Kompetenz zur Textbildung und -rezeption aus natürlichem Sprachvorkommen zu erschließen*. Düsseldorf: Pädagogischer Verlag Schwann (Sprache der Gegenwart; Schriften des Instituts für deutsche Sprache 51).

Morris, Charles W. (1972) *Grundlagen der Zeichentheorie. Ästhetik und Zeichentheorie* [übers. v. Roland Posner]. München: Carl Hanser (Reihe Hanser Kommunikationsforschung 106).

Neubert, Albrecht (1986) „Translatorische Relativität", in: Snell-Hornby, Mary (ed.) *Übersetzungswissenschaft – eine Neuorientierung. Zur Integrierung von Theorie und Praxis*. Tübingen: Francke, 85-105.

Nida, Eugene A. (1964) *Toward a science of translating*. Leiden: E.J. Brill.

Nida, Eugene A./Taber, Charles R. (1969) *The theory and practice of translation*. Leiden: E.J.Brill.

Nies, Fritz (1994) „Vom Westen kaum Neues? Französische Romane der achtziger Jahre auf dem deutschen Buchmarkt der Gegenwart", in: Wolfgang Asholt (ed.) *Intertextualität und Subversität. Studien zur Romanliteratur der achtziger Jahre in Frankreich*. Heidelberg: Winter, 29-38 (Reihe Siegen 120).

Nies, Fritz et al. (eds.) (1996) *Literaturimport und Literaturkritik: das Beispiel Frankreich*. Tübingen: Narr (Transfer 9).

Nord, Christiane (1988a) *Textanalyse und Übersetzen. Theoretische Grundlagen, Methode und didaktische Anwendung einer übersetzungsrelevanten Textanalyse*. Heidelberg: Groos.

Nord, Christiane (1988b) „Übersetzungshandwerk-Übersetzungskunst. Was bringt die Translationstheorie für das literarische Übersetzen?" in *Lebende Sprachen* 33.2, 51-57.

Nord, Christiane (1989) „Loyalität statt Treue. Vorschläge zu einer funktionalen Übersetzungstypologie", in: *Lebende Sprachen* 34.3, 100-105.

Nord, Christiane (1993) *Einführung in das funktionale Übersetzen. Am Beispiel von Titeln und Überschriften.* Tübingen: Francke (UTB 1734).

Nord, Christiane (1997) „Übersetzen – Spagat zwischen den Kulturen?", in: *TextKontext* 3, 149-161.

Paul, Fritz (1993) „Das Spiel mit der fremden Sprache. Zur Übersetzung von Sprachkomik in den Komödien Holbergs", in: Paul, Fritz/Ranke, Wolfgang/Schultze, Brigitte (eds.) *Europäische Komödie im übersetzerischen Transfer*. Tübingen: Gunter Narr, 295-323 (Forum Modernes Theater 11).

Paul, Fritz/Ranke, Wolfgang/Schultze, Brigitte (eds.) (1993) *Europäische Komödie im übersetzerischen Transfer*. Tübingen: Gunter Narr (Forum Modernes Theater 11).

Pöckl, Wolfgang (ed.) (1990) *Literarische Übersetzung. Beiträge zur gleichnamigen Sektion des XXI Romanistentages in Aachen*. Bonn: Romanistischer Verlag (Abhandlungen zur Sprache und Literatur 29).

Pöckl, Wolfgang (ed.) (1992) *Literarische Übersetzung. Formen und Möglichkeiten ihrer Wirkung in neuerer Zeit. Beiträge zur gleichnamigen Sektion des XXII Romanistentages in Bamberg (23.-25 September 1991)*. Bonn: Romanistischer Verlag (Abhandlungen zur Sprache und Literatur 53).

Pöckl, Wolfgang (1993) „Charakterisierung und Bewertung literarischer Übersetzungen", in: Justa Holz-Mänttäri/Christiane Nord (eds.) *Traducere Navem. Festschrift für Katharina Reiß zum 70. Geburtstag*. Tampere: Tampereen Yliopisto, 447-462.

Prunc, Erich (1997) „Translationskultur (Versuch einer konstruktiven Kritik des translatorischen Handelns) ", in: *TextconText* 11, 99-127.

Prunc, Erich (2000) „'Wie viele Kühe hat ein Graf?' Zur Translation ideologisch exponierter Texte" in: Mira Kadric et. al. (eds.) *Translationswissenschaft. Festschrift für Mary Snell Hornby zum 60. Geburtstag*. Tübingen: Stauffenburg, 133-142.

Reiss, Katharina (1971) *Möglichkeiten und Grenzen der Übersetzungskritik*. München: Hueber.

Reiss, Katharina (1976) *Texttyp und Übersetzungsmethode. Der operative Text*. Kronberg: Scriptor (Monographien Literatur & Sprache & Didaktik 11).

Reiss, Katharina (1981) „Der Übersetzungsvergleich. Formen – Funktionen, Anwendbarkeit", in: W. Kühlwein/G. Thome/W.Wilss (eds.). *Kontrastive Linguistik und Übersetzungswissenschaft*. München: Fink, 311-319.

Rickheit, Gert (ed.) (1991) *Kohärenzprozesse. Modellierung von Sprachverarbeitung in Texten und Diskursen*. Opladen: Westdeutscher Verlag (Psycholinguistischen Studien).

Rosch, Eleanor H. (1973) „Natural categories", in: *Cognitive Psychology* 4, 328-350.

Sanders, Willy (^{2}1990) *Gutes Deutsch – besseres Deutsch. Praktische Stillehre der deutschen Gegenwartssprache*. Darmstadt: Wissenschaftliche Buchgesellschaft.

Schleiermacher, Friedrich (1838) „Methoden des Übersetzens", zit.n. Störig, Hans Joachim (ed) (1963) *Das Problem des Übersetzens*. Darmstadt: Wissenschaftliche Buchgesellschaft, 38-70.

Schmid, Annemarie (2000) „Systemische Kulturtheorie – relevant für die Translation?", in: Kadric, Mira et. al. (eds.) *Translationswissenschaft. Festschrift für Snell-Hornby zum 60. Geburtstag*. Tübingen: Stauffenburg, 51-65.

Schneiders, Hans-Wolfgang (1995) *Die Ambivalenz des Fremden. Übersetzungstheorie im Zeitalter der Aufklärung (Frankreich und Italien)*. Bonn: Romanistischer Verlag (Abhandlungen zur Sprache und Literatur).

Schnyder, Peter (1996) „Wertevermittlung über die (Sprach-)Grenzen hinaus. Plädoyer für Rezensionen zu (noch) nicht übersetzten Büchern in Tageszeitungen", in: Nies, Fritz et al. (eds.) *Literaturimport und Literaturkritik: das Beispiel Frankreich*. Tübingen: Narr, 30-37 (Transfer 9).

Schultze, Brigitte/Armin Paul Frank (eds.) (1988) *Die literarische Übersetzung. Fallstudien zu ihrer Kulturgeschichte*. Berlin: Erich Schmidt (Göttinger Beiträge zur internationalen Übersetzungsforschung 2).

Searle, John R. (1983) *Sprechakte. Ein sprachphilosophischer Essay* [übers. v. R. und R. Wiggershaus]. Frankfurt a. M.: Suhrkamp (Suhrkamp Taschenbuch Wissenschaft 458).

Sensini, Marcello (1997) *La grammatica della lingua italiana*. Milano: Mondadori.

Snell-Hornby, Mary (ed.) (1986a) *Übersetzungswissenschaft – eine Neuorientierung. Zur Integrierung von Theorie und Praxis*. Tübingen: Francke (UTB 1415).

Snell-Hornby, Mary (1986b) „Einleitung", in: Snell-Hornby (ed.) *Übersetzungswissenschaft – eine Neuorientierung. Zur Integrierung von Theorie und Praxis*. Tübingen: Francke, 9-29 (UTB 1415).

Snell-Hornby, Mary/Vannerem Mia (1986) „Die Szene hinter dem Text: ‚scenes-and-frames semantics' in der Übersetzung", in: Snell-Hornby (ed.) *Übersetzungswissenschaft – eine Neuorientierung. Zur Integrierung von Theorie und Praxis*. Tübingen: Francke, 184-205 (UTB 1415).

Snell-Hornby, Mary (1988) *Translation Studies. An Integrated Approach.* Amsterdam/Philadelphia: Benjamins.

Snell-Hornby, Mary et.al. (eds.) (1998) *Handbuch Translation.* Tübingen: Stauffenburg (Stauffenburg-Handbücher).

Sowinski, Bernhard (1991) *Stilistik. Stiltheorien und Stilanalysen.* Stuttgart: Metzler (Sammlung Metzler 263).

Stolze, Radegundis (1982) *Grundlagen der Textübersetzung.* Heidelberg: Groos.

Stolze, Radegundis (1992) *Hermeneutisches Übersetzen. Linguistische Kategorien des Verstehens und Formulierens beim Übersetzen.* Tübingen: Narr (Tübinger Beiträge zur Linguistik 368).

Stolze, Radegundis (1994) *Übersetzungstheorien. Eine Einführung.* Tübingen: Narr (Narr-Studienbücher).

Störig, Hans-Joachim (ed.) (1963) *Das Problem des Übersetzens.* Darmstadt: Wissenschaftliche Buchgesellschaft.

Strelka, Joseph P. (1989) *Einführung in die literarische Textanalyse.* Tübingen: Francke (UTB 1508).

Svejcer, Aleksandr D. (1987) *Übersetzung und Linguistik* [übers. v. Claus Cartellieri und Manfred Heine]. Berlin: Akademie-Verlag.

Thiel, Gisela (1974) „Ansätze zu einer Methodologie der übersetzungsrelevanten Textanalyse", in: Kapp (ed.) *Übersetzer und Dolmetscher.* Heidelberg: Quelle & Meyer, 174-185.

Toury, Gideon (1980) *In Search of a Theory of Translation.* Tel Aviv: The Porter Institute, Tel Aviv University.

Toury, Gideon (1995) *Descriptive translation studies and beyond.* Amsterdam/Philadelphia: John Benjamins.

Vermeer, Hans J.(1979) „Vom ‚richtigen' Übersetzen", in: *Mitteilungsblatt für Dolmetscher und Übersetzer* 25.4, 2-8.

Vermeer, Hans J. (1983) *Aufsätze zur Translationstheorie.* Heidelberg: Selbstverlag.

Vermeer, Hans J. (1986a) *voraussetzungen für eine translationstheorie – einige kapitel kultur- und sprachtheorie.* Heidelberg: Selbstverlag.

Vermeer, Hans J. (1986b) „Übersetzen als kultureller Transfer", in: Snell-Hornby, Mary (ed.) *Übersetzungswissenschaft – eine Neuorientierung: zur Integrierung von Theorie u. Praxis.* Tübingen: Francke), 30-53 (UTB 1415.

Vermeer, Hans J. (1987) „Literarische Übersetzung als Versuch interkultureller Kommunikation", in: Wierlacher Alois (ed.): *Perspektiven und Verfahren inter-*

kultureller Germanistik. München: Iudicium, 541-549 (Akten des 1. Kongresses der Gesellschaft für Interkulturelle Germanistik 1).

Vermeer, Hans J. (1990) „Text und Textem", in: *TextconText* 5, 108-114.

Vermeer, Hans/Witte, Heidrun (1990) *Mögen Sie Zistrosen? Scenes & frames & channels im translatorischen Handeln.* Heidelberg: Groos (TextconText-Beiheft 3).

Vermeer, Hans J. (^{3}1992) *Skopos und Translationsauftrag: Aufsätze.* Frankfurt a.M.: Verlag für Interkulturelle Kommunikation (Translatorisches Handeln; Wissenschaft 2).

Whorf, Benjamin Lee (1963) *Sprache, Denken, Wirklichkeit. Beiträge zur Metalinguistik und Sprachphilosophie* [übers. v. Peter Krausser]. Reinbek bei Hamburg: Rowohlt Taschenbuch.

Wie Übersetzen. Zeitschrift der österreichischen Übersetzergemeinschaft 3.9/10, 1992.

Willems, Gottfried (1996/^{2}1997) „Literatur", in: *Fischer Lexikon Literatur. Band 2, A-M.* Frankfurt a. M.: Fischer Taschenbuch, 1006-1029.

Wilss, Wolfram (1977) *Übersetzungswissenschaft. Probleme und Methoden.* Stuttgart: Ernst Klett.

Wittgenstein, Ludwig (^{9}1993) *Tractatus logico-philosophicus. Tagebücher 1914-1916. Philosophische Untersuchungen* [Werkausgabe in 8 Bänden: 1]. Frankfurt: Suhrkamp (Suhrkamp-Taschenbuch Wissenschaft 501).

Wußler, Annette (2002) *Translation – Praxis, Wissenschaft und universitäre Ausbildung.* Innsbruck: Dissertation.

Zhong, Lianmin (1995) *Bewerten in literarischen Rezensionen. Linguistische Untersuchungen zu Bewertungshandlungstypen, Buchframe, Bewertungsmaßstäben und bewertenden Textstrukturen.* Frankfurt a. M.: Lang (Arbeiten zu Diskurs und Stil 4).

Zima. Peter V. (1978) *Kritik der Literatursoziologie.* Frankfurt: Suhrkamp.

Zima, Peter V. (1992) *Komparatistik.* Tübingen: Francke (UTB 1705).

10.6 Zeitungs- und Zeitschriftenartikel zur Translationswissenschaft

„'Ansteckendes Gift'. Zwist um deutsche Norfolk-Übersetzung". In: *Die Presse* 23.12.1992.

Appleton, Tom „Ein Job für Millionäre. Schlecht bezahlt, zudem gefährlich: Wer kann sich schon den Beruf des Übersetzers leisten?". In: *Die Presse* 08.02.1992.

Grössel, Hans „Vom Öffnen literarischer Grenzen". In: *Süddeutsche Zeitung* 22./23.05.1976.

Richter, Werner (1993) „Tausend nach Ratzen geworfen. Übersetzerstreit um ‚Lemprières Wörterbuch'", in: *Lebende Sprachen* 38.2, 97-100.

10.7 Wörterbücher und Lexika

Brockhaus-Riemann-Musiklexikon in zwei Bänden (1978) (Carl Dahlhaus und Hans Heinrich Eggebrecht eds.). Wiesbaden: Brockhaus.

Bußmann, Hadumod (^{2}1990) *Lexikon der Sprachwissenschaft*. Stuttgart: Kröner (Kröners Taschenausgabe 452).

Duden Deutsches Universalwörterbuch (^{2}1989) Mannheim/Wien/Zürich: Dudenverlag.

Fischer Lexikon Literatur. Band 2, A-M (1996/^{2}1997). Frankfurt a. M.: Fischer Taschenbuch.

Henckmann, Wolfgang/Lotter, Konrad (eds.) (1992) *Lexikon der Ästhetik*. München: C.H. Beck (Beck'sche Reihe 466).

Lewandowski, Theodor (^{6}1994) *Linguistisches Wörterbuch*. Heidelberg/Wiesbaden: Quelle & Meyer (UTB 1518).

Metzler Literatur Lexikon. Begriffe und Definitionen (^{2}1990) (Schweikle, Günther und Irmgard eds.). Stuttgart: Metzler.

PERSONENREGISTER

Agar 78, 194
Albrecht 21, 27, 31, 52, 102, 191, 196
Ammann 80, 104, 190, 191
Apel 24
Appleton 17, 18, 201
Arend-Schwarz 100
Austin 60, 64, 66, 69, 73, 192
Bader 89, 134, 139, 140, 144, 189
Baier 101, 192
Baumann 86, 192
Beaugrande 79, 85, 160, 161, 192
Bellert 77, 192
Benjamin 35, 36, 192, 200
Bernhard 5, 15, 29, 44, 47, 64, 89, 90, 91, 92, 93, 94, 95, 96, 97, 99, 102, 104, 105, 106, 107, 108, 109, 110, 112, 113, 114, 115, 117, 119, 120, 123, 125, 129, 130, 131, 132, 134, 135, 139, 140, 143, 144, 145, 149, 150, 152, 154, 155, 156, 157, 159, 160, 162, 167, 168, 169, 170, 171, 174, 175, 176, 179, 180, 182, 183, 187, 189, 190, 191, 199
Bertini 102, 112, 113, 190, 191
Billroth 98, 120, 122, 133, 148, 156, 160, 162, 164
Bosco Coletsos 123, 192
Bühler 39
Bußmann 79, 158, 201
Chomsky 72
Cicero 31, 32, 35, 192
Colorni 15, 109, 111, 117, 119, 189
Correia 14, 27, 192
Croce 36
Dijk 42, 46, 78, 193
Dressler 79, 85, 160, 161, 192
Dürhammer 95, 189, 190

Eco 103, 104, 111, 156, 193
Erben 123, 193
Even-Zohar 53
Fabjan 96
Fialik 89, 152, 155, 189
Fillmore 25, 48, 80
Fink 100, 194, 195, 197
Flad 102, 193
Fleischmann 97, 112, 189
Frank 35, 41, 53, 193, 198
Freumbichler 90
Freyer 80
Gadamer 43, 45, 46, 83, 186, 193
Gandini 47, 191
Gebhardt 104, 193
Gentile 36
Gerzymisch-Arbogast 13, 23, 24, 193
Ginzburg 108
Goethe 33, 36
Greimas 86
Grieco 15, 111, 117, 119, 189
Grössel 101, 201
Halliday 77, 193
Han 119, 123, 190
Hansen 54
Hasan 77, 193
Heinrichs 15, 25, 54, 55, 56, 57, 59, 60, 61, 62, 63, 64, 65, 66, 67, 68, 69, 70, 71, 72, 73, 74, 84, 85, 115, 119, 139, 157, 186, 187, 193, 194
Henckmann 120, 157, 201
Herder 33
Hermans 22, 40, 41, 53, 194
Hieronymus 32, 35
Hinrichsen 17, 194
Hirsbrunner 99, 100, 190
Hobbs 78, 194

Höller 93, 176, 179, 190
Holmes 22, 28, 194
Holz-Mänttäri 39, 194, 197
Holzner 47, 194
Hönig 24, 194
Huber 95, 190
Humboldt 34, 36, 48, 194
Ingarden 78, 161, 194
Iser 100, 103, 194
Jakobson 37, 38, 194
Janke 95, 189, 190
Jauß 100, 103
Kade 42, 195
Kallmeyer 84, 85, 192, 195
Kloepfer 27, 31, 35, 36, 37, 195
Kohlmayer 166, 195
Koller 27, 195
Kuhn 37, 102, 111, 195
Kupsch-Losereit 81, 82, 195
Lakoff 30, 195
Lampersberg 91, 96, 143, 152
Levý 27, 35, 36, 37, 59, 195
Lewandowski 64, 72, 160, 201
Lotter 120, 157, 201
Luther 32, 196
Lux 78, 196
Markstein 33, 65, 196
Martin 14
Morgenthaler 79, 196
Morris 60, 61, 69
Naumann 100, 103
Neubert 14, 196
Nida 27, 29, 38, 39, 46, 196
Nies 18, 22, 193, 195, 196, 198
Nord 20, 25, 37, 42, 43, 55, 57, 196, 197
Novalis 16, 36, 141, 142
Pail 150, 168, 169, 190
Paul 35, 51, 99, 166, 167, 193, 195, 197, 198

Petrasch 135, 140, 179, 190
Plato 35
Pöckl 13, 41, 192, 197
Prunc 52, 55, 81, 197
Ravel 99, 100, 135, 190
Reich-Ranicki 99, 190
Reiß 13, 39, 45, 197
Richter 13, 70, 201
Rickheit 77, 198
Rosch 25, 198
Ruchat 111, 114, 191
Sanders 140, 198
Sapir 30
Saussure 66
Schleiermacher 33, 34, 36, 198
Schmid 55, 57, 198
Schneiders 34, 53, 198
Schnyder 101, 198
Schumann 14
Searle 60, 64, 66, 73, 198
Sensini 167, 198
Snell-Hornby 25, 28, 40, 48, 55, 194, 196, 198, 199
Sowinski 140, 199
Stolze 43, 44, 199
Störig 16, 31, 32, 33, 35, 48, 192, 194, 196, 198, 199
Strelka 45, 46, 80, 140, 186, 199
Svejcer 13, 199
Toury 40, 49, 199
Unseld 96
Vannerem 25, 48, 198
Vermeer 19, 24, 25, 39, 40, 48, 52, 54, 57, 65, 80, 81, 82, 191, 199, 200
Webern 99, 119, 141, 142, 143, 145
Weimann 100
Whorf 30, 200
Willems 51, 200
Wilss 13, 27, 65, 197, 200
Witte 24, 25, 48, 52, 55, 57, 200

Personenregister

Wittgenstein 59, 99, 106, 108, 175, 200
Wußler 15, 200
Wuthenow 29, 30
Zhong 105, 106, 200
Zima 22, 200

www.ingramcontent.com/pod-product-compliance
Lightning Source LLC
Chambersburg PA
CBHW080449170426
43196CB00016B/2737